锡精于勤　善劳在奋

——谢锡善甲子耕耘集

北京科技大学高温材料及应用研究室　编著

北　京

冶 金 工 业 出 版 社

2018

内 容 简 介

北京科技大学高温材料及应用研究室谢锡善教授自从 1961 年 9 月任教于北京科技大学直至退休，历任高温合金实验室主任，教研室副主任、主任，研究生院常务副院长。长期从事高温合金及耐热钢的教学与研究工作，取得了丰硕的成果，可谓桃李满天下。值教授从教六十年之际，众弟子门下共同商议，出此回忆杂集，以念导师之教诲，以报导师引导之恩情。本书共分三篇，第一篇为谢锡善教授自述，第二篇收集了谢锡善教授亲朋好友及部分研究生的回忆，第三篇列出了谢锡善教授发表的典型文章。众弟子共同祝愿导师身体健康，高温更高！

图书在版编目（CIP）数据

锡精于勤　善劳在奋：谢锡善甲子耕耘集 / 北京科技大学高温材料及应用研究室编著 . —北京：冶金工业出版社，2018.10

ISBN 978-7-5024-7861-2

Ⅰ. ① 锡… Ⅱ. ① 北… Ⅲ. ① 谢锡善—纪念文集
Ⅳ. ① K825.46-53

中国版本图书馆 CIP 数据核字（2018）第 209556 号

出 版 人　谭学余
地　　址　北京市东城区嵩祝院北巷 39 号　邮编　100009　电话　(010)64027926
网　　址　www.cnmip.com.cn　电子信箱　yjcbs@cnmip.com.cn
责任编辑　李培禄　夏小雪　美术编辑　彭子赫　版式设计　彭子赫
责任校对　卿文春　责任印制　牛晓波
ISBN 978-7-5024-7861-2
冶金工业出版社出版发行；各地新华书店经销；北京博海升彩色印刷有限公司印刷
2018 年 10 月第 1 版，2018 年 10 月第 1 次印刷
169mm×239mm；21 印张；331 千字；323 页
100.00 元
冶金工业出版社　投稿电话　(010)64027932　投稿信箱　tougao@cnmip.com.cn
冶金工业出版社营销中心　电话　(010)64044283　传真　(010)64027893
冶金书店　地址　北京市东四西大街 46 号 (100010)　电话　(010)65289081(兼传真)
冶金工业出版社天猫旗舰店　yjgycbs.tmall.com
（本书如有印装质量问题，本社营销中心负责退换）

简　介

谢锡善，1935 年生，浙江慈溪人，北京科技大学材料科学与工程学院教授，博士生导师。1956 年，北京钢铁工业学院毕业后选派出国，赴捷克斯洛伐克攻读研究生。1961 年在捷克俄斯特拉发矿冶大学获技术科学副博士学位。学成归国，在北京钢铁学院任教。1979~1981 年赴美国哥伦比亚大学做访问学者。曾任北京钢铁学院高温合金教研室主任、北京科技大学高温合金研究室主任、北京科技大学研究生院常务副院长，兼任中国金属学会常务理事、外事委员会副主任委员、中国材料研究学会和中国机械工程学会理事、中国机械工程学会材料委员会主任委员、中国动力工程学会材料分会副主任委员、中国金属学会高温材料委员会副主任委员，现为中国机械工程学会材料委员会名誉理事长、高温材料及强度委员会荣誉主任、中国动力工程学会材料分委员会荣誉委员、中国金属学会荣誉会员、中国机械工程学会荣誉理事、国际矿物·金属·材料联合会（IOMMMS）常务理事，是国家特殊津贴获得者和原冶金部突出贡献专家。曾获国家科技进步二等奖、三等奖和国家发明四等奖各 1 项；冶金部及国家教委科技进步一等奖 4 项以及其他奖励共 21 项。

谢锡善与人合著出版了《高温合金学》（冶金工业出版社，1988 年）、《GH132 合金》（国防工业出版社，1986 年）、《物理冶金进展评论》（冶金工业出版社，1985 年）、《中国工程硕士专业学位研究》（高等教育出版社，2000 年）等著作，在中外期刊上发表论文 300 余篇。

谢锡善在教学上曾给本科生和研究生讲授《高温合金学》《时间相关形变及断裂》《金属力学性质》《高温强化机理》以及《专业英语》等课程，指导和培养了 25 名硕士研究生、22 名博士生及 5 名博士后。

谢锡善密切联系工厂和研究单位，曾任中国科学院金属研究所高温合金室兼职研究员、宝钢特钢特聘教授、太钢不锈钢公司特聘教授、上海发电设备成套研究院特聘教授、航空材料研究院高温合金室特聘教授等社会学术兼职。

高温合金人才满天下

2012 年北京科技大学建校 60 周年谢锡善与高温合金领域的同仁和研究生们

2015 年谢锡善从事教育事业 60 周年学术交流会

目　　录

第一篇　奋斗——谢锡善教授自述

第二篇　思忆——众亲朋好友学子回忆

第三篇　硕果——谢锡善教授代表性论文

第一篇

奋 斗
——谢锡善教授自述

引　言

　　我 1952 年进入清华大学钢铁工业学院。当时清华体育教研组主任马约翰教授要求大学生下午课后都到大操场锻炼身体，必须通过"劳卫制"多项体育考核合格后才能正式毕业，并且提出要"为祖国健康工作 50 年"。

1952 年，清华大学

钢铁工业学院建校初期

现在我可以自豪地说，我不仅完全达标，而且超标。我从 1956 年大学毕业到 2015 年已经工作了 60 年，我并不满足于此，希望能以多种形式继续工作，为人民服务 70 年、80 年……

我这一辈子从 1935 年出生到 1945 年 10 年的幼稚童年时代是在朦胧中恍惚地度过的。从我知事之时开始，基本上是 5 年一个阶段。在 1945~1955 年这 10 年中，我经历了日伪统治、国民党的腐败政府时代、中国共产党领导的新中国恢复和建设的时代。后来国家培养我赴捷克留学做研究生攻读学位（1956~1961 年），学成回国重返钢院，教书育人（1961~1966 年）。

我曾经历了 1966~1976 年"文化大革命"的 10 年灾难时代，"四人帮"倒台恢复了社会主义建设时期，我还有幸出国赴美作为高级访问学者与哥伦比亚大学美国教授合作科研两年（1979~1981 年）。1981 年回国至 2001 年 20 年间继续在北京科技大学执教与工作双肩挑。2001 年至今虽已退休，但退而不休，仍然进行国际和国内科研项目并且指导研究生和博士后共同进行科研工作。

一、"善"和"勤"的童年影响

　　1935 年 7 月 26 日，我出生在浙江慈溪县一个傍山依水的小乡村里，由于我爷爷早已去世，在一个封建的社会中，这个家庭是受到冷落的。靠奶奶纺纱织布，勤劳持家。父亲也只能在乡间小学读到小学毕业，母亲是邻村掌起桥一个小学校长的女儿，外公又是前清秀才，略有文采。看到这谢家虽是孤儿寡母，但人品正直、为人勤劳，就把二女儿许配给了这个谢家。外公为我取名，在我们这辈"锡"字排行中名为"善"。就是说要做"善"人，与人为"善"。因为外公是书香门第，所以幼时家教便是"读好书，做好人"。当时我们家境虽然不富有，但尚能衣足饭饱。要想"发达"只有"勤劳"。可以说我在乡间的幼年教育集中在"善"和"勤"两个字上。这也可能是影响我一生的一个无形的座右铭。

浙江慈溪街景

1936 年襁褓中

二、渡过战难（1935~1945 年）

抗战初期，乡下抓壮丁，父亲逃避到上海学生意。1940 年在我 5 岁时，就随我母亲逃难到上海，住在一个很小的三层楼上亭子间里。我没有上过幼儿园。在我六岁时，在上海河南路一个不知名的没有操场的楼层学校——浸德小学念书。也可能受母亲家教的督促和"勤"字的影响，学习努力成绩不错。上海的小学三年级开始就学英语，当时的我年幼好学又勤记，这也就为我学好英语打下了基础。但是在日本占领上海期间又强迫小学生学日语。日本教官非常凶恶，略有看不顺眼就动手打人，打耳光也是常事。这种惧怕再加上厌恶、憎恨的心理，我压根不想学日语，所以我到现在也一点不会日语。

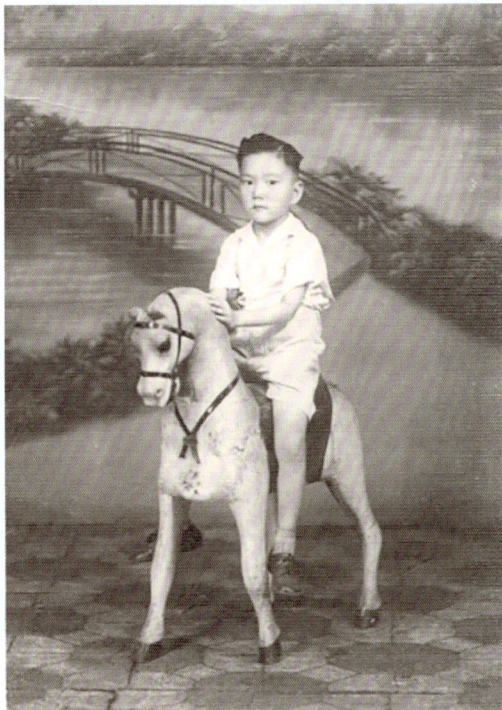

1940 年上学了

　　日本侵占上海，我母亲和上海普通市民一样起早排队买米、买油。那时排队写号都写在你衣服上、手心上，真是像难民一样。上海的外白渡桥上有日本宪兵站岗，过桥都要向日本兵行礼，不然就是打耳光再罚跪。我们小学生更是不敢过桥，真是望而生畏。

　　抗战后期美国参战，接着而来的是美国轰炸机对上海进行大轰炸，炸弹的轰隆声把我们吓得够呛。为了逃避美机轰炸，我们逃难到上海近邻的乡下朱家角，就这样一直等到1945年抗战胜利。上海的日本兵接受投降，把枪放在一堆，籍地而坐。当时在上海人们对日本官兵非常憎恨，甚至有人把瓜菜皮丢过去，真是大快人心、拍手称快。

朱家角小镇

三、新中国成立前后，就读中学
（1945~1950 年）

　　日本投降后我们又回到上海。因搬家到了虹口北四川路，我就转学到距家附近的怀恩小学一直读到六年级。怀恩有中学所以不用考就可以直升中学。怀恩又是一个基督教的学校，管教比较严，对我有利的是在教会学校为我的英文打下了一个很好的基础。但是使我烦恼的是每周要做礼拜，每学期又有布道会，学校资历老一点的教师又都是牧师。但母亲信佛，有些冲突。我不大愿意在这样的学校就读，但是也没办法。抗战胜利后国民党接收大员入沪，当时的上海物价飞涨，眼看大捆纸币买不到多少东西。马路上倒卖银元叮叮当当的声音响个不停。也听说过蒋经国来打"老虎"，结果触及"蒋宋孔陈"四大家族，再也打不下去了。这时家里给我的教育就是好好读书，"两耳不闻窗外事，一心只读圣贤书"。可是窗外的事，历历在目。在上海有英

麦伦中学老同学六十年后在京会聚
（后排中左为谢锡善，中右为北京师范大学校长方福康）

租界、法租界，洋人又说我们中国人是"东亚病夫"。在上海外滩，是一排洋行，有"红头阿三"（印度警员）看门，我们都是望而生畏的。咳！赶走了日本鬼子，上海也没好起来。

1949年5月的一个夜晚，只听得外面枪声和脚步声。一夜之间解放军进入上海。清早起来，见到解放军露宿街头张贴三大纪律、八项注意。现实的感性认识觉得共产党和国民党就是不一样。这时才知道毛主席和朱总司令。解放不久，陈毅市长就控制住上海局面，物价稳定，这才使我们生活安定。在这个时候受到现实的教育，对共产党有了好感，也就在解放不久的1950年我加入了中国新民主主义青年团。

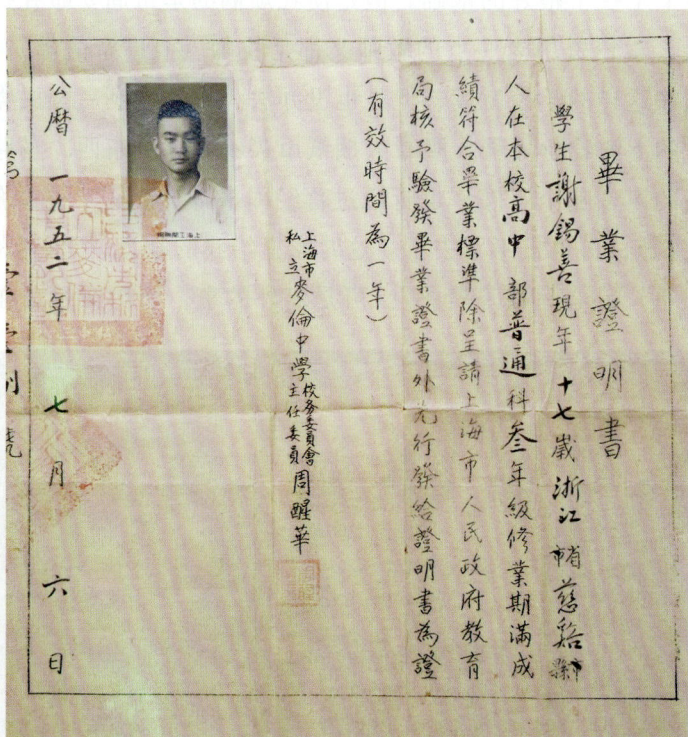

上海解放初期高中毕业时的谢锡善

四、清华钢院，培育成长
（1951~1956 年）

　　1951 年春天在我就读高中时，因厌恶怀恩中学教会学校那一套做礼拜、布道会，而转学考入麦伦中学。麦伦中学是由民主人士沈体澜作为校长的一所民主、进步的中学。麦伦名义上是教会学校又有外国教师教英文，但是根本没有教会的阴影。因为有外教，所以给在国民党统治下的共产党地下活动提供了有利条件。例如像赵朴初、魏金枝等党的干部都曾是以麦伦的教师名义作掩护而进行地下活动。1949 年解放前在麦伦中学就有共产党的地下党支部组织以及党的外围民主青年组织。我进入麦伦是对我政治生活、人生观上的启蒙。我进入的高二班是"红旗班"，班上就有共产党员孔慧英，后来她进入中央党校，一直在中央党校任教，为党工作直到退休。我在麦伦进入这个我称为是革命的大家庭。我跟着大家一起参加各项活动，逐渐得到启发，要建立革命人生观，为国家做贡献。

麦伦中学（现名继光中学）

1952 年高考选择志愿，我原本想考化工，只觉得化学好玩，化学反应千变万化。我记得非常清楚，班上讨论说现在正是新中国成立不久的建设阶段，大家应该选择重工业的专业为建设我们年轻的新中国做贡献。这样我就选择了北京钢铁学院，班上大家都向往北京，所以我们班很多人都来了北京，有清华、北大、钢铁、石油、航空、地质、师范等高校。当时大家有这么一股热情把青春献给祖国的建设事业。

1952 年秋天我进入了清华大学钢铁学院。因为正值全国高等教育院系调整，当时的钢铁学院、石油学院、航空学院、地质学院都没有校园而暂时依附在清华大学。大学一年级政治课是讲大课，集中在清华大学大礼堂里听课。我记得非常清楚教员是一个老革命干部，他讲的新民主主义论。结合党史和他自身实践，真是把政治课讲活了。从 1921 年建立中国共产党，又经历了二万五千里长征，国共合作联合抗日，历经艰险，革命先烈前仆后继、继往开来，才建立了新中国。这是活生生的革命历史教育，使我深深感到新中国真是来之不易。我们当时在清华一切都是国家供给。一不交学费，二不交饭费，三还照顾我们重工业专业每月发我们零用费。在北京清华大学这个大熔炉中真是感到幸福。当时清华校长蒋南翔是革命老干部，原来也是团中央的领导干部。蒋校长关怀青年，要求我们鼓起革命干劲为新中国做贡献。这样的鼓励逐渐使我形成了学好本领，为新中国建设做出应有贡献的革命人生观。

当时清华大学体育教育组主任马约翰教授要求所有大学生下午课后都来大操场锻炼身体。马教授身穿白衬衣，打一个鲜红的领结，骑一个宽胎自行车在满操场巡视。要我们锻炼身体，必须通过劳动卫国制各项体育科目才能毕业。当时提出的口号是"为祖国健康工作 50 年"。我的体质并不是很好，但是我坚决响应号召，努力锻炼身体通过了"劳卫制"。现在我可以自豪地说我已经完全达标，而且已经超标，完成为祖国工作 60 年。我并不满足于此，我还要为祖国工作 70 年，以至 80 年……

如果说我在麦伦中学受到革命环境的熏陶是我的启蒙，那么在大学四年则是我政治上和业务上的成长，逐渐形成要为新中国服务一辈子的人生观。

大学时期在《钢铁是怎样炼成的》小说中读到主人公保尔·柯察金说："人的一生应该是这样度过的，当他回首往事时，不因虚度年华碌碌无为而悔恨。"

我至今还往往拿这样的话来鞭策自己，作为自己的人生座右铭。

我们大学的学习条件是艰苦的。从一年级清华那么优越的生活和学习环境到二年级时"钢院"的旧址"满井村"。1953年那时的钢院没有自来水，没有电，没有教室。我们靠满井村的一口水井来洗脸刷牙。两天一根蜡来度过每天在宿舍的晚自习。没有饭厅，大家在宿舍走廊烛光晚会共进晚餐。在涂上泥巴的工棚房里上课。虽说艰苦，但大家还是发奋攻读。

我们那时的教师可以说在国内都是顶级的。在清华时傅鹰学部委员讲化学，刘景芳教授讲数学，于克三教授讲物理。金属学是徐祖耀教授，热处理是柯俊教授，合金钢是赵锡霖和章守华教授，X光是方正知教授，力学性质是张兴钤教授。真是大师云集，给我们打下了扎实的基础理论和专业基础。直至今日，难忘恩师的教导，给我们今日的科研和教学打下扎实的基础。现在我校的几位恩师柯俊、章守华、方正知教授百岁华诞之际，我们有幸去祝贺恩师健康长寿！另一件使我印象深刻的事是柯俊教授第一堂课讲绪论带了一个大提包，讲到中国古人在《天工开物》中描述到做制剑时的一句话"清水淬其锋"，此乃今日之"淬火"热处理也。柯先生又讲到恩格斯的自然辩证法，绝对真理是没有的，科学就是在相对真理的长河中不断摸索。柯先生当时上课时就由实验员推着一台大大的投影仪，给我们显示金属的组织。"眼见为实"，使我们作为材料科学和工程工作者树立了注重实验，把理论和实践结合起来才能探索真理这样的辩证唯物主义思想。

章守华教授　　　　徐祖耀　中国科学院院士　　　　柯俊　中国科学院院士

张兴钤 中国科学院院士

方正知教授

2016 年 6 月 23 日谢锡善在柯俊院士百年华诞座谈会上与柯俊院士合影

2016 年 10 月 26 日谢锡善与老钢院部分学子在章守华教授百岁华诞座谈会上合影

在清华大一时我是班上的学习委员。后来因为班长柯伟（现为中国科学院金属所的工程院院士）选派留苏，在大二时就让我担任班长。因为是班长，所以经常要和老师联系与各个课代表开会。总之一句话努力组织大家，学好功课。

我们钢铁学院大学四年。一年级认识实习在太原钢铁公司从炼铁、炼钢直到轧钢、中心试验室材质检测，对钢铁生产全工业流程有了一个全面的认识。二年级、三年级生产实习老师给学生确定好实习点，自己去联系食宿。那时去上海工具厂我就主动和原来就读的麦伦中学联系食宿，一切妥当后我们小组一行四人就奔赴上海。当时生产实习要求做有一点科学实验的小课题，并且要亲自在车间操作。我记得那时高速工具钢热处理制度的试验既结合了金属学、热处理、合金钢的专业知识，又有了现场盐浴炉的实际操作，确实是理论联系实际的良好锻炼。

大学四年级毕业实习我们小组一行五人分配到沈阳风动工具厂。我有了生产实习安排生活、学习、工作的经验，这次也就重操旧业去东北工学院联系住宿、生活安排等等。那时老师就是在实习中期过来检查一下，一切都由学生自己安排。历经几次实习，使我们有机会深入工厂，参加劳动，联系实际，又锻炼了我的组织工作能力。确实体会到工科大学生不仅在学校课堂里学课程，需要到工厂进行工程实践，并且也要向工人学习。

太原钢铁公司

上海工具厂

沈阳风动工具厂

　　我的大学毕业设计是由章守华教授指导的。章先生和蔼可亲，严格要求，谆谆教导给了我深刻的印象。大学四年即将结束时，突如其来的是学校领导和我谈话，说毛主席号召"向科学进军"，要选派我留苏。可能是因为我大学课程几乎都是 5 分（就有一门物理 4 分），还是因为我是全北京市的"三好学生"，才选派我出国留学。

　　1956 年 5 月 5 日北京市高等学校三好学生大会在北京饭店召开，900 多人代表 8000 名三好学生欢聚一堂。我是北京钢铁学院 48 名代表之一。

　　作为一个即将毕业的大学生，真是感到荣幸之至。我们相 56 两个班，三好学生就我一个。让我出国留学也只有我一个。正因为要出国集训，我就提前答辩，这是当着苏联专家索洛基兴的面答辩，先献花，再加上叶锐曾老师作翻译，我是有点胆战心惊。好在同学们鼓励我，章守华教授指导我做好答辩准备，我也就不怕了。答辩结果，苏联专家说"Оуен Хорохо"（非常好），又是一个 5 分。这样我总算圆满地完成了大学的学习。带着国家的期望，响应毛主席的号召"向科学进军"提前毕业进入北京第二外国语学院集训，准备出国留学。

1956 年毕业前夕在北京钢铁学院主楼平台

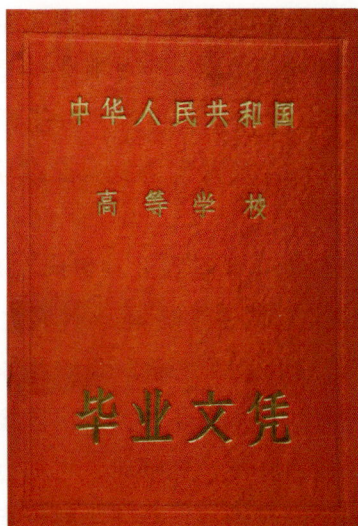

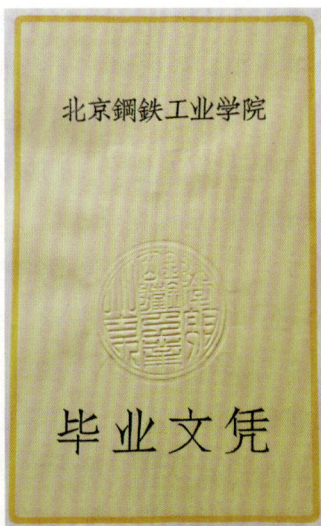

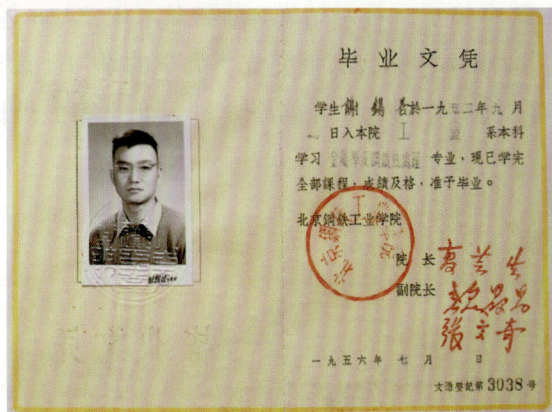

1956 年谢锡善以优异的成绩毕业于北京钢铁工业学院金属学及钢铁热处理专业

五、留学捷克，攻读学位
（1956~1961 年）

　　1956 年 6 月同学们都在紧张准备毕业答辩，我却按学校通知到北京第二外国语学院报到。原以为是留苏，结果选派留学捷克。我当时对捷克一无所知，只知道有出国深造的机会已是难得。不管到哪个国家我都要努力攻读学位。

　　在外语学院除了体检、制装，最重要的是听中央领导的报告和指示。给我印象最深的是陈毅副总理兼外交部部长来作报告。最突出的一点是陈毅副总理说："国家花多少农民的辛苦钱来培养你们出国，你们一定要响应毛主席号召'向科学进军'努力学习国外先进经验，一定要把'学位给我拿回来'。到国外学习你是一个中国人，要为中国人争气，在国外外文不好怎么学习呢？身体不好怎么坚持下来呢？"陈老总连讲带训给了我深刻印象。我是一个中国人，中国现在落后，要为中国争气，出国先学好外文，锻炼好身体，努力学习把国外的先进经验和"学位"拿回来，来建设我们的国家。

　　1956 年 8 月初的盛夏我们留苏和留捷的同学一起乘坐长长的一列专车由北京出发经满洲里进入苏联国境在莫斯科停留一天再转车。在莫斯科去餐厅吃饭时才知道黄油加面包。而且面包是不要钱的。我的第一感受是社会主义好，"吃饭不要钱"，因为在当时的中国吃面包就是很好的饭了。离开莫斯科又转基辅，一路上留苏同学一段一段地下车。最后我们到捷苏边境"巧普"城只剩下我们留捷学生的一节车厢了。我记得非常清楚留捷老同学姚鹿萍来接我们。她讲的捷文非常流利。但她教我们的第一句捷语是用捷文说"我不懂捷语（Nerozumím Česky）"。这还真是闹出大笑话，捷克人说：你不是开玩笑吧！你不是在说捷语吗？

　　为了学习捷语我们 1956 年留捷研究生和大学生一行七、八十人集中到易北河边的温琴小镇分成四个班学捷语。教员是由布拉格查理士大学派来的讲师。老师他会很多国语言。我们留捷的大学生在俄专已学了一年俄语，可是我们研究生在大学学那么一点俄语根本不够用。我的英语因为有中学的基础还可以。就这样老师用英语、俄语来教我们捷语。因为我有英语基础，所以我的捷语在班上也是领先的。三个月的捷语学习告一段落后在圣诞节前夜就结束了。

1956 年 9~12 月在捷克学习捷语

　　1957 年的元月我被捷克教育部分配到俄斯特拉发矿冶大学约瑟夫·坦恩特尔（Josef Teindl）捷克科学院通讯院士那里做研究生。研究生入学首先和导师会面。坦恩特尔通讯院士在工厂当过总工程师，他是教研室主任，具有非常丰富的工程实践经验，又有很高的学术威望，他带着金丝边的眼镜和蔼可亲。我以为他已接受我为他的研究生，准备给我安排工作。

　　对话开始，他看了我的捷语成绩单是"优秀"。可以想象三个月的捷语学习能"优秀"到哪里去。一场既有专业又有生活词汇的捷语对话。他摇头了，"不行"。他又用俄语与我对话。可以想象我大学这么一点的俄语也是"不行"。他又用英语与我对话，我中学那点英语基础也"不行"。他再用德语和我对话，我更"不行"。他又用法语和我对话，我更是"一窍不通"。当时教授说你语

言不通怎么做研究生？这样吧！我给你开一些介绍信用半年时间在捷克社会实践中学习捷语接触捷克文化，融入捷克社会。到 7 月份你再来赴考，才能决定是否录取你做研究生。

这次对话，使我蒙了，原以为兄弟国家的教授一定会努力帮助，让我进入研究生的学习。这时我才体会到陈毅副总理语重心长的话"到国外一定要学好外语"。

为此，我下定决心要花半年时间学好"活的捷语"。

我用了半年时间，单枪匹马带着随身行李箱"周游"捷克斯洛伐克。我当时做了一个计划：访问一些捷克工厂、研究所和学校，一方面是学习"活的捷语"，另一方面又类似在大学时的"实习"，深入实际，可以对捷克的科学技术水平作一个调查，同时又可以会见一些材料学界和工程界的知名人士进行请教。有了这样一个思路，我几乎访遍了捷克有名的工厂和机械制造大集团，如"列宁工厂（原斯高达厂）"Kladno 合金钢厂、Vitkovice 钢铁联合企业、Tatra 汽车厂等。我看到了捷克的万吨水压机，各种类型的汽轮机，不用水冷而用空气冷却的 Tatra 汽车等；我也访问了许多研究所，如钢铁研究所、材料研究所、物理研究所、焊接研究所等；又访问了布拉格，布尔诺，比尔森各地的大学，因为当地有我们的留学生，就有机会和教授们会面交谈。例如我在布尔诺会见了有名的 Píšek 院士，在比尔森会见了国家科技奖的获得者 Eminger 工程师，在布拉格会见了材料专家 Pluhař 博士和 X 光教授 Kochanovská。显然我在这次广泛的"实习"中接触了许多知名的捷克人士，了解了捷克科技和工程环境，开始融入捷克文化。我知道了捷克

1957~1961 年谢锡善于捷克俄斯特拉发矿业大学冶金学院攻读研究生

谢锡善用半年时间访问了捷克斯洛伐克的主要城市，
工厂、高校、研究所和专家、学者

幽默小说《好兵帅克》，捷克英雄人物小说尤·伏契克的《绞刑架下的报告》。在这样的社会大课堂中我不仅了解到捷克的科学技术、社会文化，甚至也学到很多捷克的俏皮话和寓言。不虚此行，半年的社会实践为我在捷克做好研究生准备了一个良好的语言和技术基础。在这次半年的捷克社会大课堂中，我也买了不少捷克技术书籍和人文课本，边看边学边实践，确实长进不少。

功夫不负有心人，1953年9月的一场研究生考试，当时是冶金学院教授（有基础课的，有专业课的）一排人面对面地进行口试。因为我已有充分的准备，捷语也能讲得比较流利，结果是通过入学考试，正式接受我为研究生。

当时捷克培养研究生的制度是模仿苏联的。先定论文方向，接着三门课程，外语、自然辩证法和专业课。捷文是捷克的本国语言，不能算是外文，但对外国研究生来讲仍要学习捷文，俄文作为外语也要学，都要考试。捷克邻近德国。德国工业发达，学工的也要学一点德文。当时"三文"齐下也是够忙的。但是我总是记住陈老总的话"在国外学习，一定要把外文学好"。我的捷文和俄文两门都通过了考试。德文只学不考，算是优惠我们外国留学

生了。不管怎么说，留学生涯给我的外文水平提高打下了很好的基础。

恩格斯的自然辩证法真是难学。看不懂捷文又看中文本。这些课程都是自学来通过考试。自然辩证法的学习给了我科学研究很多正确的思路。科学是探求真理的，但是绝对真理是没有的，事物是在发展中的，事物总在相对真理中不断前进而逐步向绝对真理接近。这样的辩证思想对我后来的科研工作思路有很大启发。

在捷克做学位论文，我原以为教授给我定方向。不料恰巧相反，教授问我要做什么？这一下又把我懵了！我马上写信问我在钢院时的系主任章守华教授。章先生回信说捷克机械制造工业发达，又帮我国在上海建立了第一个汽轮机厂。电力是工业的基础命脉，电厂的基础是高温的金属材料。建议我的论文方向为电力发展必须的关键金属材料耐热钢。章先生建议的耐热钢方向得到了教授的认可。为了对耐热钢进行深入研究，我的专业课考试就是写一篇"热强性"的小论文。

为此，我从高温强度蠕变理论开始翻阅了大量的文献。在材料强度中又涉及位错理论。我在国内大学就读时根本没有学过位错理论。这样就迫使我到布拉格查理士大学物理学院去听课，去请教物理教授。耐热钢的基本强化理论是在铁基固溶体强化的基础上借助碳化物析出强化。这样我又把碳化物

谢锡善在捷克攻读研究生期间参加"五一"劳动节和平游行（右举旗者）

相析出强化的各类经典著作统统学习了一遍。这里我也必须提到郭可信先生有关碳化物相、相图和析出强化机制。郭先生的研究结果得到国际公认并且真是"可信"。我通过大量文献的认真阅读，终于用捷文写出了"金属蠕变和强化"的小论文。这篇小论文的捷文原版至今仍保存在我的书架上，而且为我以后在捷克做耐热钢的学位论文以及回国后对高温材料的教学和研究打下了很好的基础。例如后来在钢铁学院我给研究生讲"高温强化理论"课时都用上了它，而且也有一部分写入了《高温合金》教材中作为"高温强化理论"的一部分。

在俄斯特拉发一年的研究生自学攻读课程是枯燥和艰苦的，学习生活非常单调。好在我们留捷同学的集体是非常温暖的。我记得很清楚国家领导人董必武主席访捷。董老和蔼可亲地与我们面对面促膝谈心谆谆教导，给我莫大鼓励。我又想起来陈老总的话"一定要锻炼好身体才能完成学习任务"。那时我早上锻炼后冲凉水澡，骑自行车越野，溜冰，滑雪，打乒乓球，到钢厂去义务劳动……使得生活丰富多彩。

在捷克五年攻读的老同学直到如今仍保持联系，2015年留捷老同学李铁映召集留捷同学在欧美同学会相聚，时值八十华诞的老同学共同合影留念。我们就读于俄斯特拉发矿冶大学的在京同学经常联系聚谈。

谢锡善攻读研究生期间和留捷同学在俄斯特拉发钢铁厂参加义务劳动（后排中靠右）

李铁映与部分留捷同学合影

2017 年 4 月 14 日俄斯特拉发四位老同学会聚

我花了一年多的时间艰苦攻读，终于在俄斯特拉发矿冶大学顺利地通过了外语（捷文、俄文）、政治（自然辩证法）、专业课（金属蠕变和强化）的考试，开始进入耐热钢领域的学位论文阶段。由于我有了半年"周游"捷克斯洛伐克的科学技术调研实践，我决定到布拉格钢铁研究所做学位论文。一是研究所做科研试验条件好，它具有从炼钢直到电镜显微分析的一整套试验设备；二是钢铁研究所当时不仅在开发耐热钢而且也在进行一些有关耐热钢的基础理论研究；三是研究所的实验室主任约瑟夫·恰待克（Josef Čadek）是在原苏联莫斯科钢铁学院攻读副博士学位的一位杰出的工程师，他也是我校马如璋教授在原苏联的同学。由于这种种我自己认为是优越的条件我就去布拉格钢铁研究所做学位论文了。

在捷克做研究生，教授确实是"放羊"。他根本不管过程而只是要求你每个阶段由布拉格返回俄斯特拉发向他汇报。这种培养方式和目前国内培养研究生确实不同，研究生有很大的自由空间，独立思考，自己做实验。教授只是把握方向，引导深入，培养独立进行科学研究能力的一种重要途径。

到了研究所，工程研究和学术环境都非常浓厚。我的副导师恰待克已经取得苏联科学技术副博士（相当于欧美的 Ph.D）的学位而仍在争取科学技术博士学位。同时他也是在我的教授坦恩特尔通讯院士的指导下，所以他不仅要考虑耐热钢的工程而且亦必须考虑耐热钢的强化机制等理论问题。我是在 Teindl 和 Čadek 两位导师的共同指导下进行研究生的学习和攻读学位。

在研究所做研究生有以下几个特点：

一是首先要对耐热钢做一个详细的调查研究。这个调查研究不仅是从文献中来，而且也要结合国际耐热钢的发展实际。当时的捷克钢铁研究所正在进行低合金铁素体型耐热钢、高合金（12%Cr）马氏体型耐热钢以及 Cr-Mn-N 系经济型奥氏体耐热钢的研发。考虑到工程的实用性和应用的可能性我选择了当时热门的 12%Cr 钢作为我的论文研究方向。

二是在确定研究方向后，研究所要求你必须要做一个详细的研究计划，因为牵涉到经费和工作量，按规程必需部门主任和所长层层批准才能执行。这就培养了我有计划按方案做研究的习惯。当然，计划不是一成不变，在执行过程中可以修改。

三是在捷克做研究生一切实验都要自己做。我当时除了炼钢不是自己

做，从切样、热处理、磨样、测性能、组织分析、金相照相、X光相分析以及电镜样品制备到分析全过程都是自己做的。这样培养了我一整套材料科学研究的实验方法和结果分析的第一手资料必须亲自全面掌握的重要研究方法。

四是做研究最困难的是结果分析。有时一个人想半天也没得出什么结果。这就迫使你向各方面的专家请教。由于在布拉格研究所里各方面的专家都有。我有时要走访几个研究所进行请教，使我学会了"三人行，必有我师"孔夫子的教导，在科学领域的群儒中请教，讨论、吸取各方面的意见，才能获得一个比较客观和正确的看法。

捷克布拉格钢铁研究所是早上6点上班，下午2点就下班。所以我也就早上早早起来不吃早饭赶上6点进入研究所。所里工程师的习惯是由秘书买早点，所以我也就跟着大家一样吃捷克的早点，中午和工程师们共进午餐，顺便说话谈天联络感情。下午2点一般的工作人员下班了。但是有任务的工程师不下班，仍然做他们自己的事。我的副导师Čadek是不下班的，因为他要攻读科学技术博士。下午2点以后实验室门都是开着的。这为我做实验准备了充足的空间和时间。有时到5点钟我和副导师讨论一些问题后，他就回家了。我在布拉格文学院的食堂吃晚饭。饭后返回所里，又是我工作的自由

1960年研究生毕业将近，谢锡善在努力准备论文答辩

天地。一般来说我晚上10点钟回宿舍。实际上从早上6点到晚上10点等于是上两个班。所以我研究工作的进展还是比较快的。我不仅集中精力于自己的论文研究，同时也和别的捷克研究生和工程师合作一些与耐热钢有关的基础理论研究，如我参与了三个四元相图（Fe–Cr–Mo–C、Fe–Cr–W–C、Fe–Cr–V–C）的研究和测定。Cr、Mo、W、V四个强化元素无论在铁素体还是马氏体型的耐热钢中不仅起到固溶强化的作用，而且会析出各种类型的碳化物起到第二相析出强化的作用。可以这么说，如果掌握了这类相图基本上就掌握了各类耐热钢中可能存在的相及与其有关连的强化机制。

这么大的工作量，我又拼命地一天上两个班。我的体质不是很好，终于因体力不支得了肺炎进了医院差不多有一个月的时间。那时正好留学生有回国学习参观的机会。可是一方面是我身体的因素，另一方面我总想抓紧时间做研究，努力争取按时回国，而无奈放弃了那次回国的机会。

在两位捷克导师的指导下和我努力地工作，研究工作进展顺利。这时正好国内的耐热钢代表团来捷参加国际耐热钢会议并且访问有关工厂和研究单位。我也有幸和代表团一起参加了国际会议并访问有关工厂和研究所。在这次国际会议上我会见了原苏联有关耐热钢的权威如科学院的高尔尼洛夫院士、黑色冶金研究院的普里坦采夫和机械研究院的伊万诺娃高级研究员以及

1959年，谢锡善在捷克参加国际耐热钢会议

1959 年，谢锡善和上海材料所陶正耀总工程师一起参加国际耐热钢会议

欧洲各国的专家，我在和他们的直接交谈交流中受益匪浅。当时国内来的代表中有一位是上海材料研究所的总工程师耐热钢专家陶正耀教授，通过和中、外专家、教授的交流使我开阔了视野，对我的论文工作实际上起到了一个国际交流的机会。我也有信心使我的论文达到国际水平。

我当时在布拉格钢铁研究所，中国大使馆也在布拉格。曹瑛大使原是陶铸的部下。每次大使回国都要给我们做报告传达中央精神，报告国内大好形势并鼓励我们努力学习为社会主义建设服务。曹大使对我们的谆谆教导铭记在心。直到我们回国每年春节我们还去看望曹大使和大使夫人。我们在捷的留学生对曹大使和大使夫人都有浓厚的感情。中国大使馆就是我们的家，我们虽然远在国外，但每到周末就到大使馆"回家了"。国内有国家领导人来访大使馆都会让我们参加。如朱总司令、彭德怀元帅……来访，我们留学生都能和国家领导人见面，并且能倾听他们对我们的当面教导和关怀，使我们虽然身在国外但和国内完全是心连心的。

我在布拉格钢铁研究所也时常接待国内的专家，如金属研究所所长李薰教授，上海交通大学副校长周志宏教授等，专家们的来访给我们带来了国内科技进展新消息，同时鼓励我们向国外先进经验学习回国为社会主义建设服务。

在捷克五年攻读，无论在政治上、业务上确实都是我的成长阶段。我在捷克时也提出了入党要求，当时在国外入党根本不可能，但我总算仍是一个要求入党的积极分子。

五年的研究生学习和论文攻读得到了国外两位导师的指导和国内专家教授的支持，我终于在 1961 年 6 月份胜利地完成研究生毕业以优秀成绩通过了论文答辩。导师高兴，我也兴奋，因为在第二天的俄斯特拉发日报的头版就立即登出了中国研究生谢锡善以优异的成绩通过答辩的大照片。随后由捷克科学院授予我科学技术副博士的学位（相当于现在的 Ph.D）。

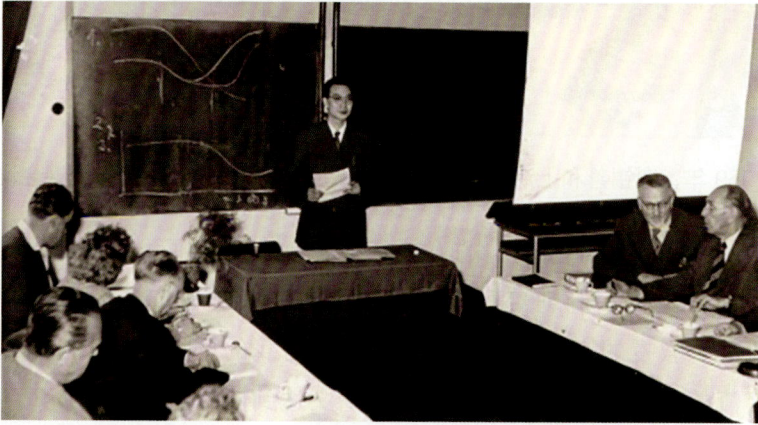

1961 年 6 月谢锡善正在进行副博士论文答辩

1961 年 6 月捷克报刊头版（右上角）刊登谢锡善副博士论文答辩照片，
称"论文具有重要意义并获得专家委员会高度评价"

ČESKOSLOVENSKÁ
SOCIALISTICKÁ REPUBLIKA

DIPLOM

KANDIDÁTA VĚD

EVID. ČÍSLO 3001
STÁTNÍ KOMISE PRO VĚDECKÉ HODNOSTI

DIPLOM

KANDIDÁTA
VĚD

VYSOKÁ ŠKOLA BÁŇSKÁ V OSTRAVĚ

ROZHODNUTÍM vědecké rady
ZE DNE 3. 7. 1961   ČÍS. PROTOKOLU 46
PODLE §3 ZÁK. OPATŘENÍ
PŘEDSEDNICTVA NÁR. SHROMÁŽDĚNÍ
č. 64 ze dne 28. září 1959
UDĚLILA
Sie Si SANOVI hutnímu inž.
NAR. DNE 2. 7. 1935   v Džčí, Tchekiang, ČLR
VĚDECKOU HODNOST KANDIDÁTA
TECHNICKÝCH VĚD

KANDIDÁTSKÁ DISERTAČNÍ PRÁCE
„STABILITA STRUKTURY ŽÁRUPEVNÝCH OCELÍ "
BYLA OBHÁJENA NA
Vysoké hutnické fakultě
školy báňské v Ostravě
DNE 9. 6. 1961

PŘEDSEDA VĚD. RADY (KOMISE)
MÍSTA OBHAJOBY

VEDOUCÍ FUNKCIONÁŘ
MÍSTA UDĚLUJÍCÍHO HODNOST

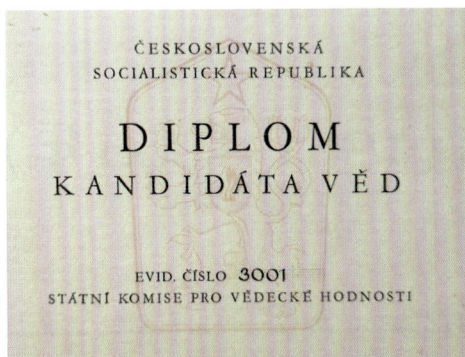

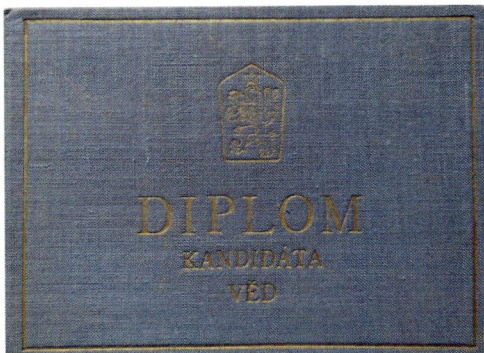

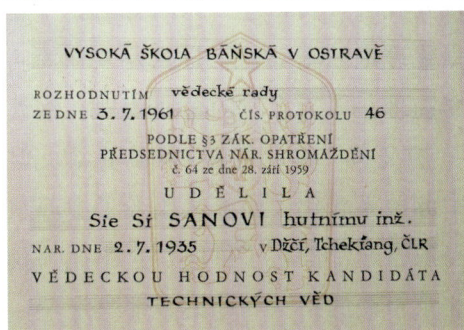

1961 年 7 月捷克斯洛伐克国家学位委员会授予谢锡善科学技术副博士学位

谢锡善回国后陪同外国专家访问工厂

六、学成回国重返钢院（1961~1966 年）

　　1961 年 8 月份回国后我被教育部分配到我的母校——北京钢铁学院工作。当时金属物理教研组主任张兴钤教授要我去金属物理。原因有二。一是我虽做耐热钢研究但我有金属材料高温强化理论的基础；二是我爱人陈梦谪当时在金属物理电镜组。我也愿意去金属物理，因为当时的金属物理在钢铁学院是最强的。柯俊、肖纪美、张兴钤、方正知"四大名旦"群英荟萃。但是学校却把我分配到特冶系。当时正好中苏关系恶化，原苏联撕毁了中苏友好协定，特别是与航空工业密切有关的高温合金都停止了供应，企图扼杀我国刚刚起步的航空发动机工业。钢院在北京市委的指示和原冶金部决定下在特冶系下设高温合金专业并且在 1962 年就要培养出第一批高温合金专业的毕业生。当时的学生都是从各有关专业调过来的。教研室主任是陈国良讲师，还有两位 60 届的毕业生胡本英和罗端木以及一位留苏回来的李慧英老师。实验室也是很简单的几间房和两位实验员胡桂兰和李绍森。在这样简陋的条件下特冶系领导系主任董德元、书记王润让我担任实验室主任。可以说那时我们高温连一个副教授都没有，就是陈国良和我两个讲师。真所谓"山中无老虎，猴子充大王"。好在我对实验室熟悉，为了开展实验和当时的学生毕业我们想方设法建设实验室。学校院级领导审核实验室建设规划，我也是硬着头皮去论述去答辩，甚至自己还要跑外购买设备。由于我有了在捷克钢铁研究所的见识和自己的实验实践。我想方设法建立了一些有特色的实验装置，如金相样品电解抛光、电化学电解萃取第二相以及析出相微量化学分析一整套的相分析装置。瓶瓶罐罐配齐了，居然在高温实验室建立起了精细的相分析室为大学生毕业和科学研究打下了一定的基础。

　　高校的老师是要讲课的。当时陈国良作为教研室主任主要抓科研、行政和人事（"招兵买马"）。我要承担"高温合金"教学、实验、实习等课程的讲授和安排。我认真地进行备课，开始了三尺讲台的授课生涯。由于我有科研

实践的经历和耐热钢的基础，讲课非常顺利。特别是讲到高温强化机理，因为我又有在捷研究生期间工作小论文蠕变理论的基础，使得强化理论讲得深入并且结合合金实际。科学理论与工程合金实际相结合，学生认为教学效果很好。这里我也必须提到当时航空材料研究所的总工程师颜鸣皋教授在《金属学报》上发表的高温合金强化理论，从周期表开始综述合金元素的作用以致高温合金强化的三个基本手段固溶强化、第二相强化和晶界强化的基本概念给了我深刻的启发并且用到教学中去。可以说直至今日高温材料的强化理论仍是贯穿在我现在对高温材料发展的过程中。

从 1961 年开始到 1966 年"文化大革命"前足 5 年的高校教师生涯，首先使我融入了一个年轻富有朝气的高温合金教研组的团队。我们在没有一个副教授的艰难条件下共同奋斗。这时我也进入国内高温合金的团队到抚顺钢厂、上钢五厂，参加了一些当时高温合金生产实践为国争光的战斗，特别是在学校里与学生在指导课程设计和毕业论文实践中打成一片。发扬学术民主，共同完成任务。我记得很清楚我指导过徐志超做课程设计，组织 62 届的学生徐志超、韩学海、刘家瀛三位都留在教研组任教。徐志超老师一直是我非常好的合作伙伴直到他在我校退休；韩学海担任过我讲课的辅导老师；刘家瀛做毕业论文，后来帮助我指导学生毕业；郭建庭分配到了金属研究所当过金属所高温合金研究室主任，直到现在我们仍保持着密切的联系。昔日的学生，如今都是我高温合金战线上亲密的战友。

20 世纪 60 年代由于原苏联撤走专家，切断高温合金的供应，高温合金绝大部分都是镍基合金。我国当时是缺镍的国家。我们要拿好几吨大虾才能换回 1 吨镍。在我国紧缺镍的情况下我国开展了"以铁代镍"发展高温合金的道路。钢院高温合金教研组就大力从事铁基高温合金的研究。除了教研室自身研究新型铁基合金的开发外，也同钢厂合作大力研究为当时歼六战机使用的铁基高温合金涡轮盘材料。此外，还和上海钢铁研究所共同研究和开发新型铁基高温合金叶片材料 GH302，这项研究卓有成效，后来获得了国家发明四等奖，而且在一段时间内得到了广泛的应用。

七、十年浩劫"文化大革命"
（1966~1976 年）

在马鞍山钢铁厂
劳动的谢锡善

1966 年 1 月底到 5 月份我正带着 66 届的高温合金专业学生在上钢五厂和上海钢研所进行结合工业生产实际"真刀真枪"的结业。我们和上钢五厂正在进行歼六战机发动机涡轮盘铁基高温合金 GH36 的成分控制和性能优化的研究，与上海钢研所正在进行"以铁代镍"的 GH302 铁基高温合金叶片材料的研究。当时我们的生活条件是艰苦的。学生们住的是席棚，上厕所要到自己动手在棚外盖的临时厕所。上海的冬天没有暖气，下雨天的被窝是潮乎乎的。洗完衣服三天也不干。不过那时学习生活都是非常愉快的。科研工作以"矛盾论""实践论"为指导，我也运用我在捷研究生时代的"辩证法"的观点来指导学生。那时老师和学生结成"一帮一，一对红"共同交流思想，互相帮助，共同进步。当时钢院在上海设立"结业指挥部"，由科研处、教务处和政治老师共同组成，指挥部还号召我们以实际行动促进思想、工作双丰收，争取在结业的"火线"入党。

在 5 月份结业，科研的紧张关头。"文化大革命"开始了。我们不了解北京和中央的形势，拿着向"党委表决心"的红幅回校了。可是一进校门形势大变，满院大字报，党委已瘫痪了。我们简直被大字报轰傻了，不知所措。

在"文化大革命"的大字报洪流中，学校的大门是开着的，教学、科研全部停顿。后来"军""工"宣队进校，工农兵大学生"上、管、改"，搞得我们晕头转向。在这"十年浩劫"中使中国失去了一代人。我自己实际是荒废了 10 年。在这 10 年中我下过厂，在高炉前打泥炮、堵渣口、抬铁块；和

69届同学在马鞍山钢铁厂的临时工棚中共度整夜。因为在钢铁厂劳动倒也与工人打成一片，促膝谈心，拉家常，使我了解到工人的勤劳、淳朴。我也不能忘记在北京热电厂劳动接受工人阶级再教育时，电厂锅炉导汽管爆破产生重大安全事故。我当时是下厂劳动接受再教育，所以也没有理会这件事。可是北京热电厂金属室的王光启

"文化大革命"期间的谢锡善和他的女儿谢伟

师傅把我找去说你是做耐热钢研究的，你来参与这次重大事故分析。这确实使我觉得工人师傅是大公无私的，是爱护我们知识分子的，我们并不是"臭老九"。学了知识，就要为人民服务。

"文化大革命"期间我也到首钢迁安露天矿参加劳动。那时白天干活，晚上就睡在老乡家里的炕上。看到了农民家里的艰苦生活，种粮种菜供应城市。那才叫真正的为人民服务。

我还去河北的干校锻炼了一年。主要是种麦子，从一开始施肥浇水直到后来打场的全过程。真真体会到"要知盘中餐，粒粒皆辛苦"。那时我们也帮农民干活，中午在农民家里吃，能吃到"贴饼子"（干烤的玉米饼），小葱蘸酱包卷饼那是最好的了。

在这十年浩劫中，我虽然失去了教学、科研的宝贵青春时光，但是我"亦工亦农"，就是没有当兵。接近了工、农，了解了工、农，我的直感是中国工人和农民的勤劳、朴实，他们辛苦的劳动实实在在地体现了"为人民服务"。另外也确实感到中国工业和农业的落后。我们的国家需要加强建设，努力迎头赶上。我们知识分子总是会有用武之地的。工人需要我们，农民需要我们，国家培养了我们。我们确实要把我们学到的知识用来建设我们还不强大的国家。"为人民服务"要落到实处，不是一句空喊的口号。

八、"春天"来了，向科学进军
（1976~1981 年）

1976 年揪出"四人帮"大快人心，宣告了"文化大革命"的结束。小平同志的复出，开启了社会主义建设的新时代。

恢复了高考，工农兵学员进校，学校开始了正常的教学秩序。1978 年在中美关系还没有正常化的时候，美国金属学会代表团由哥伦比亚大学美籍华裔教授田家凯（J.K.Tien）率团来华访问。中国金属学会以民间交流的方式接待了美国代表团，并进行了学术交流。我也有幸参与了学会组织美国代表团所作的一些学术活动。这是我第一次聆听与中国隔绝了几十年的美国先进技术的报告。特别是田教授报告了美国高温合金的进展。这使我多年了解苏联高温合金系统之外首次接触到美国的高温合金及其先进的真空冶金技术。

1979 年元旦邓小平赴美在联合国作了轰动一时的讲话，从此开启了中美之间的全面交流。在邓小平同志访美时，我国当时就派出了为数不多的第一批赴美高级访问学者。在美国卡特总统会见小平同志时，我国第一批赴美访问学者也受到了卡特总统的接待。

1979 年 5 月中国金属学会代表团由冶金部副部长叶志强率团回访美国金属学会（ASM）和美国矿物·金属·材料学会（TMS）两大学会及其所属的有关工厂、研究院所和高校。金属学会副秘书长傅君昭（原北京钢铁学院副教务长）为代表团的秘书长。我校肖纪美教授亦参与访美代表团的活动。

代表团在访美期间冶金部领导和田家凯教授会谈商定由冶金部派出第一批高级访问学者赴美国哥伦比亚大学在田教授名下共同进行高温合金的研究。代表团回国后冶金部就要求钢铁学院选派高温合金访问学者。冶金部的指令由学校传达到材料系。学校领导和章守华系主任要求高温合金教研室提出名单。

当时陈国良是教研室主任，我和叶锐曾都是副主任。那时的高温合金教研室是一个年轻的"小"教研室。我们也都只有讲师的头衔。为了使我们的"小"教研室也有高层次人才以利于我国高温合金人才的培养，我首推陈国良主任为赴美高级访问学者的候选人。名单报给美国时，田教授还希望钢铁学院再报一个人。当时我推荐傅杰，可是名单报到美国田教授那里，他希望还是要一个搞高温合金材料的人选。这时学校又推选了我。我觉得我已在捷克5年研究生获得了科学技术副博士学位（相当于欧美的Ph.D），我还是应该留在钢院主持教研室的工作，叶锐曾也不同意我赴美进修，认为你们陈、谢一个主任、一个副主任都出国两年，我一个人顶教研室的工作有困难。就在这个犹豫不决的时候，章守华教授作为系主任具有卓有远见的才略。他对叶锐曾说，你不要怕，让陈、谢二人出国高访，高温教研组有事可以来找我系主任。在章先生的大力支持下我就在继赴捷五年攻读研究生后又有机会赴美国进行高温合金方面的高访，进修深造。我在这里衷心感谢冶金部的领导以及傅君昭、肖纪美教授的推荐，特别是章守华教授的支持使我有第二次出国深造的机会。

1980年在美国华盛顿中国驻美大使馆前

我和陈国良来自一个学校，庄毅工程师来自钢铁研究院，李笃信工程师来自天津冶金局。我们四个人是由冶金部派往美国的高访学者，属于第六批赴美访问学者。当时我们国家没有大飞机，最大的就是波音707了。我们由北京出发经新疆乌鲁木齐到罗马尼亚的布加勒斯特转机到瑞士日内瓦再到法国的巴黎。最后由巴黎飞华盛顿再坐火车到纽约。长途旅行已使我们疲惫不堪。一到纽约哥伦比亚大学，第二天就去见田教授，以为他能让我们先在纽约安居，熟悉一下这个国家的都市和这个美国名校。谁知道见了田教授却让我们到文学院去考英文。我们是在毫无思想和业务的准备下进行英文考试。考试结果田教授认为我的英文还可以，应该马上工作，其他三位还要补英文。就这样我真是仓促上阵在美国开始了我的高温合金研究工作。

我和陈国良来自一个学校，我们两个人合作共同做两个课题。基于当时国际原材料市场金属钴的紧缺而导致钴价飞涨，而美国的很多高温合金中又都含有 10%~20% 大量的钴。田教授看准了这个形势准备向美国国家宇

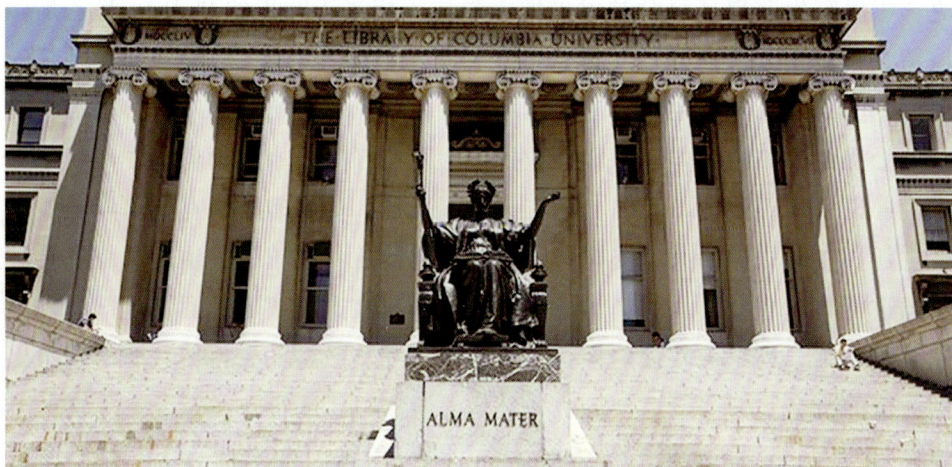

美国哥伦比亚大学

谢锡善在美国哥伦比亚大学做高温合金研究

航局（NASA）申请钴在高温合金中作用的课题。中国又是一个缺钴的国家，所以在很多高温合金中不含钴或者少用钴。我国在高温合金中节钴还是有一定的研究和实践经验。我和陈国良一起针对当时美国两个镍基热门高温合金WASPALOY（含 14.5%Co）和 Udimet 700（含 15%Co）提出科研建议书。经过我们对钴合金元素在高温合金中的分配及其固溶强化的作用说明用一部分镍来替代钴是有可能实现的。由中美合作向美国国家宇航局（NASA）提出的建议书由于论证充分，有取得积极效果的可能性，美国国家宇航局就把"钴在高温合金中的作用"课题让田教授来负责并且由美国的主要高温合金厂Special Metals 来熔炼不同含钴合金作为试验料。另外又联合普渡大学的雷特维奇教授作微观组织结构分析。NASA 课题虽然保密，但我们是课题的主要执行人。为此，我们便有机会和 NASA 课题主要负责人接触，同时又进入美国重要的高温合金厂进行实地调查和生产情况的了解，而且还结识了普渡大学的雷特维奇（Radavich）教授。他有非常丰富的高温合金组织结构分析的实践经验，自己又有 Micro-Met 实验室，可以独立进行电解第二相、析出相X 光相结构鉴定以及高温合金中微观析出相的扫描电镜和透射电镜分析。他是一个很和善的长者，比我大上一轮（大 12 岁），而且和师昌绪院士同在美国一个大学念过书。基于我们课题合作的关系和他的友好态度，后来我们中美两国多次高温合金的交流，美方主要由他来组织和领导。

谢锡善和美国高温合金专家 Radavich 教授及其夫人

"镍基高温合金中节钴"是当时美国宇航局、空军以及航空发动机公司想迫切获得明确答案的课题。田教授又安排了两个博士后，一个博士后和我们一起做蠕变试验和分析，另一个博士后主要用电镜做微观组织分析，同时还配合了一个博士生和一个硕士生共同工作。由于我们在国内已有钴在镍基合金中作用的研究基础，在不到一年的时间里对含 14.5%Co 的 WASPALOY 已经可以做出降低 Co 含量的结论。为此，我们和田教授以及他的博士后就在 Journal of Metals 上于 1980 年发表了论文。

高温合金在高温复杂应力条件下使用，经受高温蠕变是一个最基本的受力条件。但是实际的高温服役条件又常常复合以疲劳应力。为此，研究高温合金的蠕变 / 疲劳交互作用是掌握高温合金力学行为的一个重要因素。我们第二个课题就是"研究高温合金的疲劳 / 蠕变交互作用"。做这项研究的基本测试工具是电 / 液伺服 MTS 材料试验机。这样先进的设备我们在国内从未见过。美国哥伦比亚大学冶金和材料系有设备但没有一个实验员。田教授交给我们一串实验室的钥匙就完事了。好在我也不怕做实验。在蠕变实验室掌握了蠕变机，测试了一系列的蠕变曲线。在 MTS 实验室从看说明书到开动机器完成了一系列的蠕变 / 疲劳交互作用试验。这项研究直到我们 1981 年回国后仍在继续。回国后，我们高温合金教研组也买了电 / 液伺服的材料试验机。在一系列的高温合金涡轮盘材料上测定了疲劳 / 蠕变交互作用的力学行为。

我和陈国良一道总结了一系列的规律性结果，首次提出"高温合金疲劳 / 蠕变交互作用特征图"，并以此来评价高温合金材料和改进材料而取得重大进展。

由于我们在美国高温合金课题研究所做的工作为田教授争取到两个重要课题，所以他也让我们在 1980 年 2、3 月间就去参加美国的 TMS 春季年会。这就使我们结识了很多杰出的华人专家教授，再加上两个高温合金课题的关系开始和美国高温合金界人士有了接触和交流。

1980 年 9 月在美国匹兹堡附近的七泉山庄（Seven Springs）召开第四届国际高温合金会议。这是世界高温合金界的盛会。我国首次由冶金部组织以中国金属学会代表团的名义派出大型高温合金代表团首次参加盛大的国际会议。代表团由冶金部军工办副主任高良任团长，成员有钢铁研究院高温合金室主任陈国祥、金属研究所高温合金研究室主任胡壮麒、钢铁学院胡本芙等

以及我们已在美国的 4 人共 11 人。我国亦首次提交了 10 篇论文。其中有一篇论文是我校和上海钢铁研究所以及上钢五厂合作完成的"铁基高温合金中 μ 相和 σ 相引起的晶界脆化"。我和陈国良同志一道于 1980 年 4、5 月间在美国埋头思索力图找出其规律为工业界所用。值得庆贺的是美国高温合金委员会 7 位委员经详细评审在会议的 68 篇国际论文中一致投票我们的论文以"研究的长时性、原始性、深入性以及与工业的关联性"获得唯一的最佳论

1980 年 9 月谢锡善在美国第四届国际高温合金会议上获得
最佳论文奖并发表获奖感言

文奖并在大会上颁发奖金及奖状。这次中国 10 篇论文的推出以及我们产、学、研合作的论文获唯一的最佳论文奖受到了国际高温合金界的高度重视。国内中央广播电台以及各类报刊都做了报道。

　　中国高温合金代表团首次出席盛大的国际会议并且获得国际同行的祝贺和重视。会后我们受到美国主要高温合金生产厂和科研机构如卡博特公司（现 Haynes International）、特殊金属公司（Special Metals）、国际镍公司研发中

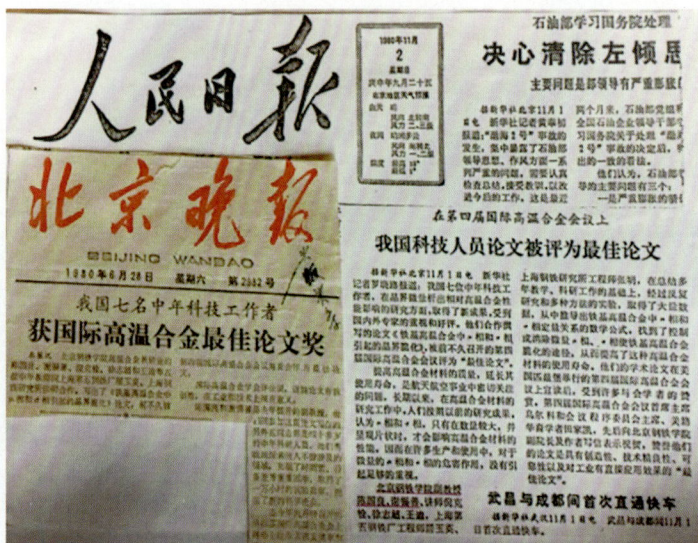

人民日报与北京晚报的报道

陈国良、谢锡善合照

心（INCO Alloys R&D Center）、GE 发动机公司研发中心以及哥伦比亚大学的热情邀请。美国各大公司还派出了喷气客机专程接机赴厂参观，受到了高规格的接待。

这次中国高温合金代表团的参会及会后对美国高温合金的生产、研究和使用作了一个初步的比较全面的了解，结识了美国在高温合金领域多方面的专家、教授和工程师们，并且建立起了良好的联系。可以说这次最佳论文的获得和对美国高温合金界的访问与交流打开了中美在高温合金（一般认为是保密的范围）领域内的广泛技术交流，并为以后中美长达 11 次的双边技术交流创造了条件。这样的交流后来亦扩大成为在中国召开的国际高温合金会议并引入国际上多方面的专家来华讲学和技术交流，并且促进了我国高温合金技术人员出国参加国际高温合金会议以及中方专家的出国讲学及交流。

在美国作高访的两年时间，由于我和陈国良一起有了两个高温合金的重要课题，便有机会和美国以及国内高温合金人士比较广泛的接触。我在美国的两年时间，每年都去参加 TMS 年会并且将我们新提出的高温合金疲劳 / 蠕变交互作用图在 TMS 年会上作了报告。美国的 TMS 年会是具有国际性的，会议规模很大，有来自各国的专业人士，因此是一次非常好的面对面的讨论和交流的机会。我不仅和美国的专业人士交流，而且与来自加拿大、英国、德国和法国一些国家的高温合金人士也有所接触。这就为我今后开展高温合金的国际交流作了一定的准备。

由于课题的因素我们和田教授一起多次访问 Special Metals Corporation（SMC），结识了很多高温合金生产人士。我们为了和雷特维奇教授有更密切的合作，多次到普渡大学和教授自己的实验室，使我在高温合金微观组织分析以至微量相分析的实验方法上都有很大的提高。从此以后，我和雷特维奇教授可以说是老朋友了。历届在华召开的中美高温合金科技研讨会，雷教授都带来美国产学研多方面经验丰富的高温合金专家来华讲学和进行技术交流，对我国高温合金的研究与发展起到一定的借鉴作用。

我们当时在美还尽可能地扩大我们的视野。例如机械合金化（MA Alloy）合金是美国国际镍公司 Bengiman 博士发明具有专利的一种新合金。我们也去参加机械合金化高温合金专题的技术研讨会，从而获得了 MA 合金的一些最新资料。

我又与 Cabot 公司的副总裁曼莱博士（Dr.Manley）联系。因为他在第二次世界大战时作为美国的海军陆战队来过中国，所以对中国有非常好的友好态度。我与 Cabot 公司通过曼莱副总裁建立了联系，并且获得了一些相关技术资料。直到今日我与该公司 Haynes International（前身为 Cabot）还有联系，并且也有合作课题。

我们在哥伦比亚大学一般每周二田教授会请美国业内一些高温合金界知名人士来作讲学。一方面是扩大研究生的知识面，另一方面亦有利于研究生毕业后的求职。我在这样的环境下也结识了很多美国朋友。如 SMC 的 Dr.Maurer，他担任过美国 SMC 技术副总裁，转职又到 Carpenter 当技术副总裁，后来又当了美国金属学会的理事长（ASM President）。

哥伦比亚大学位于纽约曼哈顿繁华区。国内来往代表团都会在纽约稍作停留。田教授接待过中国的冶金教育代表团，为此我与冶金部教育司领导以及钢院、东大、中南等院校的领导和教授都有所接触。如我校的王润、杨让教授都曾访美。我在纽约也有机会向他们了解到我校的情况与发展。

我在哥伦比亚大学也听过一些教授讲课。美国大学教授讲课确实是启发式的，不要求你什么都讲清楚了。他们只要求你讲清思路，引导学生深入理解。学生课后自己会去图书馆找资料看杂志上最新发表的文章，培养学生自学能力。又如我在访问斯坦福大学 Nix 教授时他有一堂关于失效分析的课是让学生当作法官来分析和判断这件失效事故。这种对研究生讨论式的讲课接近实况，而且理论结合实际，最后教授来总结，使学生完全明白来龙去脉。这样的教学方式和当时我们国内大剂量满堂灌的方式是不一样的。这也就启发了我回国以后的教学活动。

事有凑巧田教授因在哥大校外活动多，要我代一堂课，讲"蠕变理论"。我在开始时是好紧张不知道能否讲好，所以我看了很多资料并作了充分准备。在中国讲课讲究板书。美国教室四周都是黑板，你可以满黑板写，研究生可以移动座椅面向四周的黑板，跟踪你的讲课。使我惊奇的是对美国研究生讲课真是师生共同讨论式。研究生会中途停止你的讲课，上黑板发表他的看法，甚至和你讨论起来。这一堂课下来研究生对我的反映很好。后来田教授干脆每周四他的课完全由我来讲，他就利用周四外出活动。在美国对研究生的讲课锻炼了我用英文讲课的胆略，并且亦尝试回国后用这种启发式的方式讲课。

由于在美国和一些大厂商有接触，有一次有一个美国厂商的老板请我们吃饭，席间美国老板提出要请我留下在美国工作，他说美国的研发条件下可以尽情地发挥我的才能。我推说我的妻子儿女都在中国，我要回国。他说你的妻子儿女也都可以来美国，我们可以给你高的待遇，她们的生活不会成问题。我说中国派我们来美国是要学习你们的先进科技，我们国家的科技还大大落后于美国，我有责任和义务回国建设好我们的国家，不能辜负国家对我们的培养。至此，他知道无法把我留下就伸出大拇指说"你是好样的"。

我们在哥伦比亚大学作高访也结识了很多中国台湾的朋友。他们具有满腔的爱国心，参与了"保钓活动"（钓鱼岛属于中国）。他们来美时间比较长，有的都已是美国公民。李醒嘉女士她是中国台湾人，英文非常好。当我国恢复在联合国席位时，她就帮中国代表团做联络和翻译的工作。因此，她和中国驻纽约领事馆和驻联合国代表团有着很密切的关系。她后来到联合国人事部门一直工作了33年。自我们1979到纽约直到今日已有近40年的友谊，至今我们还一直保持联系。她来大陆时总是要来我家作客，有时就住在我家共叙友情。

谢锡善等高访学者与台湾同胞欢聚于纽约

李醒嘉来访到谢锡善家中作客，作陪的有陈国良

　　我们在纽约时中国领事馆给我们讲"你们在美国既是访问学者，又是民间外交家，你们要为中美民间友谊建立和发展作贡献"。我记得我们到纽约领事馆真像是到了自己家。我们可以和领事并排而坐吃饭聊天，非常亲热。有一次在美国 Lake Placid 举行冬奥会。因为冬奥会在外地，领事馆人士不便大量外出，领事馆就组织我们中国留学生和访问学者前赴冬奥会为中国代表团加油。我们有幸和柴泽民大使合影并且华侨日报把我们为中国冬奥会代表团加油的照片也公布出来。参加一天冬奥会为中国加油，虽然大冬天冰天雪地也很冷，但心里是热乎乎的，我们尽到了在美国为中国队加油的责任。

　　我在美国高访时，当时也有很多像我们一样的高访学者和留学生在美国的各大学。我们在回国前亦访问了很多大学，如麻省理工学院、哈佛大学、斯坦福大学、普林斯顿大学、加州大学伯克莱分校、宾州大学、卡耐基·梅隆大学和匹兹堡大学、普渡大学、惠斯康辛大学等名校，使我对美国大学的教学和科研、教授和研究生都有所了解，为回国后仍在母校执教提供了良好的参考和借鉴。

　　可以说在美国两年的高访，时间短促，工作紧张，在科研上得到了锻炼，在教学上了解到了美国研究生的培养。总之在业务上是一个重要的加油站。如果说我在捷克的 5 年研究生学习培养了我进行研究和工作的能力，在科研上仅是在耐热钢学位论文一个点的深入。在美国的两年使我扩大了我的专业面，在业务上对美国的高温合金有了全方位的了解，并且对美国的高温合金界的人士有了广泛的接触，而且和美国人民、华人海外学者建立了友好的联系，与中国台湾以及中国香港的同胞更有了亲密的手足之情。

高温合金委员会同仁们在师昌绪院士指引下共同奋斗

九、赴美归来，教书育人
（1981~1986 年）

1981 年 9 月在完成了两年美国的高访后，我和陈国良一起高兴地回到母校继续工作。陈国良任高温合金教研室主任，我仍作为副主任协助他的工作。由于当时高温合金专业已经并入材料系，所以就没有单独开高温合金课的任务。我们在美国哥伦比亚大学以及访问过的大学都是研究性的大学，并且以培养研究生为主。我们回国后也得到了在科研方面发展的机会。

我们团队在航空发动机的涡轮盘上克服了 GH36 合金由于缺口敏感性造成榫槽和槽底裂纹的频繁发生而成功地用 GH132 合金来装备空军获得成功，至今这个机型仍在使用 GH132 涡轮盘。不幸的是在航空上成功用了 GH132 盘件，某冶金厂就扩大到民用烟气轮机 ϕ760mm 的涡轮盘。民用石化工厂中的烟气轮机轮盘尺寸比航空盘大得多。这在工艺上就带来很多困难。质量未能得到保证。在抚顺石油二厂装备的烟气轮机中运行了 806 小时后轮盘破裂造成严重事故。石油部总工程师专程来校找章守华教授请求解决问题。石油部也请科学院金属所作事故分析，但未有明确的结论。生产事故是一个重大问题，我们已成功地使 GH132 合金用在航空发动机上，现在要解决民用大涡轮盘的质量和实际使用是一个义不容辞但也是艰巨的任务。我和陈国良、倪克铨、王迪、徐志超、傅杰、胡尧和等 7 人从调查研究着手详细审查了我国从美国英格索兰进口的烟机所使用的 A286（相当于我国的 GH132 合金）涡轮盘。证实 GH132 合金是可以推广到军为民用的大涡轮盘，使它能在石化工业能量回收系统的烟气轮机中作为高温高速旋转盘件。我们调查了冶金厂生产 GH132 合金大钢锭应该没有问题，但是需要用大的压机来模锻烟机大涡轮盘，最后我们找到西南铝加工厂借用他们当时国内最大吨位的 3 万吨水压机来生产模锻盘。此外，又找到成都航空发动机公司进行大盘件的热处理和最后经精确拉槽切削加工成盘件。民用盘质量要求和航空盘一样严

格。这样一条严格的全冶金生产工艺路线由我校提出并且在原石油部三位老总主持下几乎经过一周时间的论证。石油部同意了我们的生产方案，我们一方面要监督生产，另一方面要保证质量。当时的石油部在余秋里的主持下，这样的任务几乎是下了"军令状"。冶金、锻压、热处理各生产单位都有点怕负责任再发生类似抚顺石油二厂的重大事故。为此，我们在冶炼、锻压、热处理等方面都是经过大量的科学实验后制定出工艺方案。并且在全冶金生产过程中都有我们团队人员的全程跟踪。例如，严格控制合金成分使烟机大涡轮盘在要求长达 10 年的运行中组织稳定不产生脆性的 σ 相。我们将已有研究成果利用电子空位数的控制直接用到炼钢时的炉前控制上。胡尧和老师在炼钢时就严格控制加入炉料而达到我们预定的目标。王迪和徐志超分别常驻上钢五厂和大冶钢厂。傅杰控制电渣重熔工艺以保证强化元素在合金大锭上、下的一致性。倪克铨重点测定塑性图来制定合理的锻压工艺。又以王迪为主负责在成都发动机公司的大涡轮盘热处理和拉槽成品加工。我和陈国良负责全局，同时我又重点联系上海和大冶两个钢厂及重庆西南铝加工厂。在我们当时所谓"七人团"的同心协力、厂校密切合作和我们直接参与跟班监制的情况下实现了产、学、研、用的良好结果。由北京科技大学团队负责密切结合工厂生产终于制备出了合格的 GH132 烟机大涡轮盘，有了首次采用 3 万吨水压机模锻 GH132 烟机大涡轮盘的实践。随着我国石化工业的发展 GH132 合金烟机大涡轮盘达到了系列化的程度，在我国生产出了最大的合格的 $\phi 1200mm$ GH132 合金大涡轮盘。这项密切与生产结合的课题在 1987 年获得了冶金部科技进步一等奖。后来与钢铁研究总院共同开发的烟机铸造高温合金叶片于 1988 年获得国家科技进步二等奖。

随着石化工业的快速发展，烟机的温度不断提高。我们团队从 1986 年 4 月开始引入更高一级的镍基合金 WASPALOY（当时定名为 GH864）制作大功率高温度的烟机盘件。我们继续发挥原"七人团"共同战斗、厂校密切结合的优势，仍然走产、学、研、用的道路。我们首次用国内的 3 万吨水压机生产出 $\phi 860mm$ 的镍基合金大涡轮盘，装备了济南炼油厂 10000kW 的大型烟机，取得了长期安全运行的良好效果。基于烟机温度和效率的不断提高，GH132 合金已经不能满足要求而全面转入 GH864 镍基合金的盘件生产，使我国烟机 GH864 大涡轮盘尺寸扩大到 $\phi 960mm$。

基于我国 3 万吨水压机能力的限制已不可能生产直径大于 1m 的 GH864 合金模锻涡轮盘。当时设计院与兰炼机械厂已要求装备世界上最大容量级别的 33000kW 烟气轮机而需配备 ϕ1380mm 的特大型 GH864 镍基合金模锻涡轮盘。在这样严峻的要求下，我们不得不走出国门进行调查研究。原苏联虽有两台 7 万吨水压机，但我们和他们没有什么业务联系。原苏联帮助法国建

首批国产 ϕ850mm 烟气轮机用镍基高温合金 GH864 大涡轮盘

首台国产 8 万吨模锻压力机生产的 ϕ1290mm GH864 合金特大型烟气轮机涡轮盘

造了 6.5 万吨水压机，美国现有两台 5 万吨水压机。生产调查表明，美国惠曼·高登（Wyman Gordon）公司已有大量生产航空发动机和燃气轮机大涡轮盘的经历。生产这种大涡轮盘的坯料需要冶金厂采用双真空（VIM+VAR）炼制 $\phi762mm$ 直径的大型钢锭。大钢锭经高温长时扩散退火后用超大吨位的快锻机锻成坯料。这种大型坯料虽然美国的大钢厂能够生产，但只有奥伐克公司（Allvac）可以供应探伤合格的坯料。我在美国"货比三家"作了全面调研的基础上确定要用 Allvac 冶金厂的坯料由 Wyman Gordon 公司经两次镦饼和最后一次 5 万吨水压机模锻成型。模锻盘经探伤合格后必须在试样环圆周的四个方向做全面的力学性能检测以及晶粒度和微观组织分析合格。由美方将检测结果发往中国，经我核实签字才能发货。在这样严格把关的基础上到目前为止已经有相当数量 $\phi1250mm$ 和 $\phi1380mm$ 的 WASPALOY 特大型涡轮盘验收合格，装备了数十台特大型烟气轮机投入生产至今都在安全运行，取得了良好的结果。在此基础上我们高温合金研究室在 2014 年又与工厂密切合作，在我国首台 8 万吨模锻压力机上生产出 $\phi1290mm$ GH864 合金特大型烟气轮机涡轮盘。

高温合金中的微量元素（Trace Elements）含量极微，往往是以百万分之几（ppm 级）作为计量单位。由于这些元素往往偏聚晶界和相界面，特别是对高温下的蠕变性能及其塑性有密切的关系，而且亦牵涉到裂纹扩展速率，这样一些与失效有密切关系的力学行为。我校作为承担冶金部重要课题"微量元素在高温合金中的控制及作用"的负责单位，组织全国生产、研究、使用等单位大力协同联合攻关。我们团队的工作特别表现在分析高温合金中微量镁（Mg）的作用。微量的 Mg 不仅能脱硫而且偏聚晶界和相界，特别是在高温蠕变条件下有利于延长蠕变断裂寿命和持久塑性，从而降低裂纹扩展速率达到强韧化的目的。在一系列的高温合金涡轮盘材料如 GH36、GH33A、GH169 等当时正在大量服役的材料中取得了非常好的结果，有利于延长航空发动机盘件的使用寿命。这项课题于 1986 年获得了冶金部科技进步一等奖。

20 世纪 80 年代初期我们高温教研室实验条件很差。我们考虑到要做科研必须要有自己的实验基地，我们在美国对高温合金进行疲劳／蠕变交互作用的研究获得进展。在学校的大力支持下高温教研室装备了从英国进口的DARTEC 电液伺服材料试验机，这就为我们在国内开展高温合金力学冶金的研究创造了良好的条件。进而又得到了冶金部军工办的支持，获得了"研究高温合金在接近使用条件下的力学行为及其改进方向"的重点课题，取得了 35 万元人民币的财政支持。在 80 年代的条件下，这是一笔相当可观的经费。我们利用这笔经费装备了蠕变实验室自动控温装置，引入了周期持久试验机等，使我们教研组的高温力学性能测试具备了基本条件，为课题顺利进行有了保证。即使在这样条件下我们还是密切结合航空涡轮盘的应用实际。我们和西安航空发动机公司密切结合，深入开展疲劳 / 蠕变交互作用的力学行为的研究，并且利用工厂的有利条件对疲劳 / 蠕变断裂特征做了细致的微观组织分析。我们对当时我国正在服役和发展的一系列高温合金涡轮盘如 GH36、GH132、GH136（电渣熔铸盘）、GH33、GH33A、GH698 以及 GH169 等一系列盘材做了大量系统的工作。在此基础上对我国正在服役的盘材制定出蠕变 / 疲劳交互作用断裂特征图。盘件服役下的应力条件是复杂的，不仅是蠕变而且又附加有疲劳，总是在蠕变和疲劳复合应力条件下工作。因此根据我们提出的蠕变 / 疲劳交互作用断裂特征图，再加上在这种复合应力作用下高温裂纹扩展速率的行为，就可以比较全面地评估涡轮盘材料及其改进。这种评估方式在当时国内还尚未开展，为此得到冶金和航空界的重视。由于课题的工程现实意义、断裂机制上的理论意义，不但可以对现有材料进行评估和改进，也可以对失效分析提供重要的依据。这个课题的成果经鉴定、报奖和评审，最终于 1988 年获得国家教委科技进步一等奖。

谢锡善讲述《中国高温合金六十年辉煌》

十、教学相长，科研创新
（1986~1991 年）

我这一辈子自从 6 岁进入小学后就一直在学校里成长。1952 年我中学毕业进入清华大学钢铁学院。1956 年在钢铁学院毕业后由国家派送出国赴捷克俄斯特拉发矿冶大学攻读研究生获得科学技术副博士学位（相当于现今的 Ph.D）。1956 年学成回国仍然回到钢铁学院。1979 年中美关系正常化后我又被冶金部派往美国哥伦比亚大学用两年的时间以高级访问学者的身份合作研究。1981 年完成了两年的进修仍然回到钢铁学院工作，直至 2001 年退休后仍在北京科技大学（前身为北京钢铁学院）发挥余热继续工作。

说实在的我对北京科技大学是深有感情的。在我 1952~1956 年的四年大学时期，当时在钢铁学院执教的确实是名师荟萃。基础课由刘景芳教授教数学，于克三教授讲物理，傅鹰院士讲化学。金属学由徐祖耀教授授课，合金钢由赵锡霖和章守华教授共同授课，热处理由柯俊院士执教，X 射线学由方正知教授授课，金属力学性质由当时刚从美国麻省理工归国的张兴铃院士讲授。就连有关冶金类的课程都分别由任殿元、谢家兰、朱觉和王昭昌教授按冶金方法及过程分门别类地讲授，即使像企业经济管理的课程也是由英国回来的邱绪瑶教授讲课。可以说我在钢铁学院的四年大学生涯中无论是基础课，还是专业课都打下了扎实的基础，为后来的学业、科研以至工作都准备了很好的条件。

从 1956 年到 1961 年，我在捷克的五年研究生时间使我学会了"自学"。捷克的研究生是不上课的，我必须用捷文和英文以及俄文来阅读有关课程和书籍，即使像恩格斯的"自然辩证法"我也必须阅读外文书籍来掌握课程的核心。有一门课"位错理论"我在国内当时由于原苏联学派的影响，他们认为是唯心的，所以在课程中没有这个内容。我在一无所知的条件下就申请到布拉格查理士大学的物理系去听课。

我在捷克的另一个学习方法是向社会学习，向生产实际学习，向专家学者学习。我的研究生导师是捷克科学院通讯院士，威望很高，为人和善。他给我写了很多介绍信，使我有机会几乎访遍了捷克斯洛伐克所有重要的冶金、机械工厂以及高校和研究机关。在捷克也有很多富有实践经验的工程师在我的导师那里做研究生。这又使我有机会和这些在工业界的研究生师兄弟们会友和交流。我在布拉格钢铁研究所做我的学位论文研究时又使我有机会向在布拉格冶金、材料、机械、物理方面研究所的专家学习。

　　学会自学，向社会实践学习，以文会友向专家们学习。这样多种形式的学习方式影响我直到如今，受益匪浅。

　　1961 年我回到钢铁学院，在高校教学是永恒的旋律。当时学校刚成立高温合金专业，要给高年级学生开"高温合金"课，这对我又是一个新的挑战和学习的机会。我从"耐热钢"跳到"高温合金"，虽是两种各有特色的材料，但基本规律是大同小异的。通过几年的高温合金教学也使我掌握了高温合金的基本规律，为后来我从事高温合金的科研打下了一定的基础。

　　60 年代大学生四年级设有毕业实习并且有半年的毕业设计或论文。我在捷克做研究生时对于材料研究的一套方法可以说是受到了全面和系统的训练，所以对当时带大学生毕业不费劲。而且把那套尽可能独立思考和独立做试验以及培养独立分析问题和解决问题的方法让学生自己去体会、去实践。应该说那时大学毕业生的水平是不低的。1962 年毕业的高温合金专业毕业生很多人到了工厂都是能理论联系实际解决生产问题的骨干。有的在高校当老师，像徐志超老师就是高温 1962 届毕业生，教学、科研都很出色而成为我们高温梯队中的得力支柱。郭建庭分配到金属所在研发高温合金材料方面做出了突出的贡献，当过金属所高温合金室主任、博士生导师，有许多研究生，国内外发表文章几百篇，并著有高温合金专著上、中、下三册，可供广大高温合金工作者参考。

　　我的研究工作都是在指导研究生的工作下共同完成的。可以说没有研究生参与我的科研工作我是不可能获得众多的研究成果的。在 70 年代末最初的研究生是集体带的，我和陈国良、叶锐曾、高良四位老师合带四个研究生。自 1981 年我从美国哥伦比亚大学高访回来，我开始以导师的身份独立带第一个硕士研究生孙仙奇。那时的材料系对研究生的要求都比较严格，一般都是二年半到三年完成课程与论文。在我带研究生的时候不仅给大学生讲课

而且也给研究生讲课。当时研究生课程没有一定教材，必须参阅很多资料来汇总。如当时我给研究生讲"时间相关形变及断裂"，就把蠕变理论、高温强化机制以及失效结合起来，同时又加入一部分科研成果来充实教学内容，很受研究生们的欢迎。

我的科研生涯和进展一开始就是在不断带众多的硕士生中获得的。那时也有一些由工厂来的厂来厂去的代培硕士生。他们目标明确工作努力，来校学习就是要回厂为促进工厂的生产和效益而努力。如当时由上钢五厂派来的硕士生谢蔚，毕业回厂后起到了很大的作用，

董建新博士工作照片

在生产实践中不断发挥作用，后来当上了上钢五厂的厂长，以至并入宝钢后成为宝钢特钢的董事长兼总经理。

我从 1981 年开始独立地带研究生，1985 年被提升为教授。但是那时一般的教授是不能带博士生的，必须经由国务院学位委员会批准的博士生导师才能带博士生。这里我首先要感谢当时材料系主管研究生工作的系副主任杨让教授。在我没有合法资格带博士生时，杨先生给了我第一个博士生梁晋。那时我们都缺乏带博士生的经验。正巧由于杨先生和我都有与美国的联系，经由早期的麻省理工博士张兴钤院士的推荐梁晋赴美国麻省理工在张兴钤院士的师弟 Prof. Pelloux 那里做中美联合培养的博士生。杨先生亲自带的博士生段晓曼亦赴麻省理工在 Prof. Grant 那里做联合培养的博士生。由于联合培养的关系我也常赴美国麻省理工而逐渐对博士生的培养有了进一步的了解。在杨让教授的带动下，当时材料系系主任章守华教授亦给了我一个博士生董建新。章先生说这个博士生虽在他的名下，但章先生放手让我来带，使我有了培养博士生的经历。我真是从内心感谢章守华、杨让两位系主任，是他们两位对我在科研上的培养开启了我带博士生的大门。那时我确实花费了很大的精力把博士生带好。直到 1993 年董建新研究生毕业获得了博士学位。由

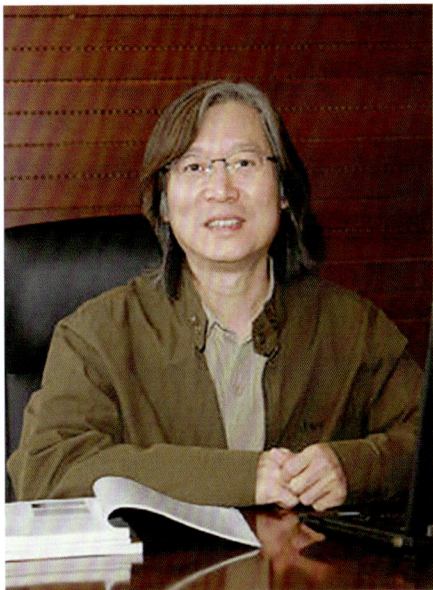

于他学业出众、实验技术（特别是电镜）高超、工作踏实、发表文章众多，我就把他留在高温合金教研组。董建新工作非常努力，教学和科研都非常优秀，几乎年年在教学科研上都得奖，现在已是材料科学与工程学院高温材料梯队的学术带头人。董建新一直在高温合金领域努力工作，成为我校高温材料梯队在我之后的接班人。真是长江后浪推前浪，青出于蓝，又胜于蓝。目前董建新梯队在材料科学与工程学院内基本上是名列前茅的优秀梯队。我在这里也要感谢当时材料系副主任陈国良教授，他在被评上博士生导师后也主动给了我一个博士生王宁。王宁原来就是我的硕士生，课程基础好，思想敏锐，实验工作努力。正好当时法国矿冶大学 Prof. Pineau 在美国国际高温合金会议上交流时共同对双方的科研项目饶有兴趣，愿意合作研究，因此我又开始了和法国的 Pineau 教授联合培养王宁博士生。由此原因我也多次去法国比较深入地了解法国高温合金研究的特色。Prof. Pineau 为人热情，由他陪同访问了法国的高温合金厂和研究单位，也就是在这样的条件下我访问了法国 Aubert & Duval 钢厂，首次参观了 6.5 万吨多向压机，又到 Imphy 了解到法国的粉末高温合金。在当时很不容易的条件下，我也访问了法国的航空发动机厂 Snecma 和法国宇航研究院 ONERA。法国的高温合金还是有一定独创性的。我在和 Pineau 教授的合作中通过王宁的工作对变形高温合金中的主要材料 INCONEL 718（我国为 GH169）合金中 γ'' 和 γ' 相复合强化进行机制性的探讨

师昌绪和王崇愚院士来校共同主持博士论文答辩

以提高这个合金的使用温度。王宁当时用英文写的博士论文，回国后通过答辩获得我校的博士学位。中法合作的科研开启了我校高温合金梯队对新合金的开发，后来在我国两个国家自然科学基金的支持下，特别是董建新教授帮助我指导博士生以及他的高超电镜技术使我们在高科技的"863"项目中作出成绩，并且也为我国发展新合金申请国防专利做出了我们应有的贡献。

张兴钤院士主持张丽娜博士论文答辩

翁宇庆院士主持高慧菊博士论文答辩

柳百成院士主持迟成宇博士后出站报告

　　自从 1993 年我经国务院学位办评审通过为第五批博士生导师后，连续培养了二十几位博士生，可以说在博士生的培养过程中确实是教学相长、互相促进，使我在学术上取得了很多进展。例如刘兴博当时在硕士毕业后继续留在我这里做博士生，重点研究硫、磷在高温合金中的作用。一般认为硫和磷都是杂质元素而且是有害元素。然而经深入研究发现，在一种当今世界上用量最大的变形高温合金 INCONEL718（相当于我国的 GH169）中的硫确实对高温持久性能大有损害而应该控制在百万分之几的很低水平。然而磷的作用却是相反，适当提高合金中磷的含量反而提高了合金的高温持久性能。这样全新的或者说是反常的规律实际上是与美国同时发现并发表在国际高温合金会议上，这确是一个创新而且现今也已列入中国的标准，促使一种高磷含量的高温合金投入生产。刘兴博在他的博士论文中发现了这个新现象，继而一方面与王崇愚院士的博士后共同来做理论上的分析，另一方面当时已在我们高温合金研究室里的主要研究人员董建新博士赴美国阿拉巴马大学用俄歇谱仪做了深入的研究而揭露其在晶界偏聚的机制。这样刘兴博博士、董建新博士和我一起共同对这类高温合金中磷的作用和机制以致后来在工程上的应用做出了应有的贡献。刘兴博现在已是美国西弗吉尼亚大学的教授，由于他在科研上的突出成就成为该校航空和机械系中获奖最多的一位教授。也因为刘兴博的杰出贡献，在 2015 年被美国金属学会评为 ASM Fellow。这是工程技术界

一个很高的学术荣誉，在我国当时仅有陈国良院士是我国唯一的 ASM Fellow。

在我带博士生的过程中我深深感受到博士生年轻敢于思考，勇于创新，真有点"初生牛犊不怕虎"的勇气和干劲。

赵双群于 2000 年考入北科大，在我这里做博士生时已是宁夏大学的讲师，他物理基础好，讲过电镜课，所以微观分析的实验技术掌握得很好。1998 年当时欧盟正启动蒸汽温度为 700℃ 的超超临界电站的创新项目。美国特殊金属公司（SMC）夺标来开发能服役在这样严峻条件下的镍基合金新材料。我承担了美国 SMC 公司研发新合金 INCONEL 740 的中美联合课题，我们的研究结果明确提出 INCONEL 740 合金在高温长时服役条件下表现出明显的组织失稳而不能满足欧盟所要求的严峻使用条件。博士论文是要求有创新的，我们在掌握了 INCONEL 740 组织失稳的基础上设计了新合金来提高 INCONEL 740 的高温组织稳定性。由于我们的创新研究成果促进了美国特殊金属公司对 INCONEL 740 进行改型而发展了 INCONEL 740H。在改进 INCONEL 740 到发展新型的 INCONEL 740H 的过程中，我们是做出了贡献的，但最终还是美国人的专利。

我们对此并不甘心，在我们国家提倡创新的思想启发下我和我的博士生迟成宇（后来他还留在我校做了两年的博士后）又进行了新的合金设计，进一步改进美国的 INCONEL 740H 而发展了具有我国自主知识产权的 GH750 新型镍基高温合金（2016 年 4 月获得中国发明专利），以备经受我国 700℃ 超超临界电站技术项目中试验平台的考验，使我国自己的新型镍基高温合金应用于我国 700℃ 超超临界电站技术的创新项目中。

2000 年东北特钢集团选派了技术中心主任高惠菊参加全国统一考试到我这里做博士生，我和当时东北特钢的总工程师刘宇教授联合培养厂来厂去的高层次人才。高惠菊密切结合工厂重要任务进行"提速铁路车辆用高性能优质合金弹簧钢的研究与开发"。这样与工厂密切结合又要迫切解决问题的课题对我来说也是生疏的。在我多次下厂的过程中了解生产实际，并与工厂总工程师刘宇一起共同指导，终于在 2004 年在原冶金部副部长翁宇庆教授的主持下高惠菊胜利地通过了答辩。论文结果既解决了工厂的实际生产问题，亦处于国内同行的领先地位。高惠菊现在已是东北特钢的副总工程师，肩负工厂的重任，继续为我国钢铁事业做贡献。

700℃等级超超临界燃煤电站用镍基高温合金及其制备
（专利号：ZL2014 1 0054132.2）

　　研究生的努力对我科研工作的促进和成果的取得起到了非常重要的作用。马岳是我评为博士生导师后带的第一个博士生，她对高温合金细晶铸造做出贡献，现在是北京航空航天大学教授。张丽娜和我在粉末高温合金领域与美国 GE 航空发动机公司合作，从微观机制上揭示了夹杂物在粉末高温合金中的行为，她现在是清华大学的教授级高工。王改莲和付书红都是连续地对当前国际上用量最大的高温合金 INCONEL 718（我国为 GH169）做了大量细致工作，为我国提高 GH169 合金的使用温度、开发新合金做了相应的贡献。

　　在"863"高技术课题中一个创新项目"双层辉光表面工程技术"，李成明

博士揭示了"辉光"技术的物理本质，张旭博士利用"辉光"技术在普通碳钢上进行不锈钢和高温合金的表面处理，徐江博士又吸取了徐浜士院士的表面技术进一步发展了辉光技术，并且申请了专利，取得了很大的成绩。他们现在也分别在北京科技大学、北京师范大学以及南京航空航天大学执教当教授。

工科大学的老师应该结合工厂生产，理论联系实际地进行博士论文研究。宛戎博士针对当时大冶钢厂耐热钢生产中成分优化的控制来研究一种耐热钢微量元素的作用及控制；毛征东博士密切结合原大冶钢厂对一种新型铁基高温合金 GH871 进行强韧化；艾家和博士结合大连钢厂高速线材国外引进生产线中的问题，深入工厂结合实际进行研究。他们都为工厂解决生产实际问题作出了贡献。目前宛戎在武汉一所高校当教授，毛征东在宝钢特钢当首席专家，艾家和现在美国一家公司当高级工程师继续在工业领域发挥作用。

在我带博士生的研究工作中，我还要感谢董建新教授。由于我自 2001 年以来已退休多年，基于研究生名额有限，已退休的博士生导师不可能再招博士生了。考虑到我研究工作的急需，董建新教授先后让给我两个博士生迟成宇和于鸿垚，这才使我有机会对超超临界电站用奥氏体耐热钢作进一步的研究。在我国超超临界电站飞速发展的条件下，来研究和发展具有我国自主知识产权的钢种已是一个迫切任务。这个项目在国家自然科学基金重点课题、钢铁研究总院的工程课题以及巴西矿冶公司（CBMM）的共同财政支持下再加上与上海发电设备成套研究院和有关锅炉厂的合作。迟成宇和于鸿垚两个研究生先后赴上海大学在原子层面上利用三维原子层析技术（3DAP）来研究纳米析出强化相和形成机制，又利用高分辨电镜技术来揭示其微观行为和强化机制。这项研究在对合金中强化相形成的基本规律及其对强化作用掌握的基础上提出了我们创新的概念，发展多相复合强化的高强耐蚀新型奥氏体耐热钢。我们的创新概念不仅得到了实验室的证实而且目前已在大生产中得到了验证，以永兴特钢生产钢坯和武进不锈通过热穿孔 + 冷轧 + 热处理的全冶金生产历程生产出了为超超临界电站锅炉最高温度段使用的过热器 / 再热器管材。采用多相复合析出强化的新型奥氏体耐热钢已于 2016 年 1 月获得中国发明专利。

现在这个新钢种 SP2215（07Cr23Ni15Cu4NbN）奥氏体耐热钢无缝管的化学、物理、力学以及工艺性能经全面测试和评估，已经通过了全国锅炉压力容器标准化委员会的评审，以备纳入国家标准并投入使用。

一种复合强化 22/15 铬镍型高强抗蚀奥氏体耐热钢
（专利号：ZL2013 1 0719141.4）

2016 年 6 月谢锡善与美国西弗吉尼亚大学教授刘兴博以及
北科大教授董建新三代师生会聚

谢锡善与弟子们茶叙（从右至左：于秋蕴、董建新、李兵、冯强）

十一、行政教研双肩挑
（1991~2000 年）

1991 年的冬天，当时的校长李静波和党委组织部长赵续生找我谈话，要我到研究生院来工作。我当时感到很突然，觉得难以胜任。但是这已是学校党政领导的决定，我只能服从去执行研究生院常务副院长的任务。

研究生院的工作是要按时上班，有很多行政事务要处理。学校领导对我还是很照顾，业务工作仍然可以进行。再加上当时材料学院有一个明文规定教授必须要讲课，不然不受聘。因此，当时是以研究生院的行政为主，兼顾教学与科研，可以说工作是很辛苦的。再加上我当时仍有几个国际合作课题又要参加一些国际会议，任务繁忙，负担很重，但这倒是给了我一个很好的锻炼机会为母校服务。

长达八年的研究生院工作中，我主要是抓了两件事。一是学科建设，另一个是当时的重点"211 工程"。

北京钢铁学院是我国第一批进入研究生院行列的高校。当时我校的学科是以冶金、材料为主，具有高水平的特色并在全国名列前茅。我在研究生院和广大的同事们一起共事，特别是和当时的培养处处长洪彦若教授紧密合作，深入到各个学科进行调查，要求各有关学科有方向有目标向重点学科建设努力。

当时清华、北科大、哈工大三个研究生院受国务院学位办的委托分别开展三个课题，即"世界一流大学""国际一流学科"和"具有中国特色的研究生院"。北京科技大学主持国际一流学科建设的课题。我们在分析了大量的国内外先进学科的现状和发展情况后归纳出这么几点对国际一流学科的要求：（1）必须要有国际公认的大师；（2）要有在国际上领先的科研课题；（3）要有国际上公认的科研成果；（4）要具有国际一流的实验室；（5）培养出来的大学生和研究生的水平在国际上也是一流的。国际一流不是望尘莫及而是

必须要建立的努力方向。时隔不久，2015 年国务院印发了关于《统筹推进世界一流大学和一流学科建设总体方案》，而且提出一个三步走的路线图，即到 2020 年部分大学进入世界一流行列，若干学科进入世界前列；到 2030 年若干大学进入世界一流大学前列；到 2050 年，中国整体成为高等教育强国。这是一个多么宏伟的规划。回想当时我在研究生院做的工作期望在不久的将来在我校也能实现。

我在研究生院的八年工作中最主要的而且也是负担最重的，要算是 "211 工程"（即 21 世纪重点建设 100 所高校）。显然这是当时各个高校都要争取的项目。在我刚到研究生院没有几个月，1992 年初春李静波校长对全校动员要真抓实干、上质量、上水平，为使我校进入 "211 工程" 行列作贡献。李校长再三关照我，研究生院要为 "211 工程" 做具体的调研，从学科建设入手，帮助学校来做 "211 工程" 的准备工作。

1993 年杨天钧校长一上任就抓紧 "211 工程" 的落实工作，成立 "211 工程领导小组" 及 "办公室"。从这时开始我和研究生院的同仁们就直接进入 "211 工程" 的角色了。多次讨论北京科技大学 "211 工程" 的总体目标和各学科建设，实验室设备的配备以及大学生和研究生的培养和规模。那时真可以说是既动脑又跑腿和动嘴，最后把各方面归拢来的材料与学校各有关单位一道制定了《北京科技大学进入 "211 工程" 实施纲要（草案）》，对进入 "211 工程" 工作的指导思想、目标、措施和方法等方面都提出了明确的要求。当时北京科技大学 "211 工程" 几易其稿，最后是总稿、分稿厚厚的一大叠。

1993 年 11 月学校根据中共中央、国务院发布的《中国教育部改革和发展纲要》，决定实施国家 "211 工程"。12 月 4 日国家教委 "211 工程" 办公室发文，同意冶金部对北京科技大学、东北大学开展 "211 工程" 部门预审工作。为了对冶金部组织预审作好准备，我和冯玉成（当时学校的秘书长）专门请冶金部各个司局的有关领导来校广泛地征求意见并在此基础上再修改我们 "211 工程" 的《草案》稿件。事后 12 月 26 日冶金部教育司领导召集了北京科技大学和东北大学两校领导研究落实 "211 工程" 预审工作。

我记得很清楚这一年的冬天，大家过得非常紧张。杨校长在家里买了很多方便面，春节时他也加班准备材料。为了实验室装备的建设特别是要花几十万美金准备引进的高级设备，学校领导和有关方面共同研究讨论到深夜。

食堂还给我们深夜送来面条汤。战斗了不知多少个不眠之夜，我和研究生院的同仁们费了很大的劲，总算把"211工程"的预审材料搞好了。

冬去春来，1994年开学在春暖花开之时。5月份，北京科技大学通过了冶金部的预审，但还是要等待正式立项启动。1994年10月国务院副总理李

谢锡善随李静波书记和杨天钧校长陪同李岚清副总理视察我校"211工程"

"211工程"立项专家审核

岚清来我校,我随党委书记李静波和校长杨天钧陪同视察并聆听重要指示。好事多磨,从1994~1997年这三年中不断地修改、补充和充实,直到1997年5月对北京科技大学"211工程"可行性研究报告及建设项目进行审核。当时以师昌绪院士为组长、殷瑞珏院士为副组长的专家组整整历时两天对"211工程"可行性研究报告以及建设项目中的仪器设备配置都作了详细的审查,并且对一些学科、公共设施都作了实地考察。功夫不负有心人,北京科技大学"211工程"正式批准立项、启动。为此,北京科技大学是第一批进入"211工程"的高校。

我在研究生院工作八年的时间里还做了两件具体的事情。

第一件事是在我校建立博士后公寓的同时建了一栋研究生院的办公楼。在我刚进入研究生院工作时,研究生院在原办公楼、图书馆和西校门边上的工程楼上三处都有办公室,工作起来非常不方便。李政道来华访问时邓小平接待了他,并且在宴请李政道时作陪的有我校肖纪美院士。当时李政道提出可以在我国建立博士后制度。后来我校设立了博士后工作站,并且博士后的工作由研究生院管理。为了给博士后有一个合理和优厚的工作与生活条件,国家拟在北京西北郊高校区建博士后公寓。通过多方面的争取和努力,主要由国家出资、学校划出地盘。就这样这座坐落在北京西北郊高校区的博士后公寓就在我校建立起来了。此时我校也出资,把研究生院的办公楼和博士后办公楼同时建在一个屋檐下。我也不愧为我校研究生院争取到一个整体办公的场所,可是到研究生院办公楼建成了,我也退休了。我虽无缘在这个新的办公楼里有一席之地,但看到现在研究生院的同仁们其乐融融地在一个楼里办公,我也觉得特别高兴。

第二件事是学校为了提高科研成果发表文章的学术水平,希望北京科技大学学报(英文版)能够进入国际工程检索(EI)。当时虽然多次通信联系,但未有结果。后来学校决定派我到美国直接向国际EI总部介绍学报情况以利EI总部考虑北科大学报入围。为此,我专程到美国EI总部会见总编。她是一个化学博士但学识非常广泛。我带了多期北京科技大学学报并说明我校在冶金、材料以及矿物方面的学术成就。EI总部总编听了我的详细介绍并且逐本翻阅了我校的学报。认为我校学报在冶金、材料和矿物方面,还是有水平的,但学报的出版方式有点问题。一是学报名字不突出,在中国几乎每

研究生院办公楼

个大学都有学报，但不可能每个大学的学报都能上 EI ；二是学报内容不突出，当时的学报除了冶金、材料、矿物方面的文章占了学报一部分篇幅外，还有很多数学、物理、化学、力学、机械等方面的文章，这些文章水平一般，EI 是不会收录的；三是摘要写得不突出，没有把文章的要点和突出点，特别是创新点或新颖性明确地表达出来。通过这次面对面的谈话和沟通明确了北京科技大学学报（英文版）的方向。我回校后向学校领导和有关部门作了专门的汇报，同时经研究决定：（1）北京科技大学学报的英文名字不变（Journal of University of Science &Technology Beijing），但是突出矿物、冶金、材料，所以在封面上特别刊印了 Mineral、Metallurgy、Materials 三个大字以表现其特色；（2）刊登文章的绝大部分是矿物、冶金、材料方面的，偶尔也可以附上几篇个别领域的内容；（3）召开了矿物、冶金、材料领域的学术带头人会议，传达 EI 总部对摘要编写的要求；（4）进一步邀请国内外特别是国际专家组成编委会，使北京科技大学学报（英文版）具有国际性。在我校的学报做了这些出版方面的改革后，取得 EI 总部的认可使学报的绝大部分文章进入 EI，后来也有部分文章进入科学检索（SCI）而进一步提高了我校的学术水平。

十二、退而不休，为实现高温材料"中国梦"而努力

2001 年 8 月 1 日，在我满 66 周岁的时候，正式退休。但是从退休直到现在这 17 年间，我仍然有国家自然科学基金重点课题、几个国际课题合作项目、国家课题中的子项目以及多项产学研合作的横向课题。组内仍有研究生和博士后一起工作，一起攻关。基于国际合作项目的要求，几乎每年都要出国讨论课题进展以及参加一些高温合金的国际会议。国内的产学研合作项目也是要经常出差和下厂共同研讨课题进展。

我在高温材料领域从 1956 年大学毕业直至 2015 年几乎是战斗了 60 年。然而，在这 60 年中我虽然接触和研究了很多高温材料，从铁素体型和奥氏体型耐热钢直至铁镍基和镍基高温合金以及粉末冶金生产的高温合金，但是这些几乎都是国外的高温材料。我总是有一个想法，想研发出中国自己的合金，要具有中国自主知识产权。这就是我的"高温材料中国梦"。这是一个漫长的过程，是一个从学习、改造以至创新的全过程。

1956 年我从北京钢铁学院毕业后在捷克攻读研究生期间主要从事耐热钢的研究。刚进入研究领域的我主要是学习，那时接触的基本上都是原苏联的钢种。捷克虽然是一个小国，但是他们的创新思想对我有所启发。当时奥氏体耐热钢基本上都是镍铬型的，捷克布拉格钢铁研究所的一位老工程师发明 Cr-Mn-N 系 600~650℃的奥氏体耐热钢并且亦已投产。我就想捷克这么一个小国家就有所创新发明。当时我就闪过这么一个念头，我们中国是一个广有人才的大国，更应有所发明创造，我学成归国后，也应该有所创新呀！

1961 年夏，我获得了捷克的副博士学位后，学成归国分配到母校钢铁学院工作。由于当时原苏联不执行友好同盟条约中的关键技术援助，停止了供给我国用以制造喷气飞机发动机的关键高温合金材料。为了独立自主、自力更生地生产出中国自己的高温合金，需要培养一批高温合金专业人才。为此，冶金部在我校增设特冶系，刚从捷克归国的我就分配到特冶系高温合金教研室。从耐热钢到高温合金对我来讲又是一个跳跃式的学习过程。

我国自 1956 年开始在抚顺钢厂炼了第一炉高温合金，继而在 1958 年上钢五厂也开始生产高温合金。那时中国生产的高温合金都是引进苏联的牌号，我总是记得周总理的一句话，对国外的东西不要完全迷信，一味抄袭，我们要"引进－消化－改进－创新"，要走出中国自己的路。

我接触的第一个高温合金是原苏联的 ЗИ481，我国牌号为 GH36，它是装备空军战机涡轮盘的关键材料。当时涡轮盘的问题是榫槽裂纹和槽底裂纹造成的短寿命。我们做了大量的调查研究才找到了问题的关键是高温持久塑性低导致裂纹扩展速率快，以致短时失效影响寿命。大量的生产实践和科研结果找到了问题的关键，只要把持久塑性提高到一定值就能解决问题。可是找到问题还要解决问题才行呀！我和原冶金系的老师傅杰、胡尧和以及我的第一个硕士生孙仙奇还有大学生队伍共同战斗，深入到齐齐哈尔钢厂和上钢五厂与工程师们一道通过加入微量元素微合金化改善了塑性，降低了裂纹扩展速率，改进了原苏联的老合金而开发出了一个新合金 GH36A，得到了应用并且申请了专利。

我接触到的第二个高温合金是 GH132，由于 GH36 涡轮盘寿命短的缺点，当时国内广泛开展新一代涡轮盘材料的开发以代替 GH36 的使用。金属研究所采用强度比 GH36 更高的 GH135 来做试验，东北大学和抚顺钢厂一起也是采用强度比 GH36 略高，但是它们的塑性也就相应的较低而不能很好地解决涡轮盘的槽底和榫槽裂纹。实际上是一味追求高强度而忽略了影响裂纹扩展速率至关重要的塑性指标。我们当时和上钢五厂、大冶钢厂以及航空发动机制造厂（420 厂）一起对 GH132 合金（相当于国外的 A286 合金）进行研究和开发。GH132 合金的特点是强度比 GH36 高而且塑性也好，这就是我初步认识到对高温合金不能一味追求强度高，同时亦要有良好的塑性，特别是持久塑性对高温合金的蠕变裂纹扩展速率影响极大。这可以说是我在实践中逐步体会到开发和使用高温合金中"强韧化"原则的重要性。用 GH132 合金作为当时我国战机的涡轮盘取得了成功，从而大量地替代 GH36 合金而作为新一代的铁镍基高温合金。为此在 1978 年召开的全国科学大会上"GH132 合金的研究"获奖。与此同时，为控制 GH132 合金材质而提出的相分计算亦获得

了全国科学大会奖。由于 GH132 合金的研发和使用成功，当时的三机部（航空工业部）随即建议由我们课题组负责并联合国内冶金生产企业、航空发动机制造厂以及航空材料研究院一道，以我们钢铁学院为主编单位，由国防工业出版社出版《GH132 合金》（内部）供广大的生产和使用单位参阅，获得了非常好的效果。现在这本书已经绝版，但还是时有要求，而只能复印部分内容供参阅。

高温合金的研究周期是比较长的，从生产中发现问题到返回生产中解决问题，一般来讲都要 3~5 年的时间。我接触到的第三个高温合金也是在改进原苏联的老合金的基础上而由我国自主研发的 GH33A。它是当时装备我国空军先进战机的一个重要涡轮盘材料。GH33A 至今还在装备我国相当一部分的战机，这个镍基高温合金比 GH36 要高一个等级。但是问题也是强度虽然高，持久塑性低、裂纹扩展速率快导致短时失效。我们的研究团队也对 GH33A 通过微合金化改善高温持久塑性，并对高温合金盘件在接近使用条件下的力学行为作了系统的全面的评估和研究，从而提出了高温合金强韧化的发展方向。改变高温合金一味追求强度而忽略塑性的倾向。

我接触的第四个高温合金是仿美国 INCONEL 718 的我国牌号 GH4169。这是目前世界上变形高温合金中用量最大的，几乎占总使用量一半的一个广泛应用的既经济又实用的高温合金，在欧美以至中国的航空发动机中都占有相当重要的比例。可以这么说，当前哪一种航空发动机都离不开这个合金。可是由于高温组织稳定性的限制，这个合金的最高使用温度只能到 650℃，航空发动机的发展需要提高这类合金的使用温度到 680℃以至 700℃。我和我的第一个博士毕业生董建新教授以及相继工作的博士生王宁、刘兴博、王改莲、付书红以及硕士生们在两个国家自然科学基金的基础上改进主要强化相 $\gamma' + \gamma''$ 的稳定性，使该类合金有提高使用温度的可能性。当时我和董建新、胡尧和老师一起联合抚顺钢厂技术中心副主任王志刚到沈阳航空发动机设计院争取在一类发动机上得到应用。可是由于当时设计院没有型号课题的推动而只得作罢。后来在钢铁研究总院负责的国家课题中我们北京科技大学的研究成果得到了应用，亦发展了新合金并且申请了专利。

我接触的第五个高温合金是仿美的 WASPALOY，上钢五厂在 1973 年开发了这个镍基合金作为航空发动机的叶片材料而命名为 GH738。我们北京科

谢锡善率团 2015 年参加在美国召开的 INCONEL718 及其类型的国际高温合金会

技大学于 1984 年又引进 WASPALOY 合金首先作为烟气轮机的大涡轮盘材料，后来亦开发成烟气轮机涡轮盘和叶片材料而命名为 GH864 合金。

GH864 合金首次作为 ϕ850mm 的大涡轮盘，在国内是没有先例的。在做了详细的调研基础上，确定由上钢五厂和抚顺钢厂用真空感应＋真空自耗的双真空工艺冶炼大钢锭，经快锻开坯最后由西南铝加工厂当时国内最大的 3 万吨模锻压力机模锻成 ϕ850mm 的大涡轮盘。由于西南铝加工厂对模锻高温合金没有成熟的业绩，我们高温合金研究室做了充分的试验研究工作并提出了由 12000T 压机镦饼，最后由 3 万吨水压机包套模锻成型。我们在和上钢五厂、抚顺钢厂以及西南铝加工厂密切合作的情况下，成功地模锻出合格产品，再经成都航空发动机公司（420 厂）热处理及最终成品加工和拉槽成涡轮盘件。

GH864（WASPALOY）合金 ϕ850mm 大涡轮盘经冶金部和航空工业部共同鉴定后装机在济南炼化厂的 10000kW 级烟气轮机安全运转获得成功。继 ϕ850mm GH864 烟气轮机大涡轮盘的开发成功又开发了 ϕ930mm GH864 大涡轮盘。我国石化工业的快速发展又要求开发 ϕ1100mm、ϕ1250mm 以及 ϕ1380mm 特大型涡轮盘以满足 10000~33000kW 大型和特大型烟机的需要。考

虑到当时我国 3 万吨压机吨位的限制无法生产更大尺寸的盘件。为此，受兰州炼油厂机械厂的委托，我在对美国、法国和原苏联大型压机调查的基础上，选定由美国 Allvac 钢厂采用 VIM +VAR 双真空冶炼并提供经探伤合格的特大型 WASPALOY 合金坯料，再由美国威曼·高登公司经 1.5 万吨和 3 万吨压机两次镦饼，最后在 5 万吨压机上模锻成 φ1380mm 的特大型涡轮盘。这么大的 WASPALOY 合金镍基合金盘件在美国也没有很成熟的生产经历。为此，在美方首次交付两个 φ1380mm 特大型 WASPALOY 盘件运到中国后，经复验出乎意料之外的是不合格。我代表中方订货单位向美方提出交涉，要求退货并重新生产以交付合格盘件。在中方提出充分论据的条件下，美方无奈运回两个不合格的盘件。为此威曼·高登公司辞掉了原负责特大型涡轮盘生产的主任工程师。从研究所重新委任一位有经验的博士工程师来负责这项特大型涡轮盘的生产，并且重新交付了两个合格的 φ1380mm 特大型涡轮盘装机 33000kW 级的特大型烟机，投入正常运转。

特大型涡轮盘都是单个生产的，即使像美国威曼·高登公司富有生产大量涡轮盘的业绩，也免不了有这样和那样的问题。我们代表终端用户，一方面严把质量关，另一方面亦把我们的科研成果提供给美方。如为了保持强度要求，我们提出了更窄的成分控制范围。Allvac 钢厂提供生产出的 WASPALOY 合金坯料成分，只有在我们认为合格的条件下才能投向锻造厂。美国锻造厂的工艺亦必须发给我确认签字后才能投产。特大型涡轮盘成品必须经过航空转动件所要求严格的探伤合格。盘件的力学性能必须在试样环圆周 4 个方向都要测试合格。盘件表面要腐蚀测宏观晶粒尺寸。盘件的微观晶粒度也要求在试样环圆周的 4 个方向做严格的测定，同时要控制大晶以及未再结晶晶粒度的最低百分数。在我们严格要求的条件下，由美方供应的特大型涡轮盘合格成品都经我签字核准，投入装机运行，至今石化部门用户单位都获得了满意的结果。

为了使我国实现对特大型镍基高温合金涡轮盘的自主开发与生产以及为国家大型运输机和大客机提供必需的大型锻件，国家计委委托中国工程院并由师昌绪院士主持论证 8 万吨模锻压力机的自主开发以备制造大型和特大型锻件。我有幸参加了 8 万吨压力机的项目并经历数年做了全面的调研和论证工作。我国具有自主知识产权，世界上最大的 8 万吨模锻压力机于 2013 年在德阳二重建造和试车成功。我国有了世界上最大的模锻压力机，并且于2014年第一件试制的ϕ1380mm特大型镍基高温合金GH864烟气轮机涡轮盘通过了鉴定，开创了我国生产特大型镍基合金涡轮盘的胜利开篇！

21世纪初叶国际上为了保护环境减少CO_2等有害气体的排放，提高燃煤电厂的热效率，而提出了发展600~700℃蒸汽温度的超超临界电站技术。我国自2006年开始建造了第一座600℃超超临界火电站，继而中国政府向全世界宣告2020年的CO_2排放要比2005年单位GDP的CO_2排放降低40%~45%。这不仅是一个严峻的技术指标而且也是一个政治任务，因为我国的大气污染相当一部分来源于电厂和钢铁企业。

我国火力发电站自20世纪50年代以来经历了半个多世纪，蒸汽温度都在565℃以下。电站锅炉和汽轮机厂长期以来使用的是铁素体型耐热钢，600℃蒸汽温度的超超临界电站技术，必须使用高铬镍型的奥氏体耐热钢。自2006年以来中国600℃超超临界机组飞速发展，到目前为止已经有100多台600℃机组相继投产运行。可以说全世界90%的600℃超超临界机组是在中国。不仅于此，时隔5年我国于2010年又启动了700℃超超临界燃煤电厂机组创新技术联盟。700℃温度的超超临界电站技术就必需要使用镍基高温合金。电站运行时间非常长（一般是30年或更长），对于生产700℃蒸汽的电站锅炉，其过热器/再热器的内壁是700℃高温蒸汽，而管壁向火面的温度可达到750~760℃甚至更高，而且又受到高温烟气的侵蚀。为此最基本的要求是750℃、10万小时的持久强度要大于100MPa，而且10万小时管壁上的氧化腐蚀层也要小于1mm。这样长时运行的高温合金在组织上要稳定，且不应有大量有害相的析出。在生产上要求冶金厂和锅炉厂的制备工艺良好。

1998年欧盟首先启动700℃超超临界项目，原预计2014年开始建立世界上第一个蒸汽温度为700℃的示范电厂。由于当时选材不当，在德国700℃试验平台上经22000h的试验运行由于镍基合金在大管道的焊缝处开裂而告失败。加上当时欧洲经济不景气以致在德国和意大利的试验平台亦告中止。欧盟迫不得已宣布700℃超超临界计划延期。美国虽然在21世纪初宣称要进行蒸汽温度为760℃超超临界试验电站计划，基于美国电力发展的不迫切性，例如600℃超超临界电站在美国运行的也很少，美国作为发达国家虽然是不

断地进行研究和试验,但真正要建成示范电厂并没有确切的目标时间。目前,日本和印度虽也已宣称开始进行700℃超超临界电站的计划,但是日本和印度本国的镍基合金都满足不了那么苛刻的要求,看来他们主要还是靠国外特别是美国的镍基高温合金材料。

在这样的背景下从2000年开始,我接触了第六个高温合金材料,是美国国际镍公司为欧盟700℃超超临界电站锅炉管道开发的INCONEL 740。这是一个Ni-Cr-Co基高温合金,美国在2000年申请了专利。当时作为中美厂校合作项目,由美国国际镍合金公司发明人G·史密斯博士提出让我来做这个合金的组织稳定性研究工作。这是我由航空转向民用电站高温材料的起点。当时赵双群老师已获得硕士学位,是宁夏大学的一位讲师,他的根底是物理,并且在宁夏大学物理系任教开电子显微镜的课。所以他有很好的物理基础并且亦掌握电镜分析技术,工作踏实、主动,而且当过老师,到北科大进修做博士生的素质是很高的。我们对INCONEL 740合金的高温组织稳定性做了非常全面和深入的研究工作,明确得出由于INCONEL 740原型合金高温时γ'强化相聚集长大速率快,而且这个强化相又会转变成大片状的η相而不利于强化效果,再加上晶界会析出脆性的含Si高的G相,这三个因素使得INCONEL 740合金不能满足750℃下长期稳定服役(蒸汽温度虽是700℃,但是过热器管道外壁在炉内火焰气氛炽烧下会达到750℃甚至更高),而只能在725℃以下长期服役。这个结果明确指出INCONEL 740是不能满足700℃超超临界机组的要求。2003年下半年在赵双群博士生预答辩时,师昌绪院士就提出"既然INCONEL 740组织稳定性不能满足要求,博士生应该有所创新,对这个合金进行改造,以满足700℃超超临界机组的要求"。师昌绪院士一席言论给了我们豁然开朗的启发。为此,我们对INCONEL 740改型进行了新合金设计。这时我们梯队,特别是胡尧和老师亲自到抚顺钢厂炼了两炉新合金,并且也在抚钢加工成材。回校后专门进行高温长期时效试验。真是功夫不负有心人,我们进行了高温3000h长期时效后达到了预期目标,显示出来非常好的组织稳定性。这样赵双群也以优异的成绩通过了博士论文答辩,并且又获得了师昌绪优秀论文奖。赵双群的论文在国内外公开发表后得到高温合金界的重视和好评。

2004年我带着这个研究成果与INCONEL 740发明人G·史密斯博士讨论。

他非常高兴地接受了我们提出的合金改进方案，又在美国重复了两炉而且进行长达 5000h 的高温长期时效，都显示出非常良好的组织稳定性。后来考虑到新合金的焊接性能又进行了一些适当的成分调配。就这样一个新的改型合金 INCONEL 740H 诞生了。美方又在 2009 年申请了专利，现在美方表示再也不会炼 INCONEL 740 了。目前 INCONEL 740H 已经炼成 5t 和 10t 大锭来生产过热器/再热器以及主蒸汽大管道而投入正常的大生产。

美国特殊金属公司（SMC）开发 INCONEL 740H 的问世，对国际上正在进行 700℃超超临界项目的国家如中国、日本和印度颇为关注，而且也纷纷向美国订货准备在试验平台上进行评估。

2013 年年底在北京举行的一次超超临界燃煤电站国际研讨会上。一位美籍华人对我讲："谢教授，你吃亏了，你的研究成果使 INCONEL 740 改型为 INCONEL 740H，美国人虽然尊重你的研究成果，但是美国申请了专利。"我当时对那位美籍华人讲："我的最终目的不在于此，我既然能把 INCONEL 740 改造为 INCONEL 740H，现在我正在进一步改造美国的 INCONEL 740H 而要开发出更具有中国自主知识产权的用于 700℃超超临界电站的新型镍基高温合金。"

2000 年以来，谢锡善即与美国特殊金属公司（SMC）Dr. G. Smith 团队进行 700℃超超临界电站用镍基高温合金的研究。由研究 INCONEL 740 而成功地开发了 INCONEL740H

谢锡善与美国特殊金属公司（SMC）副总裁赖虚博士及其研究团队讨论中美厂校合作

2012年谢锡善在600~700℃先进超超临界发电技术研发和应用国际会议上做特邀报告

　　在我国提出要技术创新的时代背景下，我所接触的第七个和第八个高温合金是具有中国自主知识产权的 GH750 和 GH760。实际上我在 2003 年对美国 SMC 公司的 INCONEL 740 改型时就开始和赵双群一起考虑新合金的设计。当时一开始炼的两炉试验合金取炉号为 Beijing 1 和 Beijing 2。后来在这两炉的基础上连续炼了 8 个小炉合金以探究合理的成分，差不多经过 10 年时间的探索和试验。好在赵双群博士虽已毕业但在宁夏大学任教时仍然带领他的研究生进行这方面的工作。后来我的博士后迟成宇又相继于 2011~2012 年与上海发电设备成套设计研究院林富生、赵双群教授以及研究生一起进行深入的研究，而开发出具有中国自主知识产权的"700℃等级超超临界燃煤电站用镍基高温合金及其制备技术"，并于 2014 年由上海发电设备成套设计研究院和北京科技大学一起（我作为这项专利的第一发明人）申请了中国发明专利。继而经国家知识产权局 PTC 检索表明这项发明在国际范围内仍具有新颖性、创造性和工业实用性，而在 2015 年向世界上的 5 个国家申请国际专利，2016 年 4 月 6 日这个新型镍基高温合金及其制备获得了中国发明专利。

GH750 和 GH760 管材在久立特材试制成功后，北科大和上海成套院部分人员

专利是有了，只不过得到了知识产权的保护，但是要为工程所用必须要经过常规的冶金工业生产流程并且得到用户的许可最终达到使用的目的。我深知这是一个漫长的过程。早在 2010 年我就做了原材料的准备，从巴西淡水河谷公司购买了 550kg 镍珠和相应配置新合金的原材料。我们在专利尚未申请之时就开始作工业生产的准备。我和胡尧和老师一起备料、洽谈确定生产流程，最后采用 500kg 真空感应炉炼两炉新合金，经过电渣重熔和真空自耗（即 VIM+ESR 和 VIM+VAR）两条冶炼工艺路线的制备，再经过高温扩散退火、锻造开坯并在久立特材公司经 3500t 挤压机热挤出荒管，然后冷轧成 $\phi44.5mm \times 10mm$ 和 $\phi62mm \times 12mm$ 的成品管，再通过相应的热处理采用冶金生产全流程制备出合格管材。另外，考虑到锅炉管件的焊接需要而在北京北冶功能材料研究所将合金料热轧成 $\phi18mm$ 棒材，进而冷拉最终做成 $\phi2.4mm$ 和 $\phi1mm$ 的焊丝成品。至今，管材、棒材、焊丝已经全部顺利生产出来并进行了全面的组织和性能测试。

经过全面的化学成分、组织和性能（物理和力学性能）的测试，GH750 的长时持久性能完全满足 750℃、10 万小时持久强度不小于 100MPa 的要求。10000h 高温长期时效处理表明组织稳定，无有害相析出。目前已完成了 GH750 的全面技术资料及其技术标准，并进入由中国华能集团清洁能源技术研究院于 2015 年 10 月召开的 700℃关键部件试验平台高温合金材料评审会。会议专家组一致认为"现有试验数据表明，国内自主研发的 GH750 取得了积

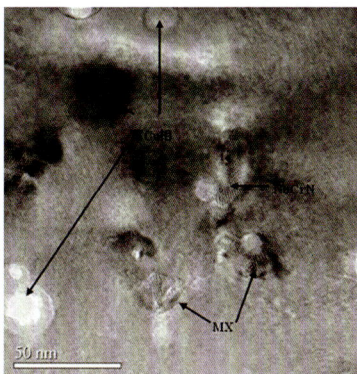

新型 SP2215 奥氏体耐热钢的多相（MX+ 富 Cu 相 +NbCrN）复合强化

富 Cu 相的微观析出机制

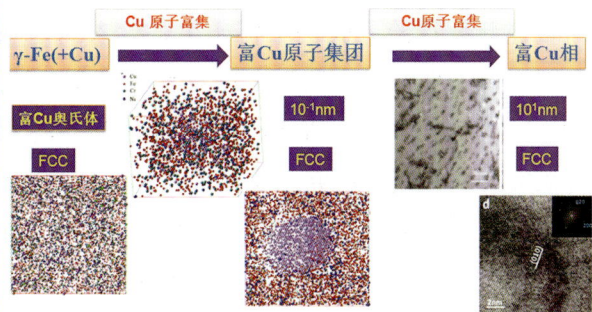

极成果，有应用于 700℃超超临界燃煤机组的前景，建议继续进行相关研究工作，补充完善相关数据，以备试验平台后续使用"。目前有关部分试验仍在继续进行和完善，并与华能进行联系，以便早日获得我国 700℃超超临界试验平台的验证和考核。

我所接触的第九个高温材料实际上是一个镍铬型的超级奥氏体耐热钢。这也是用于制备 620~650℃超超临界电站锅炉过热器/再热器部件的关键材料。如前所述我国自 2006 年建立第一台 600℃超超临界的机组，近 10 年来建成的 600℃超超临界机组已经超过 100 台。全世界 90% 的 600℃超超临界机组是在中国建成和运行的。但是，600℃超超临界机组都是和外国公司合作而不完全具有中国自主知识产权，例如每生产一台机组需要向国外公司交纳一定费用。同时国际上如有订货，必须获得外国公司的同意才能出口。这就是从国外引进技术没有中国自主知识产权的苦衷。

为了取得中国自主知识产权，实现创新，我国现正在进一步提高蒸汽温度至 620℃以上甚至 650℃，以生产 620~650℃超超临界锅炉机组。目前投产 620℃和 630℃超超临界机组在国际上也是新颖的。据统计，这类 620℃的新机组在日本和欧洲也仅有为数不多的几台才进入运行状态。

我国在 2015 年也已有个别几台 620℃机组投入运行。紧接而来的我国上海、东方、哈尔滨三大锅炉厂将有多台 620℃和 630℃机组要投产。在这样一个新形势下对高温材料提出了新的要求：必须要突破 620℃和 630℃锅炉高温管材限制高效超超临界机组发展的瓶颈。目前在没有新材料的情况下锅炉厂只有把现有材料的壁厚加大来暂时满足急需生产的要求。这里我要感谢董建新教授给了我两个博士生，投入到这项新材料的研发工作中。我让于鸿垚博士生首先对国际上以及我国现在大量使用的 TP347H、Super304H 和 HR3C 三个 600℃超超临界锅炉高温管道主体材料，从微观的强化机制上进行探究。好在钢铁研究总院给了我们一定的财政资助再加上国家自然科学基金重点课题的大力支持，我们使用了当时我国在上海大学仅有的一台三维原子层析仪（3DAP），从原子层面上来研究富 Cu 相的析出与强化作用。这项研究结果引起了国内外同行的高度重视。发表的文章国际上引用率非常高，据国外出版商统计 2013 年 7~12 月间的半年内各国下载达 4000 多次，其中美国就下载了 596 次。我们在得到学术成果的基础上就产生了进一步的想

法，我们可否把 TP347H、Super304H 和 HR3C 三个钢种的优点集中到一个新的钢种中来。设想把三个纳米级的析出强化相 MX、富 Cu 相、NbCrN 相集中到一个新钢种的奥氏体基体中以产生高度的晶内强化效果，并且在晶界析出 $M_{23}C_6$ 碳化物辅以晶界强化而达到超级强化的效果。科学试验证实了这项研究成果，在实验室的试验钢种中实现了多相复合强化的优异效果。

紧接着工程界希望能理论联系实际开发出一个新钢种来。我和两个博士生于鸿垚、迟成宇一起进行了新钢种的成分设计，胡尧和老师指导研究生炼制了小炉试验钢种。对于这类电站锅炉使用的耐热钢必须要进行长时的持久强度的测试，并要求 650℃、10 万小时的持久强度大于 100MPa。同时在高温长期时效过程中组织稳定不产生有害相。新钢种的长时持久性能测试和高温长期时效要感谢上海发电设备成套设计院的副总工程师林富生教授的大力支持和崔正强工程师的具体执行。在高温长达 1 万小时的长期时效过程中新钢种组织稳定同时具有良好的强化效果，我们在 650℃、300~180MPa 的 6 个应力段（大部分应力段都重复三个试样）的长时持久试验总计长达 8 万多小时之多（共有三个试样已超过 1 万小时）。这组数据充分显示新钢种在持久强度上远高于 TP347H、Super304H 和 HR3C 三个现有商用钢种。我们又把这组数据请东方锅炉厂、哈尔滨锅炉厂以及上海发电设备成套设计院进行数据处理外推，获得的新钢种 650℃、10 万小时持久强度可达 135MPa 而远高于 100MPa 的水平。基于上述非常好的科学试验结果，我们在 2013 年申报了"一种复合强化 22/15 铬镍型高强耐蚀奥氏体耐热钢"的专利。博士生于鸿垚在 2012 年年底毕业论文答辩中已经列出来一些引人注目的数据。当时钢铁研究总院程世长教授作为博士论文评阅人和答辩委员会委员给以高度的评价，建议进一步工程化以利于我国开发 620℃高参数超超临界锅炉过热器 / 再热器的应用。事有凑巧，我在 2014 年 10 月底于北京召开的"超级奥氏体钢和镍基耐蚀合金"的国际研讨会上作了有关这个新型奥氏体耐热钢的报告。就在这个会上永兴特钢的老专家朱诚高级工程师就看中了这个钢种表示有进一步工程化开发的要求。事后武进不锈的宋建新副总经理又来我校表示武进不锈愿意参与开发来生产超超临界锅炉的新型奥氏体耐热钢无缝钢管。

事不宜迟，一年之计在于春，2015 年 3 月份北京科技大学、永兴特钢和武进不锈三家开会筹措新钢种工程化开发。两家钢厂的领导都非常支持这项工作，大家一致认为：（1）这个钢种比较经济，新钢种是 22/15 铬镍型，比现有钢种 25/20 铬镍型 HR3C 可以节约铬和镍的合金元素，此外新钢种不含贵重元素，加入 3.5%Cu 作为富 Cu 相时效析出是一个性价比很高的方案；（2）具有优越的高温持久性能（比现在正在使用的 TP347H、Super304H 和 HR3C 都高）；（3）抗氧化和抗腐蚀性能有 22%Cr 可以得到保证，能解决如 Super304H 在服役过程中严重蒸汽氧化的问题。

就这样简短的半天会议作出了一个重要的决定：准备用三个月的时间通过冶金生产全工艺流程来生产和考验新钢种的冶金生产工艺性能。新钢种采用 20t 电弧炉冶炼，经 AOD 和 LF 炉外精炼处理，生产出来的钢锭开锻并轧制成圆坯，进而在武进不锈进行热穿孔，直至冷轧后热处理制成成品管合格出厂。

常规生产的全冶金生产工艺流程考验获得了非常满意的结果。新钢种完全可以用目前常规生产工艺生产，而且在生产过程中没有出现废品。考虑到新钢种牌号命名的需要，按铬镍不锈钢的常规我们命名为 SP2215（名义成分为 22Cr15Ni3.5CuNbNB）。

我们几家共同决定应该把这个新钢种向国内外推广。为此，我代表大家于 9 月份在上海召开的第 14 届国际压力容器技术会议上作了报告。后来又先后在 2016 年 10 月于欧洲召开的"燃煤电站先进材料及工艺"的国际会议以及 2017 年 3 月在美国召开的"能源材料"国际会议上作报告，引起了国内外学术界和工程界的高度关注。

在我这几十年所经历的高温材料的业务领域中，我深知要研究和开发一个材料直到应用是一个很长的过程。有时甚至可以说是一个梦想。高校接触到科技领域中的新鲜事物比较多，对创新也比较敏感。在国际上也确是很多新鲜事物来自高校，诺贝尔奖项获得者很多是来自大学，我们华人的突出代表诺贝尔奖获得者杨振宁、李政道都来自高校。但是学校的研究成果特别是工程上的研究成果必须和生产相结合，要工厂投入生产，当然生产出来的产品也要研究院所共同评估和验证。所以说产、学、研的紧密合作是产品研发的一个良好途径。但是，再好的产品也要得到实际应用，不然束之高阁也就是"阳春白雪"的点缀而已。经过我们近年来的研发工作，更体会到了政府的引导和政策的指导非常重要。"政"是第一性的，它有时甚至是起决定性

作用的，因为"政"有很大的能量，有很大的推动力。为此，我才真正体会到要研发一个产品政、产、学、研、用是最重要的。

古人云"日有所思，夜有所梦"。早在 20 世纪 50 年代初期我在捷克布拉格钢铁研究所做博士论文时，我遇到了一个老科学家波博希尔博士（Dr. Pobořil），他为了节约当时稀缺的镍而研发了用于 650℃的 Cr–Mn–N 奥氏体钢，并且亦已投产使用。我当时就有所思，"捷克这么一个小国家都做出了一些创造发明，我们中国作为一个古老文明的国家，而且我们的老祖宗都做出了'四大发明'，一定能对人类进步作出更大贡献。"回国后我一直在耐热和高温材料领域工作。我总是在"思"，我能在耐热和高温新材料的研发中做点什么新贡献呢？

电力是一个国家工业的命脉，我国又是一个以煤电为主的国家。我现在研发的 SP2215 多相复合强化的高强耐蚀奥氏体耐热钢和 GH750、G760 高温镍基合金就是想用到我国正在发展的 620~700℃超超临界电站锅炉部件上去。我是在"想"这也是我的"梦"。现在我们国家正在大力提倡创新而且国家领导人也已响亮地提出"中国梦"，我想在这样一个大好形势下，我的高温材

谢锡善在夜晚沉思

料"中国梦"是有可能实现的。我真是想看到"梦想成真"的那一天，为祖国的社会主义建设做出应有的贡献。

谢锡善在忙碌中前进

谢锡善和中外专家一起主持第十一届中美工程技术研讨会上的一场讨论

附记（一）
国际合作，促进交流

我在 1956 年从北京钢铁学院大学毕业后，即赴捷克进行科学技术副博士学位研究生的培养。我的研究工作是在布拉格钢铁研究所完成的。在布拉格钢铁研究所时常有国际上的专家往来以及国内高层次的学者，如金属研究所的第一任所长李薰教授、上海交通大学的副校长周志宏教授、上海材料研究所的总工程师陶正耀等专家来访，给我提供了一个国际学术交往的良好机会。特别是在 1960 年于捷克召开了国际耐热钢会议，我不仅参与中国代表团的学术活动，同时也有机会与国际上的耐热钢专家交流，如原苏联科学院的科尔尼洛夫院士、黑色冶金研究院的布里堂采夫教授和机械工业研究院的依万诺娃教授等专家。国际专家们的学术报告，以及会上的讨论和会下的交流使我受益匪浅。1961 年 7 月我获得了捷克科学院技术科学副博士的学位后随即回国，同时我的科学论文也在国际不锈钢会议上发表，起到了国际交流的良好作用。

国际合作要落实在具体的科研项目上。我在 1979~1981 年赴美国作为高级访问学者时参与了美国国家宇航局的课题"钴在高温合金中的作用"以及高温合金界甚为关切的"高温蠕变 / 疲劳交互作用下的力学行为"两个课题，使我有机会深入到美国高温合金厂、航空发动机工厂以及一些研究单位和高校。在两年美国高访期间，我们也发表了钴在高温合金中作用的文章，引起高温合金界的重视。我还在美国矿冶·金属·材料学会（TMS）年会上作报告，并与美国这方面的专家教授有直面的交流。特别是我们在 1980 年的第四届国际高温合金会议上发表了"铁基高温合金中 σ 相和 μ 相引起的脆化"论文，获得会议唯一的最佳论文奖后，应美国的 Cabot（现 Haynes International）、Special Metals、Inco Alloys International、GE 发动机公司研发中心以及哥伦比亚大学等从事高温合金生产和研究单位的邀请去访问。可以说我在美国的这两年高访除了从事深入的高温合金课题研究外，对美国高温合金也有了进一步的了解。我是抽一切机会在美国去参加一些学术活动，如当时国际上最新发展的机械合金化的高温材料（MA）会议我也抽时间去参加，以了解高温合金最新技术发展。

　　1979~1981 年在美国两年高访的时间里，有机会深入到美国高温合金界同时也有了广泛的接触和交流。自 1980 年我国第一次组团参加第四届国际高温合金会议，我对美国四年一次的国际高温合金会议都有论文发表并进行交流（直到 2016 年的第十三届国际高温合金会议）。这样我在国际高温合金界也是一个大家熟悉的面孔。在 2004 年第十届国际高温合金会议上，大会推荐了五位高温合金界国际上熟悉的人，在台上联合主持大会讨论和回答问题，我也荣幸地被推荐为一个中方的高温合金专家来共同主持。

1996 年，代表中国高温合金代表团在第八届国际高温合金会议上向高温合金突出贡献者、中美高温合金交流的友好使者雷特维奇教授祝贺他的突出贡献并赠送礼物

2000 年，以师昌绪院士为团长、谢锡善为秘书长的中国高温合金代表团与
第九届国际高温合金会议大会主席合影

除了多次出国参加会议进行广泛的国际学术交流外，外国专家也愿意访
问我国来了解中国的高温合金。自 1985 年开始每隔 3、4 年以我们学校为主
邀请美国的高温合金专家来华讲学和访问中国的高温合金生产厂、航空发动
机厂以及从事高温合金的研究院所和高校。这是一种请进来的办法，使我国
更多的科技人员有机会了解国外高温合金进展而对我国高温合金发展起到一
定的借鉴作用。这样由我校发起组织的中美双边高温合金技术交流会得到原
冶金部、航空部以及科学院和国家专家局的支持，也受到国内高温合金从业
人员的欢迎。

中美双边的高温合金交流会亦引起了国际上的关注，在 2003 年第十届
中国高温合金年会暨 21 世纪先进高温合金生产和应用国际研讨会发展到有
中、美、英、德、日、意、韩、巴西等八个国家，20 多位专家参与的 300
多人大会。师昌绪院士作为大会荣誉主席并获高温合金终身成就奖，美国高
温合金专家约翰·雷特维奇教授和我作为大会执行主席获"高温合金国际交
流杰出贡献奖"。大会精选的论文除了在英文版的《金属学报》上陆续发表外，
还专门汇集成精装的论文集印刷刊出。

80~90年代，在北京钢铁学院（北京科技大学）多次召开中美双边高温合金科技研讨会

2003年，谢锡善和雷特维奇教授共同主持由中美双边扩大为
"21世纪先进高温合金生产与应用国际研讨会"

以师昌绪院士为荣誉主席的"21世纪先进高温合金生产与应用国际研讨会"
于2003年在中国大连召开

美国雷特维奇教授和谢锡善在"21世纪先进高温合金生产与应用国际研讨会"
分别获得"促进国际学术交流"奖

2007 年谢锡善在第十一届中国高温合金年会暨高温合金国际研讨会上主持会议

2015 年谢锡善在第十三届中国高温合金年会上热烈参与讨论

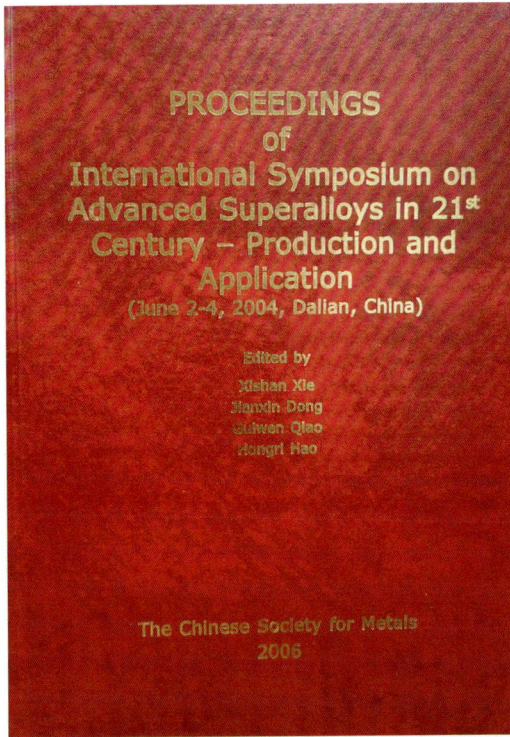

在中国召开的高温合金国际会议论文集

美国 AllVAC 公司高温合金专家 W. D. Cao 来北京科技大学讲学

2007 年谢锡善邀请加拿大 Manitoba 大学 M. C. Chaturvedi 教授来北京科技大学讲学

2010 年谢锡善祝贺俄罗斯专家在宝钢学术年会上报告成功

2011 年 12 月，谢锡善在化工、材料与冶金工程国际学术会议上

　　我进行了多次"走出去"和"请进来"的广泛国际学术交流；访问了美国、法国、德国、日本、意大利、荷兰、加拿大、印度、韩国、澳大利亚、新加坡、瑞典等国以及中国香港和中国台湾地区的大学和工业园区，而且也邀请了这些专家来我国访问。在多次的访问过程中互相交了朋友，熟悉了相互工作和研究的领域，促进了我逐渐走向国际合作科研项目。

　　我的科研合作项目主要是与美国高温合金界诸如美国著名的四大高温合金生产厂 Special Metals（SMC）、Inco Alloys International、ATI Allvac、Haynes International，锻造厂（Ladish Forging Co），航空发动机公司诸如 GE Aircraft Engine 以及西弗吉尼亚大学。我所进行合作研究的课题在美国也都是热门课题，在国际上也是先进的。例如粉末高温合金涡轮盘中的夹杂物行为，变形高温合金中最为广泛使用的 INCONEL 718 以及近期新发展的 Inconel 718 Plus 和新型高强耐蚀合金 C22HS，等等。因为有了这些国际合作课题才使我有机会深入了解美国高温合金的现状和发展，可以起到对我国高温合金研发的借鉴作用。我也通过和美国麻省理工学院和法国矿冶大学的高温合金教授联合培养博士生以促进学术交流和进步。由于和法国教授的合作课题，我才有可能在他的陪同下进入法国航空发动机公司 SNECMA 的研究所、法国宇航研究中心，以及法国著名的高温合金厂 Aubert & Duval 和 Imphy 等一般访问难以进入的生产工厂。近年来蒂森克虏伯 VDM 公司也提出和我合作研究超超临界电站用高温合金，我也有机会多次访问 VDM 公司以及曼内斯曼等高温合金管材生产厂。

谢锡善率团与钢铁研究总院以及西安热工研究院的同仁们访问美国特殊金属公司 (SMC)

谢锡善与美国 Haynes 国际公司合作研究镍基高温合金并在
国际高温合金会议上共同发表论文

谢锡善随团访问在意大利的蒂森克虏伯公司

2012 年谢锡善率团访问日本住友金属公司

谢锡善率团与钢铁研究总院的同仁们在美国 GE 发动机公司
典型发动机整体拆装体前

谢锡善率团与钢铁研究总院的同仁们访问美国 GE 航空发动机公司

2015 年谢锡善率中国高温合金代表团访问美国西弗吉尼亚大学航空及
机械系并进行学术交流

谢锡善率团访问法国 Aubert & Dural 冶金厂

谢锡善率团访问德国 VDM 冶金厂

谢锡善在第九届中日双边高温材料强度会议上

附记（二）
服务学会，以文会友

　　学会是科学技术人员群众性的民间组织，作为学会成员可以了解学术动态、参与学会的各项科学技术活动，使你扩大技术领域和学术眼界。参与学会的学术活动，不仅是在你作学术报告之际，而且在会下也是广泛交流、"以文会友"的好机会。

　　自从 1976 年"四人帮"倒台，邓小平拨乱反正，逐步恢复了学会的活动时，我就是中国金属学会的会员。1979~1981 年在美国作高级访问学者之际，经哥伦比亚大学教授推荐参加了美国矿物·金属·材料学会（TMS），而融入美国学术界。TMS 每年召开一次的年会覆盖了非常广泛的领域，是有三、四千人参加的特大型国际会议。我虽然在美只有短短的两年，但每年 TMS 年会都参加了。这使我有机会结识了许多在美国的华裔著名教授，他们有些已是美国 TMS Fellow（有突出贡献的专家，美国 TMS 学会只有 100 位 Fellow），如 James Li（李振民教授）、Russel Zhou（周以仓教授）等以及国际上知名的专家教授，还有中国台湾的著名教授（也是 TMS Fellow）。我记得有一次在 TMS 年会上会聚了许多华裔的专家教授在一起交流技术互谈友情，非常有利于增进海峡两岸的同胞情谊及学术交流。

　　当时钢铁学院是冶金部直属的高校，中国金属学会就设在冶金部大楼，而且历届理事长都是冶金部的副部长，历届金属学会的秘书长或副秘书长都是我们学校派往的教授。由于这些原因金属学会有什么工作往往到我们学校来抓差，再加上我的英语略高一筹，有很多学会的外事活动就让我去帮忙。给金属学办做事都是义务劳动，那时作为一个学校的青年教师，金属学会的秘书长或副秘书长都是我校教授，老师要我办事我照办就是了。

　　我 1981 年 9 月刚回国到校不久，1981 年 11 月份在北京召开了第一次"中美双边冶金学术会议"。参加这次会议的美国代表，大多是在国际上享有盛名的冶金专家和材料学家，有许多是在有关学术领域内卓有成就的科学家和教授。他们发表的论文内容非常广泛，几乎涉及当时化学冶金和物理冶金中十分活跃的主要问题，评述了直到 1981 年的最新进展，堪称为一组现代冶金材料领域的阶段性总结性文献。当时来华交流的美国金属学会（ASM）和美国矿冶石油工程师协会的矿物·金属·材料学会（TMS of AIME）的团长正是美国哥伦比亚大学高温合金专家 J.Tien（田家凯）教授，也是我在美国哥伦比亚大学作两年高访的合作教授。由于这样的关系，中国金属学会也让我参与了这次中美双边交流的盛会。会后美国学会将论文汇编成特殊的论文集 "Metallurgical Treatises"《冶金文集》在美国正式出版，广为传播。中国金属学会考虑到美方专家论文集的先进性、前瞻性和综合性而将物理冶金中的十几篇文章汇编成中译本《物理冶金进展评论》由冶金工业出版社于 1985 年正式出版。我作为编译者之一有机会仔细阅读并翻译和校对这些文稿，使我显著地扩大了学术视野和科学领域。

中国金属学会的国际学术交流相当频繁，后来我又有机会参加了在杭州召开的中英双边冶金和材料的学术交流会。

当时的美国和英国的科学技术可以说是代表了世界先进科学技术的主流。我在学会的这些学术活动中大大扩展了我的科学视野而且也结识了很多国际上知名的专家和教授，促进了学术的广泛交流。

由于我热心学会的工作，我也是学会招之即来的义务工作者，再加上我在材料领域里也算比较活跃并经常发表文章或在国际会议上作报告，这样中国金属学会开始接纳我为理事、常务理事，再加上学会外事工作需要有人协助操作，又让我作为中国金属学会外事工作委员会副主任委员，主要是联系美国的相关学会。为此，我每年都会代表中国金属学会去参加美国 TMS 年会。美国 TMS 是矿物·金属·材料综合的一个国际性学会，它是从美国矿冶工程学会（AIME）分出来的一个分支。后来关于钢铁冶金方面的内容又从 TMS 中分支出来而成立美国钢铁协会（ISS）。美国属于材料领域的学会是美国金属学会（ASM International）。基于中国金属学会对外联络工作和学会间交流与合作的需要，我和中国金属学会历届秘书长或副秘书长多次访问美国的有关冶金和材料的主流学会 TMS, ASM 和 ISS。为了促进国际学会间的交流和相互学习，我也以中国金属学会外事工作委员会副主任委员的身份带

领中国金属学会代表团去参加美国学会的年会和访问有关学会的总部，使中国金属学会逐步进入与国际行业学会接轨发展。

学会工作和活动的国际化近年来有了很大的发展，由美国矿物·冶金·材料（TMS）发起联合英国金属学会建议成立国际矿物·金属·材料学会联合会（IOMMMS）。中国金属学会参与了这个国际学会组织并委派我作为这个国际联合会的常务理事。IOMMMS 国际性的学会有跨越五大洲的十几个矿冶和材料学会参与，其中在国际上的大学会有美国的 TMS、ASM 和 ISS 三大学会，欧洲的英国金属学会和欧盟材料学会，北美有加拿大矿冶学会，亚洲有中国、日本、韩国、印度金属学会，澳洲有澳大利亚金属学会，等等。这样我代表中国金属学会在参会期间与国际上的学会有了更多的接触。在 IOMMMS 确定的世界材料日之际，中国金属学会委请北京科技大学柯俊院士指导的冶金史研究室博士生提供了"中国古代钢铁冶金发展史"的论文及其大版面的展图，于 2011 年我将这个材料带到 IOMMMS 理事会并在 TMS 年会上展出时，获得各国冶金和材料学专家的赞赏，因为这张大版面的展图显示了我国古代钢铁冶金的光辉和悠久的历史。这个作品获得了 IOMMMS 的奖励和奖金。美国 TMS 秘书长表示要把这张展图挂在 TMS 总部的展室以示世界钢铁冶金的发展。

1984 年，谢锡善随原冶金部周传典副部长率中国金属学会代表团访美

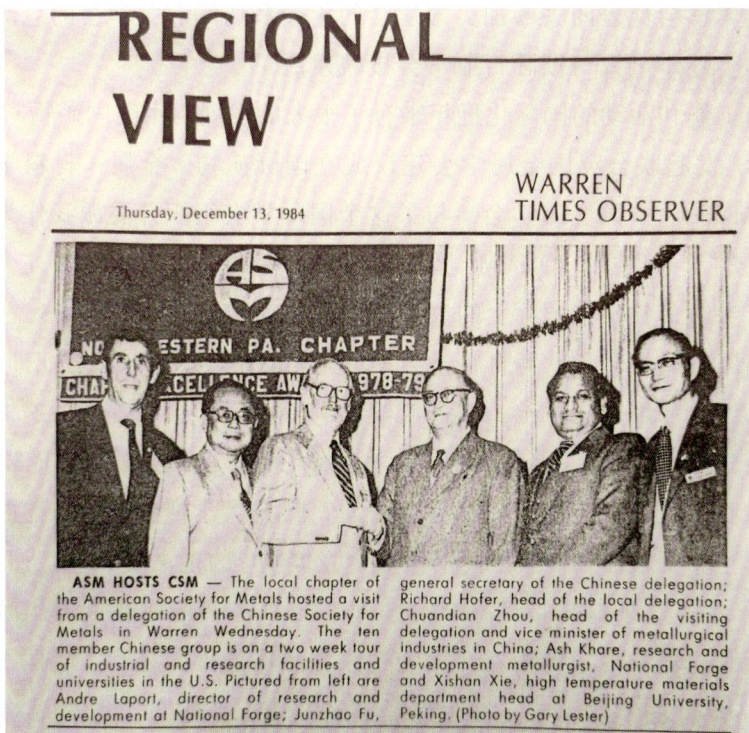

REGIONAL VIEW

Thursday, December 13, 1984

WARREN TIMES OBSERVER

ASM HOSTS CSM — The local chapter of the American Society for Metals hosted a visit from a delegation of the Chinese Society for Metals in Warren Wednesday. The ten member Chinese group is on a two week tour of industrial and research facilities and universities in the U.S. Pictured from left are Andre Laport, director of research and development at National Forge; Junzhao Fu, general secretary of the Chinese delegation; Richard Hofer, head of the local delegation; Chuandian Zhou, head of the visiting delegation and vice minister of metallurgical industries in China; Ash Khare, research and development metallurgist, National Forge and Xishan Xie, high temperature materials department head at Beijing University, Peking. (Photo by Gary Lester)

1984 年，谢锡善随原冶金部副部长周传典为团长的中国金属学会代表团访问美国金属学会（ASM）

谢锡善与美国矿物·金属·材料学会理事长在 TMS 年会上

2008 年，谢锡善代表中国金属学会访问美国金属学会（ASM）总部

1998 年美国伯克利大学校长田长霖会见谢锡善带领的中国金属学会代表团

1998 年师昌绪院士率中国金属学会代表团参加在美国夏威夷召开的第三届
环太平洋先进材料及工艺国际会议，谢锡善为代表团秘书长

　　在我与世界各国学会交往的过程中，大家谈论到世界材料研发的全球
化。这件事由美国科学院和工程院国家研究委员会发起组织各方面的材料专
家来讨论和分析材料研发的全球化热门课题。这个课题设计的内容非常广
泛，涵盖了各类材料（有传统材料，当然亦包括高温合金以及一些新材料）。
经过 2、3 年时间会下的准备和会上的讨论，最后在 2005 年由美国科学院和
工程院下属的国家研究委员会出版了 "Globalization of Materials R&D"（《材料
研发全球化》）一书。在这本 200 多页的材料专著中回顾、总结了世界各类
材料的研发现状及其发展。我受中国金属学会委托成为这个国际合作课题
十二个成员之一，这使我有机会和世界各个领域的材料专家针对材料研发的
国际热门课题进行研讨，也使我了解到国际材料的发展。

　　由于材料应用的广泛性，不仅是中国金属学会，中国机械工程学会下
面也设有材料分委员会。我 1981 年刚从美国高访回来时就参与了中国机械
工程学会下设的高温材料强度委员会的学术活动。当时我校肖纪美院士是机
械工程学会材料分委员会的常务理事。有一次肖教授对我说他年纪大了，学
会的工作要有人接班，肖教授就推荐我参与机械工程学会材料分委员会的工
作。可能是我热衷于学会学术交流的活动，大家推荐我担任高温材料强度委
员会的主任委员并且带领学会代表团赴日交流。我和钢研院程世长教授、华

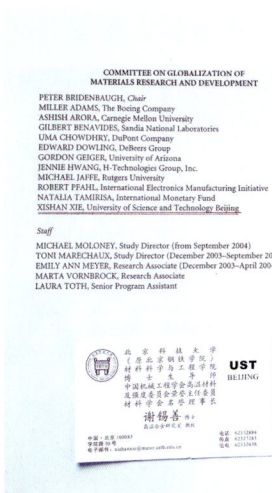

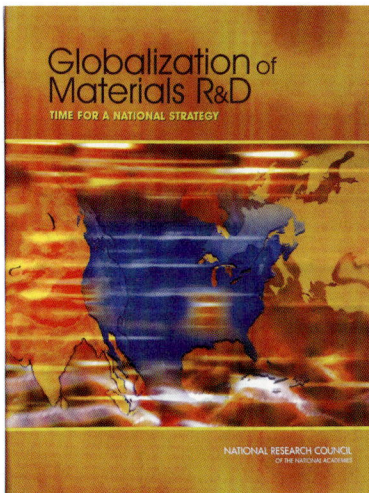

谢锡善参与编著的 Globalization of Materials R&D（《材料研发全球化》）

东理工大学的涂善东教授一起向日本比较全面地介绍了中国高温材料的现状及发展。有关文章也在中国机械工程学报上全文刊载了。2000 年中国机械工程学会材料分委员会换届，我又被选为理事长。

我在机械工程学会除了组织国内的学术活动外，还大力开展国际交流以及与中国台湾学者的学术交流。从 2001 年开始，我率团组织第一次海峡两岸工程材料交流会并且会后由基隆到台南，到台湾的几个知名大学（如交大、清华、台大、成功大学以及中山大学等）、新竹工业园区以及中钢等工厂进

2000 年谢锡善主持机械工程学会材料分会五届一次理事会扩大会议

2001 年谢锡善主持机械工程学会材料分会五届二次理事扩大会议

行访问交流，增进了海峡两岸同胞兄弟间的亲密友谊和学术交流。这样的交流交替地在台湾地区和大陆进行了十余次海峡两岸工程材料交流会，大陆和台湾方面双边交流的最早发起人台大的连双喜教授和我都参加了大会并且都作了相应的学术报告，进一步增进了兄弟情谊式的学术交流。

在国际学术交流方面，我也发起了中日双边在高温材料和强度方面的交流。日方以立命馆大学校长大南正瑛教授和京都大学大谷隆一教授为代表定期在中日两地举行中日双边学术交流。应该说日本住友金属、三菱重工等企业单位在耐热钢的开发以及长期高温持久性能数据测试方面在世界上也是数一数二的。日方研究和企业单位都有数百台高温持久和蠕变试验机，最长的持久测试数据长达几十万小时。这些正是我国高温材料发展中的"短板"。中日双边交流也达到了很高的学术水平。中方在 1998 年组织的中日双边交流会上《金属学报》（英文版）编委参加了我们的会议，会上推选的文章后来分别都在《金属学报》（英文版）上正式刊登。日方不仅邀请我们去参加

日本国内学术会议，还两次邀请我在日本举行的国际蠕变会议上作特邀报告。这不仅宣传了中国的科技进展，也通过日方促进了国际间的多边交流。在我任职机械工程学会材料学会理事长期间，由中、日、韩轮流做东组织亚太地区材料强度和断裂国际会议（APCFS）。2006年我们在海南三亚组织了一次盛大的有数百人参加的APCFS盛会，虽说是亚太地区的学术交流会，但是仍有很多域外的国际友人赴会。

由于我努力促进学会国内外的学术活动，中国机械学工程学会总部为了鼓励我们材料分会的学术活动，多次将我们分会评为优秀分会，而且当我在材料分会任期满后，总会还聘请我为中国机械工程学会荣誉理事，仍保持着一定的学术联系。

我国动力工业的飞速发展，促使从中国机械工程学会中产生出一个分支——中国动力工程学会。我又被选为中国动力工程学会材料分委员会的副主任委员，动力工程学会挂靠在上海发电设备成套设计研究院。这样我和电力系统的工厂和研究单位有了更多的联系。我参与了动力工程学会组团赴欧洲访问和考察电力工业用高温材料的研发和生产。我也组团带领国内研究单位和工厂的技术人员专访德国，来考察700℃先进超超临界电站材料的研发。

在国际上有关电站材料及工艺的先进技术会议主要是美国电力科学研究

2014年，谢锡善率团参加国际蠕变会议（日本，京都）

2009 年谢锡善与部分中外专家庆贺先进电站用耐热钢与合金研讨会成功召开

院（EPRI）组织的三年一次的国际盛会，上海发电设备成套设计研究院林富生教授和我一起组织国内研究单位、工厂和学校有关人员赴美国参加了第四～六三届 EPRI 组织的盛会，获得了广泛的国际交流。第七届 EPRI 组织的大会在欧洲葡萄牙举行，我委派了我过去的博士后迟成宇代表我们课题组报告了具有我国自主知识产权的新型高强耐蚀奥氏体耐热钢 SP2215，受到了大会与会者的重视。

　　基于国内实际情况，出国参加国际会议和参观访问能去的人员总是少数。为此，林富生教授和我一起在中国动力工程学会总会和上海市科委的支持下，于 2009 年在上海召开了先进电站用耐热钢和合金研讨会（2009 Symposium on Advanced Power Plant Heat Resistant Steels and Alloys）。国际上电站材料研发和生产的先进国家如美、英、德、日、瑞士和丹麦等国的专家都出席了此次会议并且作了报告，为国内电力和机械系统广大的技术人员提供了一次很好的国际交流的机会，会议的中外论文也汇编成了专门的论文集。

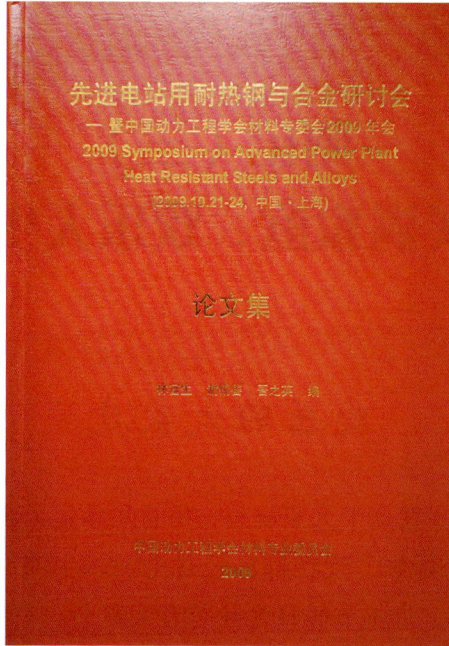

先进电站用耐热钢与合金研讨会（中外论文汇编论文集）

谢锡善与美国 Haynes 公司副总裁在高效超超临界电站用
耐热钢及合金国际会议上

附记（三）
美满家庭、欢乐人生

欢乐的大家庭

我有一个大家庭，在这个大家庭里，我的父母生了五个孩子，我是老大，下有两个弟弟和两个妹妹，现在都已经是七、八十岁的人了。现在大家还常有往来，和睦相处，每年节假日之际总有大聚会。在我母亲95岁高寿时，在美国的孙子孙女正值假期回来祝贺，这一大家子30多人，还没有完全凑齐。看看那张照片就显得其乐融融。

上海大团聚照片

1942年，谢锡善（右，站立者）、谢锡庆和大妹妹谢瑞英

1945年，谢锡善（右）和谢锡庆。童年哥俩好

1952 年，谢锡善五兄妹齐聚

1961 年，陈梦谪进入谢锡善大家庭

　　我爱人陈梦谪的一家也是一个大家庭，2014 年在她姐姐九十华诞时，大家又欢聚武汉。看看那张大团聚的照片也是欢乐异常。

武汉大团聚照片

陪伴我幸福一生的贤妻——陈梦谪

　　我和陈梦谪是北京钢铁学院的大学同学。当时我们金相热处理专业相 56 有两个班，我是甲班的班长，她在乙班，但她是相 56 两个班的团支部书记。当时相 56 没有党员，所以团支部书记就是政治思想上的小领导了。我作为班长主要抓课程学习，也就是抓业务。由于工作上的联系，互相帮助，逐渐产生了爱慕之心。

　　1956 年早春，我在沈阳风动工具厂毕业实习，有机会到抚顺钢厂了解合金钢的生产，顺便参观了抚顺露天煤矿。参观后又到矿上的礼品商店，那里有很精致的琥珀。据说是成千上万年前由树上的松油流下来凝积而成，有

同学、同事、同伴的好夫妻

1956 年，结婚照　　　　　1961 年由捷回国后补照的结婚照

意思的是如果松油凝聚时遇到小虫子就会包在里面了。我看到了一个形似石榴、紫红色的琥珀挂件，里面居然包裹着两个小虫子。出于好奇，我就买了下来，当时也不知道想送给谁。回校以后，一次偶然的机会在和陈梦谪谈工作时，我就拿出这个火红的石榴状琥珀给她看，她看到里面有两个小虫子很稀奇，有点喜欢。这样我就送给她了。看来她对这个富有特色的挂件很喜欢。也是她有意，我有心。这样她接受了我的小挂件礼物，后来人们就说这是定情信物了。

1956 年我提前毕业，国家选派我赴捷克进入研究生的学习，攻读学位。为了巩固我们的亲密关系，我在 1956 年 8 月出国前夕就与陈梦谪正式结婚，并且在学校的教室里举行了婚礼。婚礼庆典由系主任章守华教授证婚，我们金相的有关老师和同学们在一起热烈地庆贺了一番。

美满婚姻庆贺之后，我就登上了列车经过十三天的长途旅行到达捷克。之后我就在捷克艰苦奋发地经历着五年时间的攻读，终于取得了捷克科学院科学技术副博士学位，又经过 9 天火车的长途跋涉回到祖国首都北京。

她留在北京成为柯俊教授的研究生。那时我们虽然身处遥远的两地，但是爱情的魔力和业务上的联系我们基本上是每周一信坚持交流，互相鼓励及早完成研究生的学业，早日相聚共同奋斗。

1961 年的夏天，我学成回国被分配到母校特冶系高温合金教研室，她在金属物理教研室。当时我们所在的教研组都是新系年轻的教研室，我当上了实验室主任，她是金属物理拥有柯俊、肖纪美、张兴钤、方正知"四大名旦"教研室的秘书。大家的事业都忙得很，好在分别五年回国团聚也就算有个家

八十年代，谢锡善和陈梦谪在北京钢铁学院家中

九十年代的谢锡善和陈梦谪

了。但是我们有家无房，仍是暂时栖身在钢院，周末借一间房来渡"假"而已。

在当时的钢铁学院，我和她都是年轻教师，教学科研都很忙碌。我要带学生下厂实习，做"真刀真枪"的结业。1964年她又参加"四清"下乡，这样我们的儿子谢平只好完全托付给钢院托儿所，周末托儿所阿姨（李楠）就将我们的儿子带到她的家里。好在当时学校后勤工作做得很好，也使我们工作放心。

1966~1976年十年"文化大革命"，学校乱哄哄的不仅有文斗又有武斗。陈梦谛怀有身孕到武汉家里，在1968年生下了我们的女儿谢伟。当时生活条件虽然比较艰苦，我们一家四口挤在16平方米的钢院16斋的一间房子里，孩子们要用桌子做功课，我们俩只能在床上备课和分析科研的数据了。

1979~1981年，我又赴美在哥伦比亚大学进行高访工作科研两年。孩子们正在成长，全靠她在家里又要照顾生活又要督促孩子们的学业。好在学校周围良好的学习气氛，后来我们的两个孩子谢平和谢伟都考上了清华大学。这里说实在的，我都没有怎么管，应该说对孩子们的教育和培养，她的功劳是很大的。

我们两个在学校，我在材料系主要是工程方面，她在金属物理系偏科学方面。虽然我们都是在材料领域，我着重在合金材料的成分、组织和性能，可以说是偏宏观方面。她是在电子显微镜的领域，偏微观方面的。在家里我们是夫妻，相敬相爱。在业务上，我们也是互相促进，互相帮助，共同进步。例如我们共同对当时电厂使用具有我国自主知识产权的钢研102高温高压锅炉管在长达14万小时的运行过程中，割管取样来分析材料的热稳定性和性能的变化，以估算其总使用寿命。陈梦谛就用她精细的电镜分析技术对纳米析出相VC的高度稳定性做了精细的分析和标定。我利用相分析的技术确定了碳化物相的析出行为及其合金元素的分配。工厂利用显微组织分析并结合力学性能列出了高温长期服役时组织和性能变化的关系。这样厂校结合，宏观和微观结合，理论和实际结合，既解决了工厂的实际问题，又加深了对材料本质的认识。这个研究结果得到工厂的好评，也得到了钢种发明单位钢铁研究总院的称赞。这项研究结果在国际上发表论文时，也得到了国际同行的密切关注。

不仅于此，我们在高温合金领域中也有不少合作。高温合金中的纳米析

"80 后"的一对老夫妻，谢锡善和陈梦谪在北科大家中

八十高龄的一对潇洒夫妻

出相都要做精细的电镜微观分析，这方面我就有了贤内助。我和我的研究生在做电镜微观分析以及在电镜上培养操作时，她都给我们以很大的帮助。举例来说，当时我连着有两个国家自然科学基金项目探索两种纳米析出相呈包覆状致使其热稳定性提高，而有可能使这类高温合金提高它的使用温度。当时我带一个研究生，她也带一个研究生共同攻关来完成国家自然科学基金项目。她在参加国际电镜会议后受到美国密西根大学电镜中心主任 Mansfield 的邀请进行合作研究一段时间。她就带了我们的样品，在美国密西根大学电镜中心用当时在国内还很少有的超高压高分辨电镜做出了这两种重要析出相的微观分析形貌及其晶体学关系。当时在 20 世纪 90 年代，无论在国内还是在国外，我们宏观与微观相结合的学术报告都得到高温合金界和电镜同行的赞赏。这项研究成果我们还共同赴中国台湾参加 2001 年第一届海峡两岸工程材料交流会议，她在会上作了学术报告，引起台湾同行的关注。

在我们俩共同工作奋斗之际，我们的长子谢平受教育部推荐作为国内的

谢锡善与陈梦谛与正在成长的孙子、孙女和外孙们

2013 年，谢锡善、陈梦谪与儿子谢平、长孙谢皓明

2013 年，与儿子谢平、女儿谢伟、长孙谢皓明一起在北京的家中

2013 年夏天，与孙子、孙女在北京家中

2015 年，与两个外孙、一个小孙女在一起

优等生直接赴美国密西根大学攻读博士学位。女儿谢伟在清华大学毕业后，亦赴美国攻读学位。我和陈梦谛在学校互相支持，互相努力下完满地完成了教学科研的任务。

由于女同志退休年龄早，在 1988 年她退休同时获得教授的职称。实际上开始时亦是退而不休，她受郭可信院士邀请在中国科学院物理所的国家电镜中心帮助郭先生主持电镜实验室的工作，作为特聘教授。这也给我们的研究生提供了一些良好的条件，我们带的研究生就是在郭先生的实验室做出了很好的工作。不仅如此，由于我们业务专业一致，只不过我偏重材料工程，她是在材料物理领域，特别是运用电镜技术揭露微观世界的奥妙。这正是宏观和微观的一个良好配合。为此，我们有机会一起出席国际学术交流会议和出国考察。记得 2012 年赴日本参加国际蠕变会议之际，我受中国动力工程学会和中国特钢协会委托组织钢厂、锅炉厂和研究单位一行九人，在会后考察日本超超临界电站材料的研发。在一次我们内部技术讨论时，她说："我原来对老谢东奔西跑是不支持的，或者说是拖后腿的，通过实地考察，觉得

2015 年，谢锡善和陈梦谛共同赴厂开发新型高温材料

2010 年，谢锡善和陈梦谛共赴国际会议促进学术交流

研发超超临界电站新材料很有意义，所以我还是和大家一样支持他。"她的这一席话对我不仅是支持，而且也是鼓励。此后在我下厂或是与研究单位共同商讨研究内容和工作进展时，她总是陪同我一起工作，和我一起来实现"开发具有中国自主知识产权的用于超超临界电站的新型奥氏体耐热钢和镍基高温合金"。我想我的这个"高温材料的中国梦"不仅有外界工厂和研究所的支持，也有我家庭的鼓励，这就更使我鼓足勇气为实现我的"高温材料中国梦"而努力！有人问我什么是幸福，我就说"身体健康，家庭美满，事业有成就是'幸福'"。我和陈梦谛组成美满家庭，相约共度幸福生活。

谢锡善、陈梦谪互相扶持、互相帮助，共同攀登科学技术的高峰

相敬相爱的好夫妻

2012 年，谢锡善、陈梦谪共同欢度母校六十周年校庆

賀謝錫善八十華誕暨善陳夢諦伉儷鑽石婚慶闔家歡樂

2015 年 7 月，谢锡善八十大寿，谢家兄弟姐妹和儿孙在沪团聚

附记（四）
和睦邻里，互帮互助

俗话说"远亲不如近邻"，我们在京可以说是举目无亲。1966年我们搬进了钢院十六斋筒子楼，虽然各家已有孩子也仅能住一间16平方米的房子，六家邻居合用一个公共厨房，整个走廊十多家公用一个水房和厕所，虽是拥挤，但倒也是和睦相处，其乐融融。

当时我们家、机械学院的胡正寰和于雪子、秦本一和陈力、压加的徐文海和盛囊以及物化的王光雍和许凤珍这五家住房紧挨，每天做饭都在一个厨房，孩子们上课也都在钢院，无论大人和孩子们都是互相走动，甚是亲密。

2015年10月十六斋老邻居欢聚我家畅谈友情

　　1976年唐山大地震后为了安全而临时住在大操场上，冬天来临，天气寒冷，大家动手挖了个半人深的壕坑，上面搭一个席棚，下面铺上床板，大家一个挨一个"紧密团结"地熬过冬天。

　　这样患难与共的老邻居，现在虽然都搬进了各自的新住房，但大家仍然互相走动，感情很深；孩子们大了，出国的出国，工作的工作，都很有出息。我们五家十个大人每年轮流做庄会聚一次。2016年秦本一和陈力从加拿大回来和大家团聚（见照片）。现在孩子们都长大成人成家，他们仍找机会从国内外四面八方会聚京城，共叙友情。

2016年10月钢院十六斋五十年老邻居金秋团聚

附记（五） 媒体报道

著名耐热钢及高温合金专家——谢锡善

谢锡善，1935年出生，浙江慈溪人。北京科技大学材料科学与工程学院教授、博士生导师。1956年北京钢铁学院毕业；1961年在捷克奥斯脱拉伐矿冶大学获副博士学位。1979-1981年赴美国哥伦比亚大学做访问学者。曾任北京钢铁学院高温合金教研室主任，北京科技大学高温合金研究室主任，北京科技大学研究生院副院长，兼任中国金属学会常务理事，中国材料研究学会和中国机械工程学会理事。现为中国机械工程学会材料学会名誉理事长，高温材料及强度委员会荣誉主任，中国金属学会荣誉会员，国家特殊津贴获得者和冶金部突出贡献专家。

1961年起，谢锡善教授始终从事耐热钢及高温合金的科研以及材料强韧化和断裂以致失效的分析和改进研究。历年来主持并进行了：铁基高温合金研究、微量元素在高温合金中的作用、高温合金力学冶金、高温合金强韧化、烟气轮机用高温合金大涡轮盘研制、新机种用GH169合金及粉末高温合金涡轮盘的研究，改善大型锻件（涡轮盘）热加工工艺及提高综合性能研究、高温合金表面合金化、高温合金强韧化机理以及高温部件长期运行中的稳定性及寿命估算研究等。还主持了多项国家、部委重点以及国家自然科学基金和"863"高技术课题，还有和美、法、日、印、韩以及巴西等国的国际合作课题。近年来又致力于将高温合金应用于超超临界电站材料的研究与开发颇有建树。合著出版《高温合金学》（冶金工业出版社，1988年）、《GH132合金》（国防工业出版社，1986年）、《物理冶金进展评论》（冶金工业出版社，1985年）、《中国工程硕士专业学位研究》（高等教育出版社，2000年）等著作，在中外期刊上发表论文250余篇。曾获国家科技进步二等奖、三等奖和国家发明四等奖各一项，冶金部及国家教委科技进步一等奖4项以及其他奖励共计21项，1993年获冶金部有突出贡献专家称号。指导硕士研究生25名，博士生22名，博士后5名。

引领中国的时代骄子

YIN LING ZHONG GUO DE SHI DAI JIAO ZI

他是师者，每日三尺讲台，他更是优秀的高温合金领域专家。他做的事业就是在搭建事物大框架的基础上，系统观念、细化工作、求真务实、坚持到底。他不拒绝工作中的细微小事，注重细节，只要时间条件允许，从来都事必躬亲。我们回首人类辉煌，纵观古往今来的艺术大师、科学巨人，能成就一番大作为者，又有哪位不是格外专注工作的细节呢？而今，正是这一桩一件具体的工作案例、学术成绩成就今天的北京科技大学谢锡善教授。

北京科技大学谢锡善教授

谢锡善，1935年生，浙江慈溪人，北京科技大学材料科学与工程学院教授、博士生导师。1956年北京钢铁学院毕业；1961年在捷克奥斯脱拉伐矿冶大学获副博士学位。1979-1981年赴美国哥伦比亚大学做访问学者。曾任北京钢铁学院高温合金教研室主任，北京科技大学高温合金研究室主任，北京科技大学研究生院副院长，兼任中国金属学会常务理事，中国材料研究学会和中国机械工程学会理事。现为中国机械工程学会材料学会名誉理事，高温材料及强度委员会荣誉主任，中国金属学会荣誉会员。是国家特殊津贴获得者和冶金部突出贡献专家。

1956年从北京钢铁学院毕业，谢锡善就远赴捷克奥斯脱拉伐矿冶大学，努力钻研冶金技术。1961年，谢锡善获得了副博士学位，学成回国，正好赶上前苏联撕毁与中国的友好条约，不提供给中国作为航空发动机的高温合金材料。为此，在当时基础相当薄弱的中国高温合金领域里，谢锡善等高温合金专家感到重任在肩，为国奉献。从1961年起，谢锡善教授始终从事耐热钢及高温合金的科研以及材料强韧化和断裂以致失效的分析和改进研究。历年来主持并进行了：铁基高温合金研究、微量元素在高温合金中的作用、高温合金力学冶金、高温合金强韧化、烟气轮机用高温合金大涡轮盘研制、新机种用GH169合金及粉末高温合金涡轮盘的研究，改善大型锻件（涡轮盘）热加工工艺及提高综合性能研究、高温合金表面合金化、高温合金强韧化机理以及高温部件长期运行中的稳定性及寿命估算研究等。还主持了多项国家、部委重点以及国家自然科学基金和"863"高技术课题，还有和美、法、日、印、韩以及巴西等国的国际合作课题。1979年至1981年，谢锡善作为高级访问学者去美国

哥伦比亚大学做研究工作。中美关系正常化后，作为高温合金领域中较早一批去美国高访的学者，谢锡善收获的不仅是更加广阔的学术视野，更重要的是和代表着世界领先水平的美国高温合金界建立了重要的学术交流联系。通过这种交流，谢锡善代表中方与美国高温合金专家一起主持并组织了十一届中型和大型的高温合金国际学术研讨会，为提高我国在该领域的科研水平和学术影响起到了重要的借鉴和促进作用。

谢教授将力学冶金、物理冶金和化学冶金相结合，以系统研究高温合金强韧化为目的发展和改进合金；研究镁微合金化，在我国航空发动机的涡轮盘材料GH36、GH33A和GH169中得到应用并取得成效；1980年谢锡善及其合作者发表在美国第四届国际高温合金会议上的"铁基高温合金中μ相和σ相引起的晶界脆化"论文，被评为大会唯一的最佳论文而获国际奖励；也首次在国际上提出高温蠕变和疲劳交互作用断裂特征图，并对航空和动力工业中一系列涡轮盘材料进行评估，分析涡轮盘高温缺口敏感性问题；研究γ'和γ''复合析出强化来提高GH169型合金的组织稳定性，为合金提高使用温度提供途径；研发铁基GH132和镍基锻盘大型化、系列化，并在我国烟汽轮机系列中得到应用，取得了显著的经济和社会效益。近年来又致力于将高温合金应用于超超临界电站材料的研究与开发颇有建树。

他认为，高温合金在国民经济建设中的地位举足轻重，随着中国国民经济的持续高速发展，对高温和耐腐蚀合金的需求不断扩大，为此，中国的高温合金领域的发展还应该继续加大科研力度和政策支持，提高高温合金和耐蚀合金的工艺水平和合金质量，以满足各个领域对各类合金日益增长的需求。

谢教授合著出版《高温合金学》（冶金工业出版社，1988年）、《GH132合金》（国防工业出版社，1986年）、《物理冶金进展评论》（冶金工业出版社，1985年）、《中国工程硕士专业学位研究》（高等教育出版社，2000年）等著作，在中外期刊上发表论文350余篇。曾获国家科技进步二等奖、三等奖和国家发明四等奖各一项。冶金部和国家教委科技进步一等奖4项以及其他奖励共计21项，1992年起获国务院特殊津贴。1993年获冶金部有突出贡献专家称号。谢锡善指导硕士研究生25名，博士生22名，博士后5名。

面容清癯、言语缜密、内心坚定，这是一位纯粹的学者、师者和理想主义者，是把科研和教学工作融入到血脉当中的人。作为一名世界著名科学家，虽然成绩斐然却于平实、平凡的工作中展现着他身上与众不同的、朴素的学者风范与气质。且持梦笸书奇景，日破云涛万里红。我们有理由相信在谢锡善教授这样一批学者的共同努力下，我国高温合金领域的明天将是一片更广阔的天地。

迈向世界的中国科技

科研潜行万里路 矢志合金一世情

——记著名高温合金专家谢锡善教授

谢锡善教授

眼前的这位老人，面带和善真诚的微笑、谈吐机敏睿智；从内而外散发出的是一种学者般儒雅豁达的气度；神采飞扬、精神矍铄，根本看不出已是年逾古稀的人了。

这位老人就是谢锡善，北京科技大学材料科学与工程学院教授、博士生导师，中国科学院金属研究所高温合金研究室兼职研究员，宝钢特钢特聘兼职研究员，知名高温合金专家，政府特殊津贴获得者和冶金部突出贡献专家。

在北京科技大学主楼的一个会议室，我们走近这位高温合金专家，也走进了他的科研、他的人生。

峥嵘岁月 上下求索

谢锡善每段求学经历都或多或少地留下了时代的印痕。新中国刚成立不久，国家号召青年学习重工业，谢锡善选择了北京钢铁学院；1956年北京钢铁学院毕业，为了响应国家"向科学进军"的号召，谢锡善就坐上了一列开往欧洲各社会主义国家的留学生专列。和谢锡善一样，满满一火车的学生都是抱着学习国外先进科学技术、报效祖国的梦想而远赴海外的。

这辆留学生专列途经莫斯科，在当地换乘用餐的时候，谢锡善被原苏联当时富足的物质生活条件深深地震撼了——餐厅里面包白吃，牛奶充足。而这在当时还贫穷的祖国，无论如何都是不敢想的景象。在震撼的同时，谢锡善也深深体会到了祖国的落后和差距。我想，正是这种真切的感受，深深地刺激了谢锡善，也成为了他后来在艰苦的学习条件中刻苦自励、奋斗不息的源动力。

坐了整整13天的火车，谢锡善终于到达了他的留学地——捷克奥斯脱拉伐矿冶大学。对于多数留学生来说，首先要克服的是语言问题，谢锡善也不例外。

刚去的那几天，他们只被教会了一句捷文来应急："我不会捷语。""用捷语说我不会捷语，都没人相信，"谢锡善笑着说。为了尽快克服语言障碍，经过三个月的捷语短训班后，谢锡善被导师建议去工厂和研究所实习，一方面做技术调研同时学习活的捷语。

语言过了关，谢锡善随即通过专业考试获得了研究生资格后，去了捷克布拉格钢铁研究所做学位论文的研究。谢锡善说："这种教学培养模式非常注重理论与实践相结合，非常有利于培养独立思考和自己动手解决问题的能力。"在布拉格钢铁研究所里，谢锡善调侃着说："除了不会炼钢外，几乎什么事都要自己做。"所以在钢铁研究所学习的几年"相当艰苦、非常累"。在实践中琢磨、探索，在实践中学习、提高，这是一种行之有效的学习方法，谢锡善说："累是累点，但这5年时间得到了太多的锻炼。"

1961年谢锡善获得了学位，学成回国，正赶上苏联撕毁了与中国的友好条约，不提供给中国为制造航空发动机的高温合金材料。为此，在当时基础相当薄弱的中国高温合金领域里，掌握了专业技术的谢锡善和中国高温合金领域的其他专家们共同担负起发展我国自己高温合金的重任，为增强国防的军事工业作出贡献。

从1961年开始，谢锡善开始了他高温合金的教学和实践工作。为培养更多的高温合金领域的人才，为提高高温合金的科技研发水平，不管是教学还是科研，谢锡善始终把高温合金作为他钟爱一生的事业，勤勤勉勉，兢兢业业。

兢兢业业 成果丰硕

2004年谢锡善率高温合金代表团访问GE航空发动机公司

谢锡善与高温合金委员会同仁们恭祝师昌绪院士健康长寿

在高温合金的科研道路上，谢锡善一路走来，勤勉认真、坚持不懈，为高温合金的发展作出了重大贡献。

从1961年参加高温合金工作半个世纪以来，谢锡善把力学冶金、物理冶金和化学冶金相结合，以系统研究高温合金强韧化为目的发展和改善合金性能；他研究的镁微合金化，取得成功，在我国航空发动机的涡轮盘材料GH2036、GH4133和GH4169中得到应用并取得显著成效；1980年在美国与合作者共同发表在第四届国际高温合金会议上的"铁基高温合金中μ相和σ相引起的晶界脆化"论文，被评为大会唯一的最佳论文而获国际奖励，为祖国赢得了荣誉；首次在国际上提出高温蠕变和疲劳交互作用断裂特征图，并对航空和动力工业中一系列涡轮盘材料进行评估，系统地研究了涡轮盘材料在接近使用条件下的力学行为，分析了涡轮盘高温缺口敏感性问题；研究γ'和η复合析出强化来提高GH4169型合金的组织稳定性，为该合金提高使用温度提供了新的途径；研究和发展了铁基GH2132和镍基GH864涡轮盘大型化、系列化，并在我国中石油和中石化系统的烟气轮机系列中得到广泛应用，取得了巨大的经济和社会效益。近年来又针对先进航空发动机中粉末涡轮盘和超高强度钢中夹杂物的微观行为以及超超临界电站高温材料研发进行国际合作研究，取得了卓著成果并引起了国际同行的重视。

采访中谢锡善一直强调，所取得的成就都是他和他同事们共同努力的结果。但是我们仍然可以从谢锡善的履历里看到他一生辛勤努力的结晶。

谢锡善长期从事高温合金及耐热钢的研究，历年来主持并进行了：铁基高温合金研究、微量元素在高温合金中的作用、高温合金力学冶金、高温合金强韧化、烟气轮机用高温合金大涡轮盘系列化研制、新机种用GH4169合金及粉末高温合金涡轮盘的研究，改善大型锻件（涡轮盘）热加工工艺及提高综合性能的研究、高温合金表面合金化、高温合金强化机理、高温部件长期运行中的稳定性及寿命估算以及超超临

界电站先进高温材料的研究等。谢锡善还主持和参与了多项国家、部委重点以及国家自然科学基金、"863"高技术课题，和美、法、日、巴西、印度以及韩国等国际合作课题。

努力认真总会获得回报，一项项奖励都是对谢锡善踏实认真工作的肯定：国家科技进步二等奖、三等奖和国家发明四等奖各一项；冶金部及国家教委科技进步一等奖4项以及其它奖励共计21项，1992年起获国务院特殊津贴；1993年获冶金部有突出贡献专家称号。

在北京科技大学，谢锡善多年来一直奋斗在科研和教学工作的一线，曾任北京科技大学研究生院常务副院长8年；自1981年以来指导硕士研究生25名，博士生22名，博士后4名。

谢锡善在高温合金科研工作中笔耕不辍，长期以来在中外期刊上发表论文250余篇。经联机检索SCI，有71篇被收录，88篇被引用371次；联机检索EI，有141篇被收入；联机检索ISTP，有43篇被收录。

谢锡善出版的合著（译）书籍有：1、高温合金学（冶金工业出版社）1988年；2、GH132合金（国防工业出版社）1986年；3、物理冶金进展评论（冶金工业出版社）1985年；4、合金及显微结构设计（冶金工业出版社）1985年；5、中国工程硕士专业学位研究（谢锡善主编）高等教育出版社 2000年。

交流互访　情系合金

1979年—1981年，谢锡善作为高级访问学者去美国哥伦比亚大学。中美关系正常化后，作为高温合金领域里较早一批去美国高访的学者，谢锡善收获到的不仅是更加开放的学术视野，更重要的是和代表着世界领先水平的美国高温合金界建立了重要的学术交流联系。通过这种联系渠道，谢锡善代表中方与美方高

2006年谢锡善与胡壮麒院士在加拿大国际会议上探讨学术问题

迈向世界的中国科技 China Science and Technology Entering the World

2009年谢锡善访问法国Aubert&Duval锻造厂

温合金专家一道主持并组织了十一届中型和大型的高温合金国际学术研讨会，为提高我国在该领域的科研水平和学术地位起到了重要的借鉴和促进作用。

数十年来，除了北美洲的美国和加拿大，谢锡善还和欧洲的一些国家（法国、德国、瑞典、丹麦、意大利、荷兰）、南美的巴西以及亚洲的印度、日本和韩国都建立了良好的学术交流关系。交流可以认识差距，可以取长补短，可以吸收借鉴。可以说，正是有了像谢锡善这样一批高温合金领域里的积极参与者，我国高温合金领域才能在短短50多年的发展中取得如此骄人的成绩（目前只有少数几个国家的高温合金形成了材料体系，而我国就是其中之一）。

如今，我国的高温合金确实取得了很大的进步，但谢锡善认为，虽然我国现在的高温合金在种类上并不少，但是与先进的国际水平相比，我国的高温合金在工艺上和质量上还都有差距，可以说是"大而不强"。

谢锡善认为，高温合金在国民经济建设中的地位举足轻重，随着中国国民经济持续高速发展，除了国防军工外，在民用航空、交通运输、电力、石油、化工、尤其是在一些民用工业中对高温和耐蚀合金的需求不断扩大。为此，对于我国高温合金领域的发展还应该加大科研力度和政策支持。

科研路，无止境。谢锡善认为，我国现在仍要提升高温合金和耐蚀合金的工艺水平和合金质量，以满足各个领域里对各类合金日益增长的需求，高温合金材料在国际市场上竞争非常大，应该加大我国自己的独创性。

面对国外市场的竞争，谢锡善说："竞争是合理的，竞争有利于发展；竞争是个机遇也是压力。"

谢锡善觉得，数十年来在这个领域积攒下来的知识和经验仍可以为高温合金做点什么。目前，谢锡善还但任诸多社会职务：中国机械工程学会材料学会名誉主任委员和高温材料及强度委员会荣誉主任委员、

中国动力工程学会高温材料委员会副主任委员、中国金属学会外事委员会副主任委员、国际矿物、金属、材料联合会（IOMMMS）常务理事。

这个年逾古稀的老人在接受采访的期间，不时地被工作上的事打断。虽然年龄大了，但谢锡善仍不舍得放下这个他一生都在从事的高温合金事业。莫道桑榆晚，为霞尚满天，如今，谢锡善还在为培育学生、为科技研发、为学术交流而奔走忙碌。

专家档案

2009年谢锡善访问柏林

谢锡善，男，1935年生，浙江慈溪人，知名高温合金专家，政府特殊津贴获得者和冶金部突出贡献专家。北京科技大学材料科学与工程学院教授、博士生导师。

1952-1956年，北京钢铁学院获学士学位；1956-1961年，捷克奥斯脱拉伐矿冶大学，获副博士学位。谢锡善-工作简历：1961-1976年，北京钢铁学院，高温合金实验室副主任、主任；1977-1979年，北京钢铁学院，高温合金教研室副主任；1979-1981年，美国哥伦比亚大学，访问学者；1981-1990年，北京科技大学，高温合金教研室副主任、主任；1990-1997年，北京科技大学，研究生院常务副院长；1998-2001年，北京科技大学高温材料研究室主任。

谢锡善-兼职情况：1991-2005年，中国金属学会常务理事；1991-1995年中国材料研究学会理事；2000-2005年，中国机械工程学会理事；1996-2000年中国机械工程学会高温强度委员会主任委员；2000-2005年中国机械工程学会材料分会主任委员。现为中国科学院金属研究所高温合金研究室兼职研究员、宝钢特钢特聘兼职研究员、上海电站装备材料与大型铸锻件攻关联合体顾问兼专家。中国机械工程学会材料学会名誉理事长、高温材料及强度委员会荣誉主任委员、中国动力工程学会材料分会副主任委员、国际材料联合会（IOMMMS）常务理事，中国金属学会荣誉会员和中国机械工程学会荣誉理事。迈

30　编辑/胡月　美编/付晓亮　2014年6月13日　星期五

特别关注

科技文摘报

此身虽老壮志存

——记北京科技大学谢锡善教授

谢锡善在工作室

高温合金又称热强合金、耐热合金或超合金，它是可以在600～1200℃氧化和燃气腐蚀条件下承受复杂应力、长期可靠工作的一类金属材料。高温合金的研究始于20世纪50年代末，到现在已经形成自己的合金体系。目前我国高温合金牌号和品种很多，变形高温合金有80多个牌号，铸造高温合金有70多个牌号。它们广泛用作燃气（涡轮）发动机的高温承载部件，如：涡轮盘、涡轮工作叶片、涡轮导向叶片、燃烧室和加力燃烧室等等部件材料。总体来看，现在我国的高温合金已基本形成自己的体系和研发生产基地。虽然与发达国家相比还有不足之处，但已经形成了自己独立的生产体系。有了一大批高温合金方面的研究专家，谢锡善教授就是其中的一位。

谢锡善，北京科技大学材料科学与工程学院教授、博士生导师。男，1935年出生，浙江嘉溪人。1956年北京钢铁学院本科毕业。1961年在捷克奥斯特拉伐矿冶大学获副博士学位。1979年至1981年赴美国匹兹堡大学作访问学者，曾任北京钢铁学院高温合金教研室主任，北京科技大学研究生院副院长，兼任中国金学会常务理事、中国材料科学学会理事、国家机械工程学会理事，现为中国钢学会委员会会员，兼任外事工作委员会副主任委员、中国机械工程学会材料学会名誉理事长、高温疲劳委员会委员主任委员、中国动力工程学会材料分会副主任委员、国际材料协会(IOMMMS)常务理事、中国科学院金属所高温合金课题研究员、宝钢特钢特聘研究员、上海电站装备材料与大型铸锻件及其复合钢材专家、知名高温合金专家、是国家特别贡献获得者和冶金新突出贡献者。

建国之初，国家百废待兴，谢锡善响应国家的号召，选择了北京钢铁学院。1956年，谢锡善从北京钢铁学院毕业，踏上了去捷克奥斯特拉伐矿冶大学的路程，攻读副博士学位。

在捷克，经过三个月的捷语短期培训，谢锡善便师从国内的建议去工厂和研究所实习，自己做实验。在通过了语言关之后，谢锡善随即通过了专业考试获得了研究生资格，前往捷克布拉格钢铁研究所做学位论文研究。这些来的教学研究模式是重理论与实践相结合，非常有利于培养独立思考和动手解决问题的能力。这让谢锡善养成了理论与实践相结合很好的锻炼。

展，取得诸大成绩，目前世界上只有少数几个国家建立了独立的高温合金材料体系，而我国就处其中之一。

自1961年回国后，谢锡善教授的终生奉献热制及变形高温合金的工作以及高温材料强韧化和断裂以救失效的分析和改进研究。历年来主持并进行了：铁基高温合金研究、微量元素在高温合金中的作用、高温合金力学冶金、高温合金强韧化、烟（轮机用高温合金大涡轮盘研制、新机种用GH69合金及粉末高温合金涡轮盘的研究、改善大型锻件（涡轮盘）热加工工艺及提高综合性能研究、高温合金表面合金化、高温合金强韧化机理以及高温部件长期运行中的组织稳定性与寿命估算研究等。还主持和参与了多项国家、部委重点、国家自然科学基金、"863"高科技课题，和美、法、日、印度、巴西以及韩国等国际合作课题。

谢教授将力学冶金、物理冶金和化学冶金相结合，以系统研究高温合金强韧化为目的发展和改善合金性能，研究强化合金化，在我国航空发动机的涡轮盘材料GH136、GH133A和GH169中得到应用并取得成效。1980年，谢锡善及其合作者发表在第四届国际高温会议上的"铁基高温合金

料。为此，谢锡善等高温合金技术专家感到重任在肩，共同进入当时基础和高需求的中国高温合金研制奋斗拼搏。此时，谢锡善开始了在高温合金领域的教学与科研工作，为了培养更多的高温合金人才，提高中国高温合金的研发水平，他始终勤勉敬业，在高温合金领域做出了巨大的贡献。

数十年来，除了美国和加拿大，谢锡善还和欧洲的许多国家，如英国、德国、瑞典、丹麦、意大利、西"等、南美的巴西以及亚洲的印度、日本和韩国都建立良好的学术交流关系。在交流中认识取短，取长补短，吸收并借鉴国外的先进经验。他是高温合金领域中较早一批去美国高访的学者，谢锡善致使的不仅是更加开阔的学术视野，更重要的是和代表着世界领先水平的美国高温合金界建立了重要的学术交流联系。通过这种交流，谢锡善代表中方与美国高温合金专家一起主持并组织了一届中型和大型的高温合金国际学术研讨会，为提高我国在该领域的科研水平和学术影响起到了重要的借鉴和促进作用。

可以说，正是由于有一批像谢锡善这样的高温合金专家的努力和付出，中国的高温合金领域才能在短短半个世纪中快速发

国际上提出高温蠕变和疲劳交互作用斯裂特征图，并对航空和动力工业中系列涡轮盘材料进行评估，分析涡轮盘高温缺口敏感性问题。研究γ'和γ"复合析出熟化来提高GH69改型合金的组织稳定性，为该合金提高使用温度提供途径。研发钛基GH132和铁基GH864合金横锻盘大型化系列化，在我国烟（轮机系列中得到应用，取得了巨大的经济和社会效益。近年来又致力于把高温合金应用于超超临界电站材料的研究与开发颇有建树，曾获国家科技进步二等奖、三等奖和冶金发明四等奖各一次，冶金部和国家教委科技进步一等奖4项以及其他奖励共计21项。指导硕士研究生25名，博士生22名，博士后5名。

历年来，谢锡善教授及其同事共同编著出版《高温合金学》（冶金工业出版，1988年）、《GH132合金》（国防工业出版社，1986年）、《物理冶金进展评论》、《中国工程硕士专业学位研究》（谢锡善主编，高等教育出版社 2000年）等多部专著，在中外期刊上发表论文350余篇，为中国高温合金的发展提供了学术基础和研究方向。

如今，我国在高温合金领域确实取得了很大的进展和成绩，但与发达国家相比还存在一定的差距，主要表现在仿制系面品种创新少；在纯净度I材料的冶金质量尚未平稳低；对于一些特殊合金、规格特殊的材料，因为缺少小批量生产基地面临以生产，往往只能依赖山国制给生产或外购，缺少供货渠道。这不同给周期增加了难度，前且提高了难度。另外，我国高温合金的原材料成本高，一般来说靠于国外原材料价格，这些现状都是我国的高温合金发展所面临的问题。

谢锡善教授认为，高温合金在国民经济建设中的地位举足轻重，随着我国国民经济的持续高速发展，对高温和耐蚀合金的需求将不断扩大。为此，中国高温合金领域的发展应该继续加大科研力度和政策支持，提高高温合金和耐蚀合金的工艺水平和合金质量，以满足国民经济各个领域对各类合金日益增长的需求。

此身虽老，壮志犹存，谢锡善教授将自己一生交付给了高温合金领域，而今依然没有改变最初的志向，让我们向他，向那些奋斗在中国科技前沿的人们致以最崇高的敬意。

（本报综合）

2012年谢锡善在600℃～700℃先进超超临界发电技术研究和应用国际论坛上致辞造报告

2011年谢锡善率高温合金代表团访问美国GE航空发动机公司

科技创新智库与国际合作

● 人类社会的进步，离不开世界各国彼此间的融合与交流，科技领域的整体向前发展更是如此。对于中国这个起步晚且起点低的发展中的国家而言，科技的点滴进步更是离不开与先进国家的交流和合作。毋庸置疑，祖国的发展离不开这些有着留学经历并始终与发达国家保持着良好合作关系的科学家们，他们是中国科技可持续发展的力量所在，也是沟通中国与世界的坚固桥梁。

● 回顾过去几十年间，一穷二白的中国，正是在一代又一代踏实奋进、坚韧执着科学家们的共同努力下，才有了今天的繁荣昌盛。他们或漂洋过海求学他乡，或扎根一方矢志无悔，但无论如何，他们没有忘记自己是中国人，是他们用青春和热血浇灌出了科技之花的绽放，是他们用智识和眼界成就了中国的未来。

● 我们应该感谢他们，他们用百折不挠的毅力与顽强拼搏的精神，将彼岸的先进技术和理念带回祖国，再用他们的灵敏和睿智让其生根发芽；在伴随着祖国强大的同时，他们又不断地培育出了一批又一批的中坚力量；他们把宝贵的经历和深厚的专业积淀化作人梯，帮扶起的除了自强自立的科技事业，还有中华民族顽强向上、不屈不挠的脊梁！

智识见证成长　　执着谱写精彩

——记著名高温合金专家、北京科技大学谢锡善教授

高温合金是指以铁、镍、钴为基，能在600℃以上的高温及一定应力作用下长期工作的一类金属材料，具有较高的高温强度，良好的抗氧化和抗腐蚀性能，良好的疲劳性能、断裂韧性等综合性能。基于这些性能特点，高温合金有着广泛的用途和极其重要的战略价值，在航空、航天、兵器、石油、化工、舰船、核能中有着重要的地位。

中国在高温材料领域的科技发展，经历了一个从学习、引进到自立自强，再到交流融合并不断创新跨越的发展历程。虽然我国科技的进步主要来自于我们自身，但从某种意义来说，科技并无国界，虽然新中国的科学技术经历着发达国家的各种封锁，但仍然可以从我们成长的足迹中，感受到来自先进国家的影响——我们会派出留学生，我们会引进先进技术，我们会有合作交流，正是这些融合学习的过程里，我们的科技始终在进步着。

见证科技成长、引领科技进步，离不开这些学习到先进知识并献身于科技事业的每一个人，他们汲取了世界最先进的科技知识谱写着中国科技的精彩。在

我国材料科研事业的发展中，高温合金专家谢锡善就是这些谱写精彩的人当中的其中一个，他响应号召漂洋留学，克服重重困难学习先进知识，抱着满腔热情归国奉献，坚守科技事业创新不息，著书立说培育人才，积极交流促进发展——慎思笃行、勤勉认真的谢

谢锡善（右1）2012年在美国第十二届国际高温合金会议上
与美国金属学会主席交流

1960年谢锡善在捷克参加国际耐热钢会议

锡善伴随着中国高温科技事业一路走来一路高歌。如今，仍一如既往地活跃在科技的舞台上，仍在为促进国际学术交流而奔波忙碌着。

积极交流互访　促进合金科技进步

2012年3月在美国参加矿物、材料学会年会，5月又带团参加国际会议之际专访日本冶金厂研究院，并了解日本在产品中用高温合金的进展；9月又要赴美参加第十二届国际高温合金会议会后专访有关高温合金生产厂，航空发动机厂，高校以及研究单位与美国航空动力工业用高温合金进展。

谢老虽然已经年逾古稀，但仍在不停地像这样为我国的科技事业忙碌着。谢老坦言，正是在与国外学术交流活动中，我们才能适应世界高温合金材料发展趋势，从而推动我国军用和民用领域高温合金材料的生产与使用，同时还对利用境外科技资源发展中国高温合金经济市场起到了积极作用。

谢老有着国外留学以及高级访问的经历，所以他非常注重国际交流，而国外的经历也给了他得天独厚的便利条件及丰富的人脉资源。可以说，除了在科学技术本身上的贡献外，谢老对于高温合金事业的另一大贡献就是国际间的交流了。

早在1979年—1981年，谢锡善作为高级访问学者去美国哥伦比亚大学。中美关系正常化后，作为高温合金领域里较早一批去美国高访的学者，谢锡善收获到的不仅是更加开放的学术视野，更重要的是和代表着世界领先水平的美国高温合金界建立了重要的学术

交流联系。通过这种联系渠道，谢锡善代表中方与美方高温合金专家一道主持并组织了十一届中型和大型的高温合金国际学术研讨会，为提高我国在该领域的科研水平和学术地位起到了重要的借鉴和促进作用。

在即将结束美国的学习和研究、动身回国的前夕，谢锡善教授遇到了他人生中的两个重要的抉择。一次是一个在美国的法国公司请他吃饭，老板是个俄罗斯（当时是苏联）人，也是在美国留学毕业后留在美国的。出于礼貌，谢锡善礼貌地拒绝：“我的老婆孩子在中国。”对方表示可以帮他把老婆孩子接过来，谢锡善说：“国家把我送到这里来学习，我得报答她，所以，我不能不回去。再说，我的根在中国，所以，我必须回去，对不起。”还有一次，一个美国跨国公司的老板找到他说：“你的国家正在发生动乱，你回国也许会被连累，何谈开展科学研究？在这里，我可以给你提供最好的实验室、最好的科研条件还有最优厚的薪资，而且……”这位美国老板又抛出了更大的诱饵，“为了让你安心研究，我们会给你绿卡，你和你的家人都将会成为美国公民。”谢锡善丝毫不为他所动，他平静地说：“感谢你的挽留。我相信动乱终将过去。你的条件很优厚，但我还记得一句话‘科学没有国界，但科学家是有祖国的。’我的祖国在等着我回去。”

数十年来，除了北美洲的美国和加拿大，谢锡善还和欧洲的一些国家（法国、德国、瑞典、丹麦、

1980年谢锡善在美国第四届国际高温合金会议上
获最佳论文奖

科技创新智库与国际合作

2002年谢锡善率团访问台湾有关大学进行学术交流

意大利、荷兰)以及亚洲的印度、日本和韩国都建立了良好的学术交流关系。交流可以认识差距，可以取长补短，可以吸收借鉴。可以说，正是有了像谢锡善这样一批高温合金领域里的积极参与者，我国高温合金领域才能在短短50多年的发展中取得如此骄人的成绩（目前只有少数几个国家的高温合金形成了材料体系，而我国就是其中之一）。

谢老之所以可以在国际交流上作出如此的贡献，是因为谢老有着一段不寻常的求学及科研成长经历。

勤奋上进 自强不息中学成归国

新中国刚成立不久，百废待兴，科技事业尤其是国家的重工业技术更是亟待获得飞速发展。为此，北京钢铁学院毕业的谢锡善和一群抱着学习国外先进科学技术、报效祖国的梦想的青年学子远赴海外，开始了他们艰难而执着的征程。

当时，谢锡善的留学地是捷克奥斯脱拉伐矿冶大学。踏入他乡异域，首先要过的就是语言关。在国内的时候，谢锡善根本就没有学习过捷语，为了尽快克服语言障碍，经过三个月的捷语短训班后，谢锡善被导师建议去工厂和研究所实习，一方面做技术调研，

同时也为了他能在活的捷语氛围中尽快通过语言关。

向来就自强自立的谢锡善，很快就把语言这个难关克服了。接着他通过专业考试获得了研究生资格后，去了捷克布拉格钢铁研究所做学位论文的研究。在这里的实践生活及学习工程，对于谢锡善而言是一次宝贵的经历，一方面他在实践中掌握了扎实的专业技术，一方面也让他得到了切实的历练。谢锡善说，正是在这种实践中的不断琢磨和探索，让他迅速获得了成长。

1961年谢锡善获得了科学技术副博士学位，学成回国，正赶上苏联撕毁了与中国的友好条约，不提供给中国为制造航空发动机的高温合金材料。为此，在当时基础相当薄弱的中国高温合金领域里，掌握了专业技术的谢锡善和中国高温金领域的其他专家们共同担负起发展我国自己高温合金的重任。国外宝贵的留学经历不仅让谢锡善掌握了先进科学技术，更让他学会了自强不息的奋斗精神。所以，他们面对祖国在高温合金领域技术非常落后的境况时，表现出更多的是勇于挑战和开拓的大无畏气魄。

技术可以落后，但精神和气魄不能输。谢锡善和众多科学家一起，利用自己所学的知识，开始了艰苦卓绝的科研征程。他们所取得的点滴成就，都化作了一种力量，奠定了工业及国防军事工业中所需高温合金材料的根基。除此之外，谢锡善还在高温合金的教学工作中为培育高温合金领域的人才而不遗余力。

研精覃思 勤奋中成就硕果累累

谢锡善将满腔热血都倾注在了他所钟爱的高温合金领域，国外留学与国际交流的经历，让谢锡善具备了高远的科技眼界和敏锐的学术视角，这让他在科研探索中不断取得进步，为高温合金领域的科技创新及

发展作出了重大贡献。

从1961年参加高温合金工作半个世纪以来，谢锡善把力学冶金、物理冶金和化学冶金相结合，以系统研究高温合金强韧化为目的发展和改善合金性能；他研究的镁微合金化，取得成功，在我国航空发动机的涡轮盘材料GH2036、GH4133和GH4169中得到应用并取得显著成效；1980年在美国与合作者共同发表在第四届国际高温合金会议上的"铁基高温合金中μ相和σ相引起的晶界脆化"论文，被评为大会唯一的最佳论文而获国际奖励，为祖国赢得了荣誉。

另外，谢锡善教授及其合作者亦首次在国际上提出高温蠕变和疲劳交互作用断裂特征图，并对航空和动力工业中一系列涡轮盘材料进行评估，系统地研究了涡轮盘材料在接近使用条件下的力学行为，分析了涡轮盘高温缺口敏感性问题；研究γ'和γ"复合析出强化来提高GH4169型高温合金的组织稳定，为该合金提高使用温度提供了新的途径；研究和发展了铁基GH2132和镍基GH864涡轮盘大型化、系列化，并在我国中石油和中石化系统的烟汽轮机系列中得到广泛应用，取得了巨大的经济和社会效益。

2012年谢锡善率高温合金代表团访问美国GE航空发动机公司

谢锡善有着非常丰富的高温合金及耐热钢的研究经验，历年来主持并进行了：铁基高温合金研究、微量元素在高温合金中的作用、高温合金力学冶金、高温合金强韧化、烟气轮机用高温合金大涡轮盘系列化研制、新机种用GH4169合金及粉末高温合金涡轮盘的研究，改善大型锻件（涡轮盘）热加工工艺及提高综合性能的研究、高温合金表面合金化、高温合金强化机理、高温部件长期运行中的稳定性及寿命估算以及超超临界电站先进高温材料的研究等。谢锡善还主持和参与了多项国家、部委重点以及国家自然科学重点基金、"863"高技术课题，和美、法、日、印度、韩国以及巴西等国际合作课题。

2011年谢锡善率团访问法国Aubert & Duval锻造厂

2011年谢锡善率团访问德国梯森克虏伯冶金厂

▌▌▌ 科技创新智库与国际合作

2012年谢锡善率团访问日本住友金属公司

2012年谢锡善率团访问美国特殊金属公司

近年来，谢锡善教授又针对先进航空发动机中粉末涡轮盘和超高强度钢中夹杂物的微观行为以及超超临界电站高温材料研发进行国际合作研究，取得了卓著成果并引起了国际同行的重视。

建言献策　心系科研不放弃

如今，我国的高温合金科技确实取得了很大的进步，谢锡善教授认为，虽然我国现在的高温合金在种类上并不少，但与发达国家的水平相比，我国的高温金在工艺上和质量上还都有一定的差距，可以说是"大而不强 多而不精"。

针对我国高温合金的科研现状，谢锡善认为，我国现在仍要提升高温合金和耐蚀合金的工艺水平和合金质量，以满足各个领域里对各类合金日益增长的需求；高温合金材料在国际市场上竞争非常大，应该加大我国自己的独创性。

谢锡善说，高温合金在国民经济建设中的地位举足轻重，随着中国国民经济持续高速发展，除了国防军工外，在民用航空、交通运输、电力、石油、化工、尤其是在一些民用工业中对高温和耐蚀合金的需求不断扩大。为此，对于我国高温合金领域的发展还应该加大科研力度和政策支持。

自2002年从北京科技大学退休后，谢锡善教授更是把目光投向了高温合金、耐热钢以及强度和断裂的国际交流与合作研究。以1979~1981年赴美高访合作研究高温合金以及高温力学冶金课题为契机，他多次赴美、加、德、法、荷、丹麦、瑞士、巴西、日、韩、印度、泰国、新加坡以及中国台湾、香港地区访问和讲学。十多年来，他参加了十余项中—美、中—法、中—韩、中—日等联合课题。参与美国科学院、工程院下述的国家材料咨询委员会组织的有关材料研究与发展全球化课题，并由美国科学院出版了《Globalization of Materials R&D》（材料研究与发展全球化）专著。

如今，作为我国高温合金事业发展的见证者，已经77岁的谢锡善教授仍在时刻关注着高温合金事业，他觉得，数十年来在这个领域积攒下来的知识和经验仍可以为高温合金做点什么。所以，目前他仍但任着诸多社会职务：中国机械工程学会材料学会名誉主任委员和高温材料及强度委员会荣誉主任委员、中国动力工程学会高温材料委员会副主任委员、中国金属学会外事委员会副主任委员、国际矿物、金属、材料联合会（IOMMMS）常务理事。

从谢锡善教授身上，我们看到了老一辈科学家无私奉献的科研精神，也感受到了他们执着无悔的科研热情。他们只有在退而不休的忙碌中，才能感受科学给他们带来的充实感和幸福感，才能感受到自己人生价值无限放大在社会价值当中，才觉得自己活着有意义和价值。

中国有幸，有着这么一批批科技界的精神榜样，在他们言传身教的影响下，科技事业才不断取得巨大进步；中国有幸，有着这么一批奋斗不息的价值典范，在他们潜移默化的感染下，我们民族才不断强大；中国有幸，有着这么一批伟大的科技前辈，在他们魄力非凡的带领下，造就了一代又一代奉献于此的后来者。

书卷流芳　执着中成就科技生涯的厚重

一个成功的科技工作者，不光要有丰富的科研实践，还应该在理论创作上有所影响。早在1980年，谢锡善教授和合作者的论文"铁基高温合金中μ相和σ相引起的晶界脆化"就获得最佳论文的国际奖励，在这种至高无上荣誉不断地激励着谢锡善教授笔耕不辍——长期以来在中外期刊上发表论文250余篇。经联机检索SCI，有76篇被收录，88篇被引用418次；联机检索EI，有154篇被收入；联机检索ISTP，有47篇被收录。

另外，谢锡善教授出版的合著（译）书籍有：1、高温合金学（冶金工业出版社）1988年；2、GH132合金（国防工业出版社）1986年；3、物理冶金进展评论（冶金工业出版社）1985年；4、合金及显微结构设计（冶金工业出版社）1985年；5、中国工程硕士专业学位研究（谢锡善主编）高等教育出版社2000年。

科研实践以及学术理论上的成就也让谢锡善教授不断获得肯定和赞誉：国家科技进步二等奖、三等奖和国家发明四等奖各一项；冶金部及国家教委科技进步一等奖4项以及其它奖励共计21项，1992年起获国务院特殊津贴；1993年获冶金部有突出贡献专家称号。

谢锡善还有一个身份就是教师，并且一直奋斗在教学工作的第一线：1961-1976年，北京钢铁学院，高温合金实验室副主任、主任；1977-1979年，北京钢铁学院，高温合金教研室副主任；1981-1990年，北京科技大学，高温合金教研室副主任、主任；1990-1997年，北京科技大学，研究生院常务副院长；1998-2001年，北京科技大学高温材料研究室主任。自1981年以来，谢锡善教授指导硕士研究生25名，博士生24名，博士后5名，为我国高温合金的教育事业作出了非凡的贡献。

专家简介

谢锡善，1935年生，浙江慈溪人，知名高温合金专家，政府特殊津贴获得者和冶金部突出贡献专家。北京科技大学材料科学与工程学院教授、博士生导师。 1952-1956年，北京钢铁学院本科毕业；1956-1961年，捷克奥斯脱拉伐矿冶大学，获副博士学位。1979-1981年，美国哥伦比亚大学，访问学者。

谢锡善-兼职情况：1991-2005年，中国金属学会常务理事；1991-1995年中国材料研究学会理事；2000-2005年，中国机械工程学会理事；1996-2000年中国机械工程学会高温强度委员会主任委员；2000-2005年中国机械工程学会材料分会主任委员。现为中国科学院金属研究所高温合金研究室兼职研究员、宝钢特钢特聘兼职研究员、上海电站装备材料与大型锻件攻关联合体顾问兼专家。中国机械工程学会材料学会名誉理事长、高温材料及强度委员会荣誉主任委员、中国动力工程学会材料分会副主任委员、国际材料联合会（IOMMMS）常务理事，中国金属学会荣誉会员和中国机械工程学会荣誉理事。

第二篇

思 忆
——众亲朋好友学子回忆

美满家庭

陈梦谪

（谢锡善伉俪）

钻石婚姻，六十余载，恩恩爱爱，喜悦开怀；
儿女成双，毕业清华，赴美深造，服务中华；
八旬余龄，奔波内外，教学科研，成果满载；
儿孙满堂，幸福愉快，携手笑迎，百岁华诞。

谢锡善长孙谢皓明写给爷爷的信

亲爱的爷爷：

首先，祝您生日快乐。在爷爷八十大寿之时，祝您寿比南山！并借此机会表达我对您的思念和热爱！

爷爷一直以来总是尽力关心和照顾我。记得小时候我挺淘气的，经常逗妹妹，有一次下大雨，我在家里无所事事，就一直戏弄妹妹，您假装打我屁股惩罚我，却舍不得打疼我。每次暑假回京探望您和奶奶时，您总是尽一切可能让我舒适快乐。今年在密西根的第一个冬天，您怕我会冻着，尽管我一直让父亲转告您，我已有足够的冬装，您还是坚持让他带些过来。虽然我不需要，但我能感受您对我的关心和牵挂，谢谢爷爷。我也记得您和奶奶陪我逛过北京的很多地方及我们在一起的美好时光，我爱你们。还记得您来美国探望我们时，我经常做功课到深夜，您不顾一天的疲劳陪着我，让我深切体会到您的爱！我将珍藏这所有的美好回忆以及将来更多在一起的美好时光。我永远爱您和奶奶！

再次祝愿您生日快乐！记得寄照片哦。

爱您的孙子谢皓明

谢锡善长孙女李皓月写给爷爷的信

亲爱的爷爷：

　　八十寿辰快乐！您是我心中的榜样。等我自己到了当奶奶的时候，我多么希望能像您一样的慈祥和亲切，智慧和博学，幸福和健康！我期望我也能给我的孙儿们留下难忘的记忆，正如我心中永远珍藏的对您的美好回忆……

　　与爷爷在一起度过的快乐时光一直是我童年时代难以忘怀的经历。您带着我、哥哥、表弟天天和明明去过许多地方。还记得四岁那年暑假回北京看您和奶奶时，我和哥哥一次次缠着您去科技馆。我们从一个模型小丑巨大的口中进入馆内，我至今记忆犹新。当时走在小丑突出的舌头上，我觉得是世界上最酷的事！我还清楚地记得那张布满几百个钉子的桌子，当时我好害怕和紧张。后来看到哥哥躺上去没事儿，我也小心翼翼地躺上去了。这是我第一次知道了著名的钉桌物理原理，是和您在一起的，我亲爱的爷爷。

　　您为我们做的许多细小的事情一直温暖着我的心。每次您来美国探望我们总是周到地照顾我们。虽然您应该是我们的客人，却总抢着做家务，您为我们做饭，倒垃圾，擦桌子，扫地和洗碗等。每次您来，总是不忘给妈妈、我和哥哥带东西，从瓜子、果冻等各种小吃到睡衣、T-shirt 或者红包，您总是那么贴心周到，想着他人。这也是我期望能从您身上继承的众多优秀品质之一。

　　我非常想念您，希望很快能再见到您，我亲爱的爷爷。

爱您的孙女李皓月

谢锡善大外孙
梁天行（Alex）心中的外公

My grandfather is a smart person. Still a professor when most are retired, worked at Columbia University, works at one of the most prestigious universities in China, father to my ingenious mother, he's smart for sure. That might be a big part of my grandfather's legacy. He's a natural born academic, a scholar, a genius even. The thousands of people that he has met in his life will remember him for his brilliance in science; I will remember his erudition and wisdom. But when my memory starts to fade as I grow older, as I grow up and become a parent, then a grandparent like he, the moment that I'll never forget is the time he taught me discipline.

Discipline really isn't celebrated very often. And to say your grandparent's best trait, the one that went to Tsinghua University and Columbia University, is his ability to teach discipline, seems to be undermining his "real" aptness. But my grandpa taught me in a way that perhaps only my dad could match. A story that I'm sure my parents will always tell, the story that I am always reminded of when thinking of self-control, and the moment that happened many years ago but remains fresh in my mind.

It was the end of a great day as a 5-year-old because every day is a great day for a 5-year-old. Unfortunately, before I could go to sleep I had to take a shower, the worst part of the day that was about to become a whole lot more painful. The shower took a long time to warm up, so my grandpa liked to collect the few minutes of cold water in a small tub he placed on the shower floor. Being energetic and still annoyingly awake at 9:30, I decided my best course of action while waiting would be to run around like a toy whose spring had just gone off, knocking over the almost full tub of cold water all over the already quite slippery bathroom floor. My grandfather was not pleased, to say the least; as I ran around screaming and butt-naked, my grandfather landed the worst spank I had ever received. I don't think his red handprint ever faded.

Although I cried at the time, I'm glad that my grandpa is a man of discipline. Thankfully, instead of dealing out punishment, now my grandfather's hand rests on my back, pushing me forward to become as great of a man as he is. He keeps me humble, respectful, and always conscious of my choices. My brother will tease me forever for the above story, but the year I spent at my grandparent's home in Beijing when I was young (the time when the spanking took place) has greatly influenced my life. I still think of riding to kindergarten on the back of my grandfather's bike sometimes.

The world needs to thank the existence of people like my grandpa. No wonder his surname is Xie.

　　我的外公很聪明。退休后仍然在做教授工作，曾经在哥伦比亚大学和中国最负盛名的大学之一工作，是我聪明的母亲的父亲。他很聪明，这可能是我外公遗产的重要组成部分。他是天生的学者，甚至是天才。他一生中遇到的成千上万的人将会记住他在科学方面的才华；我会记住他的博学和智慧。但是随着年龄的增长，我的记忆开始消退，我长大成为父亲或成为像他一样的外公的时候，我永远不会忘记的是他教我守纪律懂规矩。

　　我的外公以一种可能只有我爸爸才能匹配的方式教会了我守纪律懂规矩。一个故事，我相信我的父母将经常讲述，我总是想起自我控制的故事，以及多年前发生的那一刻，但在我的脑海中记忆犹新。

　　这是一个5岁大孩子的美好一天的结束。在睡觉之前，我必须洗澡，这一天最糟糕的时刻即将变得更加痛苦。淋浴水需要很长时间来预热，所以我的外公喜欢用放在淋浴地板上的小浴缸收集几分钟的冷水。精力充沛的我9点半还没睡，我决定采取最好的行动方式，像上了弹簧的玩具一样四处奔跑，在已经很滑的地方打翻了几乎满满的一浴缸的水。我的四处乱窜已经让我的外公不高兴，我的外公给了我曾经受到过的最糟糕的打击。我认为他的红色手印不会消失。

　　虽然我当时哭了，但我很高兴我的外公是一个讲纪律的人。值得庆幸的是，现在我外公的手放在我的背上，不是处理惩罚，而是推动我前进，变得

像他一样伟大。他让我保持谦虚、尊重，并始终尊重我的选择。我的兄弟会因为上述故事而永远取笑我，但是我年轻时（在打屁股发生的时候）在外公外婆北京的家中度过的那一年对我的生活产生了很大的影响。我仍然想到有时坐在外公的自行车后面去幼儿园。

世界需要感谢像我外公这样的人的存在。难怪他的姓是谢。

活泼可爱的两个小外孙

谢锡善小外孙
梁明鹤（Jeffrey）写给外公的信

Dear Grandpa:

Peering through my head, you have always been the idol of family honor. Knowing you has been one of the greatest things in my life. From when I was just a little waddling baby, you have been the peek proudly resting on mountain of life. Hearing from mom, she would always tell me how great you are, and the amazing things you have achieved in life.

Becoming a professor of China's most profound science school is no easy feat; the endless hours of hard effort carved into the wrinkles of your hands. Grandpa, every time we cross paths, whether it is in the steaming summers of Shanghai, or the harsh blowing winds of Beijing; all those memories have pierced through the hard shell into the softened heart of mine. I remember those times of joy and compassion, where we would be side by side dishing out poker cards, or the moments where we urged ourselves to step out of bed, reaching for the doors to leave early in the morning. The endless photos stacked into your computer is like a precious stone, undefined by time and always staying true to be valuable, memorable of the past we shared.

Grandpa, your undying support, determination, and compassion in this family has become a crucial part of all of our lives, you have become the greatest, the best grandpa I could ever have. Though your presence may not always be near me, your undying legacy will forever go on in this family as an outstanding member of joy, of work, of family.

Happy 80th Birthday Grandpa

Best wishes, Jeffrey

亲爱的外公：

透过我的脑海，你一直是家庭荣誉的偶像。知道你是我生命中最伟大的事情之一。从我只是一个蹒跚走路的婴儿，你已在生命之山最高点。妈妈总会告诉我你有多棒，以及你在生活中取得的惊人成就。

成为中国最优秀的科学学院教授绝非易事；在你的双手皱纹中刻下无尽的努力。外公，每次我们穿越每条小路，无论是在上海炎热的夏天，还是北京狂风的日子；所有这些记忆都穿透了外壳进入我软化的内心。我记得那些欢乐和陪伴的时刻，我们并排打扑克牌，我们敦促自己早起赶到大门坐校车。堆积在你电脑里的无数照片就像一块宝石，时间不确定，永远保持的真实，令我们共享的过去令人难忘。

外公，你在这个家庭中不懈的支持、坚定和陪伴已经成为我们生活中至关重要的一部分，你已成为我所拥有的最伟大、最好的外公。虽然你并不总是在我身边，但你永远是个最杰出的快乐勤劳工作家庭典范。

外公 80 岁生日快乐

祝你好运，杰弗里

两个顽皮有趣的小哥俩

留捷老同学李铁映同志的题词

全国人大常委会

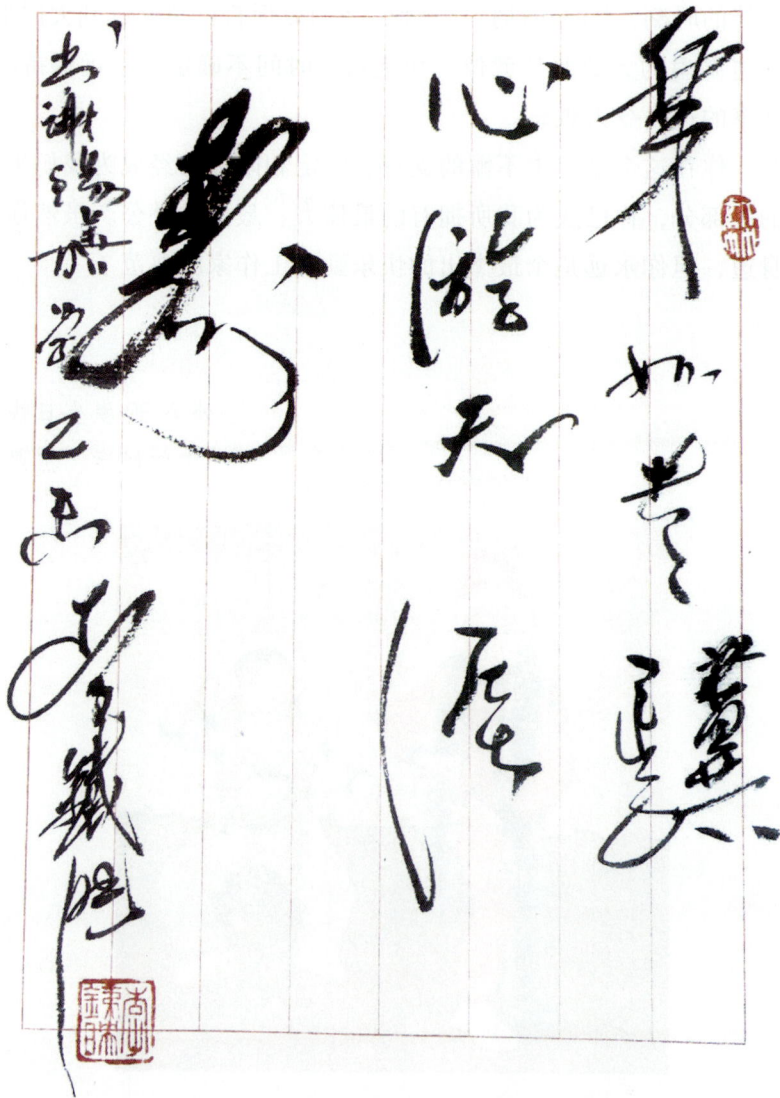

李铁映 摄

2014 年 5 月 24 日 50 年代留捷学生

葛昌纯院士和夏元洛教授的祝贺

葛昌纯　夏元洛
（中科院院士，北京科技大学教授）

锡善师弟，梦谪师姐：

我们都是章先生的弟子，我每次这样亲切的称呼你们，不会见怪吧！

值此锡善八十大寿喜庆的日子，我和元洛还有我的孩子们，热烈的向你们祝贺！祝你们寿比南山，福如东海，祝你们这对模范夫妻永远相亲相爱，百年好合，永远幸福，白头到老！

感谢你们对我一贯的支持。无论我在顺境或逆境，始终感受到你们给我和元洛的温暖和力量！

祝福您们：好人一生幸福平安！

2015 年 7 月 26 日　弟妹昌纯，元洛敬贺

亨利·派克斯通（Prof.Harry Paxton）祝贺谢锡善教授八十华诞

Harry Paxton
（原美钢联副总裁，卡耐基·梅隆大学教授）

Xishan：

锡善：

It is a pleasure to help commemorate your 80th birthday by publishing a book（even though you are just a young sprout – I will be 88 in February）.

非常高兴为您出版 80 岁华诞的纪念文集写点东西（即使您是比我年轻的一代，我在 2 月份将是 88 岁啦）。

I have many happy memories of our trips to China, the earliest being in 1979 even before official relations were fully active. All of us had respiratory problems. I remember I was to address the folks from Anshan in Shenyang and could not speak. My Red Guard（retired）took me to hospital where I had a chest X–ray on a brand new Philips machine, where the only problem was there was no film so the operator just cranked up the amperage and we looked at the glass screen. Not recommended but it worked with some magic pill. Next day we had the Opera House full even though it was cold.

在中国，我有许多愉快的回忆，早在 1979 年，中美官方关系尚未完全活跃之前。我记得在沈阳，由于我们来自民间团体，而且又染上呼吸道疾病不便讲学。我的陪同（现已退休）带我去医院，利用一台全新的 Philips 设备做 X 射线胸透，由于那里没有胶片所以操作者加大了安培数，在玻璃屏幕上观察。在美国并不推荐，但是在中国确实起到作用的一些神奇的药丸。第二天天气虽冷，但我也好了，我们去了歌剧院。

I do remember the Bao–Shan trip when it was just expanding with some out–of–date

technology from Nippon Steel. They did not want you to challenge them for a few years!

我确实记得当时宝山之旅，新日铁提供了一些过时的技术，他们不让你几年内向他们挑战。

My wife recalls when you were at our house for dinner one time and she had found some giant strawberries – big enough you had to take pictures. And then there were the TMS meetings which we don't attend any more. I probably could not understand the talks as these bright young people tell us what the new technologies can do.

我的妻子回想起当你在我们家里作客晚餐时的场景，她准备了一些很大的草莓，以致于你要拍照留念。再以后，我们并没有再参与多次 TMS 年会，或许我无法体会中美双方学会之间的一些会谈，涉及那些新技术的应用。

In closing, all best wishes from us and your many friends in the USA

最后，我代表在美国的朋友们，致以最美好的祝愿！

Harry

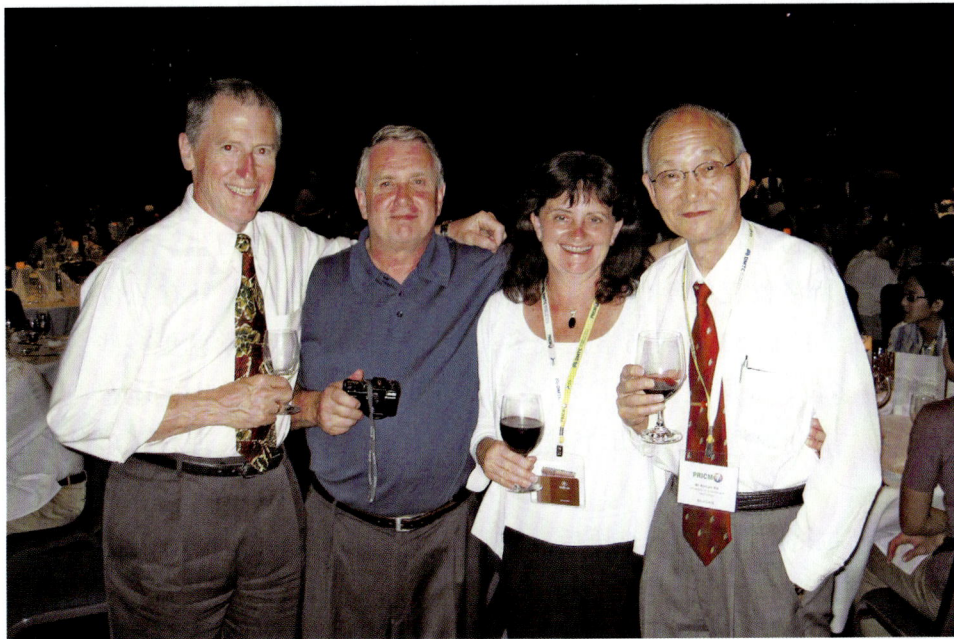

谢锡善与美国矿物·金属·材料 (TMS) 学会的朋友们

难忘的留捷岁月

蒋家龙
（留捷老同学，北京科技大学原机械系退休副教授）

一、肩负着祖国和人民的重托

建国初期，为了迅速改变我国贫困落后的面貌，国家决定派遣留学生出国学习。

1952年我中学毕业，在高考后，被通知到北京俄专二部报到，准备在学习一年俄语后，派往苏联留学。一年以后，由于留苏人员名额减少，而东欧方面需要派人，我和一些同学被派往东欧的捷克斯洛伐克学习。

当时，在国内找不到任何有关捷克斯洛伐克的资料，也不知道捷克使用什么语言。1953年8月，80多位中国学生组成的一个大队，乘国际列车到达莫斯科，在那里分手，分赴东欧各国。我们23名同学在苏联边境换乘捷克火车抵达了捷克斯洛伐克首都布拉格。

50年代初，在捷克已经有了少量的中国留学生和实习生。我们是按照到达捷克斯洛伐克的年份来划分届别的。1950~1952届，只有几位研究生和实习生。我们53届的同学比较多；54、55、56届的同学就更多些，每届都有30多位；56届更达到了70多人。其中，多数是大学生，还有一部分研究生，被分别派往全国几个城市的重点大学攻读文科、理科、工科各种专业。

在布拉格学习一年捷克语后，按照国家的需要，我们四名中国同学被派往布拉格以东300多公里的重工业城市俄斯特拉发（Ostrava），到著名的集采矿地质、冶金、机械制造、材料工程、信息工程等专业为一体的高等学府俄斯特拉发矿业高等学校（VŠB v Ostravě）机械系学习。

谢锡善是 1956 年春天，在北京钢铁学院金相热处理专业做毕业设计的时候，被国家选派出国留学的。当时要求他提前完成毕业设计、提前答辩后，到北京外国语学院集中学习，准备出国。

集训结束后，谢锡善被派往捷克斯洛伐克留学。

谢锡善 1956 年夏天到达捷克，是 56 届的同学。1957 年初被分配到俄斯特拉发矿业高等学校（VŠB v Ostravě）冶金系攻读研究生。在 Ostrava 我们住在同一个宿舍区，共同生活了三年。先后回国后，又分配在同一个学校——北京钢铁学院工作，我们之间的友谊是深厚的。在谈起当年的留捷生活时，都会感到那段在国外的学习和生活对后来工作的影响。

当年被选派出国的留学生，从集训阶段开始，就由国家负担全部的生活费。出国时的服装和生活用品也由国家准备。出国以后，在捷克斯洛伐克留学的大学生每个月国家发给的助学金是 700 克朗（研究生 750 克朗）。当时，国家经济还很困难，人民的生活水平还很低。我们花的是外汇，每个人的助学金相当于国内几十户农民一年的收入。

外国的一些留捷学生，每个月 900 克朗，还抱怨不够花，中国同学则很节省。为了减轻国家的负担，1958 年大家主动要求把助学金标准降低到 600 克朗，后来又建议降低到 500 克朗。为了保证同学们的生活和健康，国家最后同意助学金标准定为每个月 550 克朗。

每个同学都懂得，我们是由国家和人民花钱培养的留学生，我们肩负着祖国和人民的重托。我们必须努力学习，回国以后，报效祖国。

在捷克的学习和生活是一段难忘的经历。攻读研究生，尤其有其特殊之处。回想起这段经历，我们都有很多感受。

二、过捷克语言关

在今天，在完全不知道留学国的语言的情况下，直接去这个国家学习，是难以想象的。但在 50 年代，这却是事实。到达捷克后，尽快地学好捷克语，是当务之急。

53 届同学是在布拉格查理大学学习了一年捷克语后，分配到各个大学和捷克同学一起同班上课的。一年的捷克语培训时间虽短，但还可以勉强跟上讲课的进度。

　　谢锡善在学校学过一些俄语、懂一点英语，对捷克语则完全不知道是怎么回事。1956 年 8 月盛夏，经过 13 天的火车长途旅行，和几十位 56 届的同学一起，到达捷克边境时，来迎接他们的老同学教的第一句捷克语竟然是："Nerozumím český（我不懂捷克语）"。用捷克语向捷克人讲"我不懂捷克语"这也是一种无奈。

　　捷克语属于斯拉夫语系，文法和俄语有些类似，但字母、词句都和俄语不同，有些字母的发音还很奇特，学习起来，难度挺大。由于各国去捷克留学的人数增多，1955 年，查理大学在距布拉格不远处的温勤（Unčin u Teplice）小镇专门为外国学生设立了学习捷克语的学校。1956 年 9 月，56 届的同学开始出查理人学的捷克语老师，有时用俄语、有时用英语讲授捷兑语。在短时间内，掌握一门新的外语是十分艰难的。中国同学都很努力，成绩不错。

　　按照中捷双方的协议，研究生应该在 1957 年初，到相关的学校报到。谢锡善在仅仅学了 4 个月的捷克语后，就来到了俄斯特拉发矿冶高等学校（VŠB v Ostravě）。

　　谢锡善的导师是著名的金属学专家、捷克斯洛伐克科学院通讯院士坦德

在俄斯特拉发矿冶高等学校学习的全体中国学生，最后排左一是谢锡善（1957 年）

（Josef Tiendl）教授。第一次见面时，坦德教授用捷克语、俄语、英语、法语、德语和他对话，他都回答不出来。教授说："你语言都不通，现在做不了研究生。我给你半年时间，学好捷克语，再来参加研究生入学考试。"

　　1957 年初，已经有十几位中国同学（53、54 届的大学生和 55 届的研究生）在 VŠB 学习。经和大家商议后，谢锡善决定在社会实践中学习捷克语。除了阅读捷克语的专业资料外，还制定了实际考察捷克的工厂、研究所的计划。凭着坦德院士的介绍信，他跑遍了捷克的有关工厂（Vitkovice 冶金厂、皮尔森的 Škoda 重型机械厂、TATRA 汽车制造厂、Kladno 合金钢厂等）和研究所（钢铁研究所、材料研究所、物理研究所、布尔诺市的铸造研究所，以及斯洛伐克 Košice 的焊接研究所等）。在阅读文献和社会实践中，他不但学会了捷克语、考察了捷克和斯洛伐克的工业和研究水平，而且还会见了很多知名人士，如材料界的比塞克（Píšek）院士、材料所的普鲁哈什（Dr. Pluhař）博士、物理所的科汉诺夫斯卡（Kohanovská）教授等。这为他以后到各单位实习、向各位专家学习请教打下了良好的基础。

三、研究生入学考试

　　1957 年 7 月要进行研究生入学考试了。经历过研究生考试的老同学告诉谢锡善，捷克的研究生入学考试是口试；冶金、材料、基础课的几位教授并排坐在一起，想问什么就问什么。

　　由于半年内，阅读了有关冶金、材料、物理化学等方面的捷克文专业书籍，打下了一定的基础，在这次一个多小时的入学口试中，他回答了 5 位教授的各种提问，获得了满意的结果。总的感觉是，在捷克语方面教授们听懂了、专业方面的问题答对了。经教授们现场合议，通过了研究生入学考试，他被录取了。

四、融入捷克社会、进一步提高捷克语水平

　　在捷克留学的同学们总结了几条学习捷克语的经验：（1）要和捷克同学住在一起；（2）多交捷克朋友；（3）多参加些社会活动。学生宿舍都是两人

房间，我们都是和同班的捷克同学住在一起的。谢锡善的室友是我们机械系的大学生，一位帅气的小伙子，他们很谈得来。我最喜欢在课堂休息时间，听捷克同学们聊天，内容真是五花八门，都是些在捷文教学中听不到的俚语和词汇。我们也会接受中小学的邀请，去和学生们座谈，介绍中国的情况。节假日期间，我们曾应邀到捷克同学家中做客。这些对外交往，对提高捷克语水平，很有帮助。几年来，谢锡善经常在各地参观、实习，不仅锻炼了独立工作能力，而且结识了很多捷克朋友，捷克语水平也得到了很大的提高。让谢锡善感到高兴的是，留捷期间，他曾多次为来访的中国代表团担任翻译。有一次还和代表团一起参加了国际会议。

五、要加强锻炼，保证有强健的身体

　　Ostrava 是个重工业城市，采煤矿井、炼钢厂、焦化厂、炼铁厂就在市内。从宿舍的窗户中，就可以看到近处的矿井架和远处冒着浓烟的钢厂烟囱。天

留捷同学在俄斯特拉发钢铁厂参加劳动（后排右二为谢锡善）

空永远是灰蒙蒙的。据说，每天落到市区的粉尘就有 7 吨多，空气中总弥漫着一股煤气的味道。按照今天的标准，这绝对是个重度污染的城市。当时，我们也不喜欢这样的生活环境。但是，从内心中，却觉得这是工业化的象征，希望我们国家也能尽快地出现这种重工业城市。

在 Ostrava 的大学生和研究生，学习任务很重，没有健康的身体是难以完成学业的。为此，尽管自然环境恶劣，同学们还是自觉地坚持锻炼身体。大学生每天要上课，就在课后，到宿舍后面的球场中跑步、踢球。研究生不常去学校，在宿舍自学，可以每天坚持晨练，锻炼后，有的同学还会冲个"凉水澡"用以提高身体的抵抗力。捷克的冰球运动很普及，Ostrava 市有几个室内冰场，我们很多同学学会了滑冰，谢锡善甚至学习了打冰球。寒假期间，学校会组织同学们上山去冬令营，学习滑雪。夏天，我们有时也会借辆自行车到近郊区野游。渴了，就摘路边成熟的樱桃、李子吃（现在的捷克人不吃路边的果子，他们知道这是受到污染的）。

六、学会自学、学会主动向专家请教

在捷克的中国大学生们，上课时很难全部听懂，也无法记好课堂笔记。课后要补记笔记、阅读讲义和完成课堂作业。至于研究生，导师并不布置任务，也没有规定明确的课程。只是要求自学相关文献，一年后，交一篇文献总结形式的"小论文"，并进行综合考试。这就要求研究生有很强的自学能力。谢锡善作为金相热处理专业的毕业生，专业课是学过的。现在则要通过捷克语再一次学习专业课。他买了不少捷文和俄文的专业书，制定自学计划。有些内容，如"位错"理论，在国内没学过。出于专业需要，谢锡善专程到布拉格查理大学理学院，向物理学教授请教"位错"理论。谢锡善主动地安排了去各大工厂、研究所考察、实习的计划。在实践中，学到了很多书本中没有的知识，学会了制定课题和制定研究计划的方法、锻炼了实际操作能力和与人交往的能力，还提高了外语水平。

在捷克的研究生进修过程中，学会了"自学""向各方面的专家教授学习""在社会实践中学习""向一切有经验的人学习"的学习方法。培养自学能力，这是在 Ostrava 学习生涯中深刻的体会。

七、结合国家需要做研究

　　捷克教授培养研究生的方法是"开放"式的。特别是对外国学生，不是教授指定课题，而是问你要做什么、在哪里做、希望出什么成果？谢锡善在科研选题方面，征求了母校章守华教授的意见。教授建议说，捷克机械制造业发达，又支援我国，建立了上海汽轮机厂。捷克在耐热钢方面有一定的优势，最好选耐热钢课题。耐热钢的理论基础是高温强度（特别是在高温应力作用下长时缓慢的塑性变形－蠕变理论）。因此，谢锡善编写的文献综合"小论文"，就是一本厚厚的《蠕变理论》。这为他以后的耐热钢研究以及后来在学校讲授"高温强化"课程打下了良好的理论基础。从材料学的观点，高温材料的长期组织稳定性是其稳定的力学性能的基础。在布拉格钢铁研究所做的大量实验结果，证实了这一结论的正确性。他以这一理论和大量实验数据为基础写出了副博士论文，在 1961 年 6 月的答辩会上，获得了优秀成绩。在第二天的 Ostrava 日报头版上，刊登了中国研究生通过了副博士论文答辩的消息，并刊登了照片。

八、在实践中掌握技能、扩大知识面、收集资料

　　1958 年我国向捷克的 Škoda 重型机械厂（当时叫列宁工厂）订购了一台当时世界最大的一万二千吨自由锻造水压机，并希望能提前交货。捷方表示，其他设备提前交货没有问题，只是水压机高压蓄势站的设计能力不足，如果要求提前交货，请中方派遣一个设计小组来协助工作。1958 年，在比尔森机械学院锻压工艺与设备专业四年级的一位同学和在 VŠB v Ostravě 机械系冶金机械专业四年级的四位同学得知这一消息后，主动请求替代国内的设计人员，参加这一设计工作。理由是，我们通晓捷克语、熟悉捷克机械设计及制造工艺的规范，可以加速设计的进度、保证设计质量。同时，我们领取的是助学金，可以节省一大笔派遣设计人员的出差驻勤费用。当年年底，一机部同意了我们的意见，国内只派遣一位设计组长，领导我们协助捷方的设计工作。

　　1959 年 4 月初我们得到了毕业设计题目后，就以最快的速度，在 5 月

中旬完成了毕业设计，没有来得及毕业答辩，就赶到了比尔森列宁工厂报到，开始了水压机高压蓄势站的设计工作。在中捷双方设计组长的领导下，11月份我们完成了全部施工图纸的设计，结束了在工厂的工作，回到学校补上了毕业答辩，并在 12 月底启程回国。这次在制造厂设计科的实战锻炼对我们回国后的工作起了重大作用。分配到设计院工作的同学，马上能投入设计工作，并取得了优异成绩。在研究所和高等学校工作的同学不仅能完成科研设备的设计任务，而且能游刃有余地指导学生的毕业设计。

为了完成副博士论文，谢锡善在布拉格钢铁研究所度过了很长时间。他和研究所的同事们关系很好。在研究所，他每天上两个班。早上 6 点钟上班，参加研究所为发展耐热钢所必需的多元相图的研究工作。中午 2 点钟，同事们下班了，他继续留在实验室做自己的研究生课题实验，直到晚上 10 点钟，回宿舍休息。

中国是一个缺少镍的国家。捷克开发了铬锰氮耐热钢，为了提高低合金钢的使用温度，捷克也发展了提高使用温度的多元低合金耐热钢。这方面的研究，对我国的耐热钢发展有一定的参考价值。总之，在耐热钢的领域，只要研究所允许介入的课题，他都去参加工作。只有参与才能获得核心知识。正是由于勤奋努力的工作，在这段时间内，他除了完成了自己的副博士论文外，还和捷方科研人员一起，在捷克的冶金学报《Hutnické Lísty》上发表了两篇论文。此外，还收集了不少有关耐热钢的研究报告。回国后，这些研究报告和资料都提供给了上海汽轮机锅炉研究所，供使用参考。

他感到高兴的是，在研究所还熟练地掌握了各种金相实验的实际操作。他自豪地说，他磨出的试样、拍出的金相照片可以和最熟练的实验员媲美。

60 多年过去了，我们都已退休，且已进入了耄耋之年。回首往事，我们没有辜负国家和人民对我们的培养和期望。完成在捷克的学业回国以后，我们服从分配，在不同的工作岗位上为我国的社会主义建设事业做出了应有的贡献。我们仍经常怀念那一段留捷岁月，我们同学之间还经常联系，仍是很要好的朋友。愿友谊长存！

2015 年 2 月于北京

贺谢锡善教授 80 华诞

韩汝玢

（原北京钢铁学院相 56 班同学，北京科技大学教授）

一、20 世纪 50~60 年代期间

　　我与谢锡善同是 1952 年秋在我国进行高等院校院系调整时入学北京钢铁工业学院的金相热处理专业的大学生，因校园未建好，在清华大学学习了一年，下图是当时相 56 班级部分同学在清华大学的留影。

1952 年相 56 级部分同学合影（女生是韩汝玢）

　　谢锡善是相 56 班的学习委员、班长，他学习成绩优秀、又热心为集体办事，因此他和同学的关系很密切。他组织同学每学期期末各科的口试、学习期间安排老师为同学进行课程的答疑、组织一帮一的学习互助等活动，都非常主动积极。下图是相 56 部分同学在主楼平台合影，这是我们在做毕业设计中间休息时拍的老照片。

　　谢锡善在学习期间与我班的团支部书记陈梦谪由于工作关系联系较多，后来进一步到谈恋爱。我和同班的女同学在宿舍窗内窥视他两人，在树下阴

（前排右一是谢锡善）

相 56 部分同学在主楼平台合影（前排右一谢锡善，短发女生韩汝玢）

凉处的"亲密行动"。1956 年暑期毕业时，谢锡善被教育部选派到北京外语学院集中，才知道让他去捷克斯洛伐克学习深造。由于时间紧迫，谢锡善没有时间回上海，他的在校行李托周邦新同学带回上海家中。他在北京体检、制装，办理各种手续，行期邻近，由于"担心"谢锡善出国感情会有变化，我们和陈梦谪都极力主张办理结婚手续，举行了简单的婚礼，婚后第三天谢锡善就出国了。下图分别是结婚照片和 1956 年 10 月谢锡善到捷克斯洛伐克学习证件的照片。这两张照片是当时送给我的，照片背后留有笔迹。

　　相 56 同班同学吴秉衡来信写道："谢锡善是我们大学时期的好班长。他勤奋好学，善于思考，经常在宿舍里展开讨论。他经常了解同学的学习情况，反映给老师。他关心和鼓励同学，在二年级（或三年级）有一个学期考试，

1956 年 8 月 30 日结婚合影

1956 年 10 月谢锡善在
捷克斯洛伐克的证件照

我碰巧得了全五分，他很高兴地告诉我，这次就你一个全五分，鼓励我继续努力。我多年都没忘记他对同学那种出自内心的关怀。还有他对陈祖余停学前那么一个体弱多病的同学的关怀，感受到他的真心。这些都造就了我们班成为强有力的集体，良好的学习风气，特别是我们专业有着全国知名的老师（如柯俊、张兴岭、方正知、赵锡霖、章守华、徐祖耀教授等）指导，培育出我们班不少国内外知名的冶金学、金属材料学等方面的工程院院士和科学家（如周邦新，柯伟，朱耀霄以及谢锡善，韩汝玢等同学），这是难得的也是少有的，当然也有老班长的一份功劳。1956 年夏毕业了，谢锡善首先获派捷克留学深造，出发前夕，他同时宣布与咱班团支书陈梦谛举行婚礼。婚礼隆重而又简朴，一面祝贺他双喜临门，一面品尝着每人一个切开的西红柿，上面洒上甜密的白糖。

同学们的祝愿，转化成近 60 年来谢锡善在金属材料科学方面的巨大成就，为祖国科学现代化做出了巨大的贡献。

尽管他的成就获得了殊荣，可是我每次从祖国的南方返校时，他却没有任何架子，他还是我们的班长。老谢，祝你健康长寿！

1956 年夏相 56 同学毕业，分配到祖国各地。陈梦谛和我留在金属物理教研室，她作柯俊教授的第一个金属物理专业的研究生，我留校作金属物理教研室助教及理化系主任柯俊教授的学生秘书。我和她被分配住在一斋、五斋同一间宿舍。

　　谢锡善在捷克斯洛伐克留学 5 年，中间有一次机会可以回国，但他因为得了肺炎住院约两个月，错过了回国时间。他又要把失去的时间用行动找回来，没有回国探亲。那个年代陈梦谪也不可能出国探亲，维持他们之间爱情的就只能是"鸿雁传书"。我记得他们之间有定期书信来往的约定，到时间陈梦谪的不安心情，我是看在眼里记在心中。可以作证明的是我集攒的捷克斯洛伐克盖销邮票，都是他们来往书信后陈梦谪送给我的，经查共存有 260 余张。

　　1961 年谢锡善学成回国，分配到材料系高温合金教研室任教；分别 5 年夫妻团聚，感情依旧，育有一子一女，生活幸福美满。陈梦谪在金属物理专业为创建北京钢铁学院电镜室及电子显微学科研、教学做出了突出贡献。谢锡善在高温合金材料研究的成就，在 2014 年 6 月 13 日的科技文摘报有专文报道。2016 年 9 月即将迎来谢锡善、陈梦谪夫妇结婚 60 周年即钻石婚之纪念日，年轻的朋友们是不是应该学习他们纯洁和忠诚的爱情啊！

二、谢锡善 1981 年 8 月开始做冶金史国际会议的英文翻译

　　1977 年 1 月我调到由柯俊教授指导、丘亮辉任组长的中国冶金史编写组工作，当时仍是对中国冶金史研究的创业阶段，主要任务就是在古代文献的基础上，把出土金属文物涉及的冶金技术的信息发掘和研究出来。研究组组织小分队"走出去"，向考古工作者宣传我们可以做什么。柯俊教授、丘亮辉、黄务涤、孙淑云等都亲自到考古现场、冶铁遗址、博物馆进行考察。我也逐渐参与进行中国古代冶金史的研究工作中。我们各自参与的事业有差距，与谢锡善、陈梦谪夫妇的接触、了解也就较少了。

　　80 年代中期，改革开放的时机来临，冶金史研究深感需要走出国门参加国际学术会议及访问学习，开阔眼界，充实自己。这需要感谢美国宾夕法尼亚大学金属材料科学家麦丁教授和柯俊教授组织的会议，两位教授一拍即合确定于 1981 年在中国组织首届重要的冶金史国际系列会议（The Beginnings of the Use of Metals and Alloys），简称 BUMA 会议。

　　麦丁教授与柯俊教授相识的曲折过程：1944 年柯俊从中国昆明出发去英

国伯明翰大学留学，麦丁作为远东军飞行员到达昆明，作抗日时期的运输飞行；1953年柯俊离开伯明翰大学学成回国，而麦丁不久即到同一学院深造，两人擦肩而过；但麦丁说他在伯明翰大学学习时，了解和研究了柯俊的相变研究成果。

　　他们两人真正相遇是在1979年。麦丁来中国北京访问，寻找他在美国的同学陈能宽教授和"李众"。陈能宽是参与我国核工业的专家。"李众"（冶金史编写组的笔名）由于在考古学报上发表了重要文章被麦丁看到。两位材料专家同行一见如故，没有语言障碍的畅谈就像是久违的老朋友。当麦丁知道柯俊组织并亲自参加一支很大的自然科学、历史、考古专业的工程师、科学家的学术团队研究中国冶金史，有众多的发现，成绩卓著，他非常激动，认为北京钢铁学院冶金史团队是世界最大的、多学科的研究集体，发现和提出了许多重大冶金史问题，但是不少文章和成果西方的学者同行并不知道。他们两人一致同意要组织一个多学科学者参加的国际会议，分享新的冶金史研究成果、彼此交流学习，并一致建议会后到湖北铜绿山矿冶遗址和湖北省博物馆参观。两人分头各自积极准备。麦丁教授回到美国即向美国国家基金会提出申请报告，同意给予10名科学家赴中国参加冶金史国际会议的资助。柯俊积极活动得到中国金属学会和北京钢铁学院（现名北京科技大学）领导的大力支持。1981年第一届BUMA会议在北京友谊宾馆和北京钢铁学院

1981年第一届冶金史国际会议中外代表在北京钢铁学院会议室合影

成功举办，与会代表还到冶金史研究室参观甘肃新出土的早期金属文物的展品，并召开小型学术座谈会。因为我们是首次组织国际会议，中方参会的代表和我们的英文都不能适应国际会议的要求，柯俊教授亲自主持学术会议、小型讨论会做翻译，并临时邀请学校英文较好的黄务涤、余宗森、刘国勋、徐炎等老师协助；谢锡善也是柯俊"亲点"安排他作大会报告时的翻译。

柯俊和麦丁教授主持 BUMA 会议

谢锡善为外宾做翻译

柯俊主持小组学术研讨会（后排右2谢锡善）

　　谢锡善告诉我会后他被分配陪同美国里海大学金属材料相变专家和世界金属史的研究者 M.Notis，加拿大多伦多大学金属材料专家 Franklin 教授等（麦丁教授血压有些高就不出去参观了），参观了郑州河南省博物馆、少林寺，洛阳龙门石窟、西安兵马俑等处，因为外宾都是金属材料专家，又有谢锡善陪同并作翻译，所以交流没有困难，看了不少精美青铜器、透光镜、有黑色氧化膜的箭镞等。回京后又去了故宫，看到鎏金青铜大水缸，柯俊告诉外宾八国联军进入故宫时拟把水缸鎏金层的金刮走，没有达到目的，留下明显的刮痕。这次外事活动使谢锡善大开眼界，具体感受到中华民族优秀科学技术文化的博大精深，进一步理解学校建立有特色的学科是很有必要的。柯俊教授对谢锡善英文的考察给了好评和肯定，打了90分的好成绩。此后院长张文奇教授接待国外学术团体，冶金部领导赴国外考察、参加国际学术会议都要求老谢陪同，由此他的英文水平也有了长足的进步，为他以后参加各种国际会议作学术报告、参与许多国际学术团体的社会工作打下了良好的基础。他每年都要数次赴国内外奔波，进行学术交流和洽谈国际合作项目，他的努力和付出，他的热情、精力和责任心获得学术界的极高评价。BUMA 会从此成为国际冶金史的例会，至今已召开了八届。

三 、谢锡善教授为我校科学技术史学科建设起了促进作用

1984 年由于"改革开放"的形势要求，丘亮辉、黄务涤、柯俊教授相继调离，我接替了冶金史研究室的主任工作。柯俊教授担任北京钢铁学院副院长，但仍然关心冶金史团队的建设，策划招收研究生，为申请技术史硕士点做准备。在学科建设方面，柯先生是总体的设计者，我是具体的实践者。我、吴坤仪、孙淑云分别负责设置的钢铁、加工和有色三个专业方向，1991 年我校技术史专业硕士学位点获得批准；而博士点的申请要在硕士点建立 5 年以后，所以需要提前创造条件：一是必须有三名正教授，二是必须有博士生培养的条件和能力。当时我们研究室挂靠科研处，学科建设的工作都是直接与研究生院学位办和培养处联系。经过柯俊和他们的多次研究，决定为科学技术史专业学科建设另辟办法，同意借用我校物理化学专业的博士点进行过渡。李延祥是第一个做冶金史课题的博士生，他的博士生导师是物理化学专业钟香崇院士、洪彦若教授、柯俊教授和我组成指导小组，李延祥于 1995 年毕业获理学博士学位，1996 年周忠福同样获得了博士学位。

谢锡善自 1991 年被调至研究生院做副院长，他与洪彦若教授负责培养

李延祥毕业答辩后与答辩委员合影

处和学位办的工作，认同柯俊教授的用心，他们为建立科学技术史博士点尽了很大的努力，终于我校在 1996 年获科学技术史（工学）博士学位授予权。从 1984 年开始到 1996 年，经过 13 年的努力与奋斗，科学技术史学科初步建设完成，这其中的艰辛与困难是大家共同品尝、携手渡过的。谢锡善教授对我校科学技术史专业建设的促进作用是值得肯定的。

四、谢锡善为科学技术史博士生获奖立功

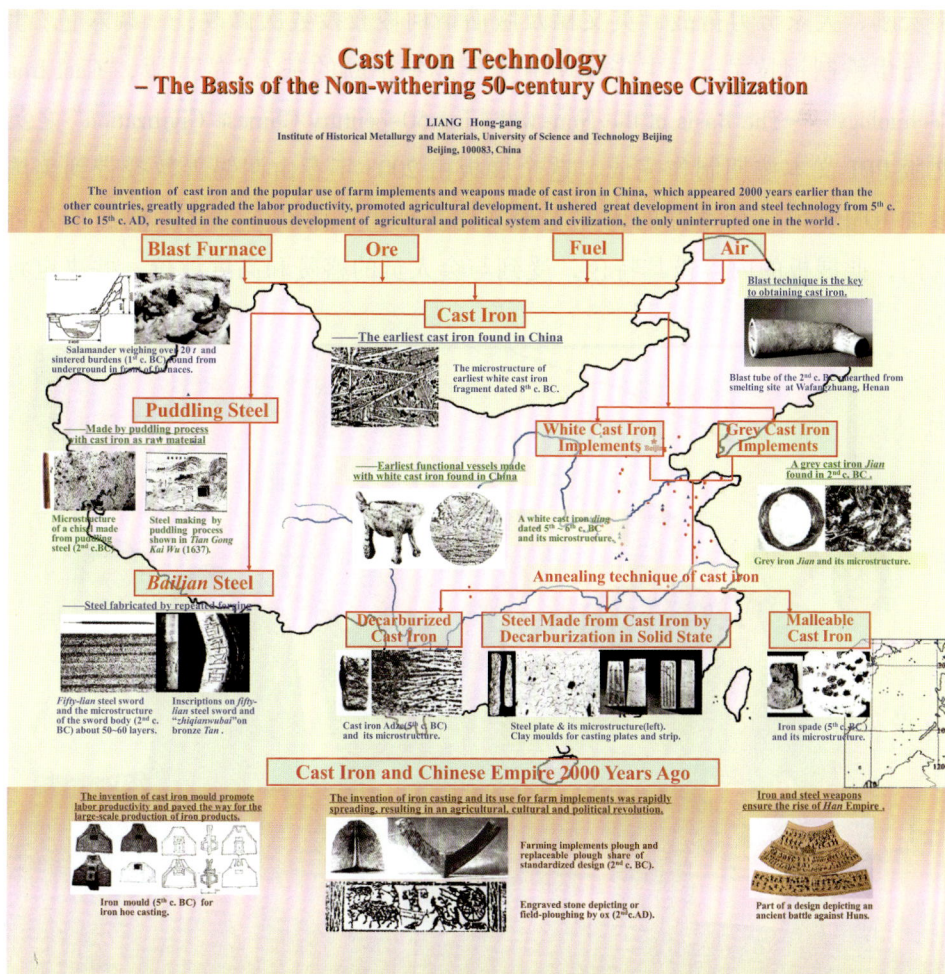

2003 年博士生梁宏刚"生铁与生铁制钢技术——中华文明五千年连绵不断的基石"获奖展版，留在美国 TMS 学会总部

　　谢锡善在担任中国金属学会常务理事、外事委员会副主任时，主要负责与美国的外事活动，因此每年都要去美国或其他国家参加金属材料学会的年会。2002 年中国金属学会组团赴美参加年会时，得知国际矿物、金属、材料联合会（IOMMMS）要求成员国学会推送一份在读研究生科研的最佳成果（Poster），在 2003 年世界材料日之际，参与美国矿物、金属、材料学会（TMS）年会，有 4000 多参会者在国际会议的 Poster 会场展出。谢锡善大力推荐冶金史研究所介绍中国古代钢铁制作技术的发展历程为题参展，得到中国金属学会领导的一致同意。2002 年接到此任务，全所同事及博士在读生梁宏刚，大家努力奋战，英文稿及版面请柯俊教授数次修改，一幅彩色"生铁与生铁制钢技术——中华文明五千年连绵不断的基石"的展版，"Cast Iron Technology——The Basis of the Non-withering 50-century Chinese Civilization"之英文版 PPT 文本按期制作完成，这个展板由 2003 年春由谢锡善教授带到美国参加 IOMMMS 学会举办的研究生论文比赛展出，荣获一等奖。他回来告诉我们，此展板的内容极具特色，受到与会人员的盛赞和高度评价，并决定将

2003 年 11 月 6 日中国金属学会副理事长兼秘书长、外事委员会主任仲增墉教授（右 5）、柯俊院士（右 4）、谢锡善教授（右 3）和梁宏刚（右 6）到校颁奖合影

此展板保留在美国 TMS 学会的总部。博士生梁宏刚获得世界材料日学生竞赛一等奖，颁发有证章和奖金。中国金属学会副理事长兼秘书长仲增塘教授于 2003 年 11 月 6 日来校颁奖时留影。

五、谢锡善仍然是相 56 班的"永久班长"

近 60 年，相 56 班老同学分配在国内沈阳、武汉、南京、上海、长沙、昆明、广州、北京郊区等处工作，出差来京或他去参加学术会议，都会与老同学联系，往来加拿大或定居的老同学也首先与老谢联系，他不在京时，我是"备胎"。建校 35 周年、40 周年、50 周年、60 周年组织相 56 同学聚会，都是他忙前忙后，与学校校友会联系住宿、借会场、组织茶话会座谈，留存通讯录、拍照、看望教授老师等，我们留校的相 56 的同学，都心甘情愿的服从老班长的指挥和安排。他的魅力和凝聚力依然如旧，下面选录的照片可以为证。

衷心祝贺相 56 我们的老班长——谢锡善教授 80 年诞，愿他活力永驻，量力前行，家庭幸福，健康长寿。

建校 35 周年相 56 部分同学合影

建校 40 周年相 56 同学聚会

建校 40 周年相 56 同学与赵锡霖教授（前排左五）和章守华教授（前排左四）

建校 40 周年相 56 同学与原金相热处理教研室教授合影

建校 50 周年相 56 来校同学与徐祖耀院士合影

相 56 留校教师看望柯俊教授夫妇（王湧摄）

建校 60 周年相 56 部分同学合影

建校 60 周年相 56 来校同学合影

2015 年 4 月 5 日相 56 同学吴秉衡夫妇赴加拿大探亲，
途经北京到校与校友团聚留影

诚挚祝贺谢锡善教授 80 华诞

曹维涤

（美国 ATI Allvac 公司首席科学家）

在 90 年代早期我与谢教授相识，通过我们 20 多年来的友好交流，在我的职业生涯中，谢教授是我曾经见过的最卓越的教授和研究者之一。

我从谢教授身上学到了很多。首先是他敏锐捕捉高温合金科学技术新进展的能力，促使他的研究工作始终处于高温合金科学的前沿，从而对高温合金产业做出了巨大贡献。在我个人研究工作中，他给予了许多有益的建议和帮助，特别是 P、B 元素对 In718 合金的影响和发现方面以及在 In718Plus 高温合金的强化相鉴定及其稳定性方面的研究。

2001 年国际 718 高温合金会议期间，谢锡善教授与其他代表合影

此外，谢教授非凡的沟通能力给我的印象非常深刻，通过他的不懈努力，构建了广阔的学术界及工业界的联系。我认为，在中国与其他国家科学技术知识交流和促进方面，谢锡善教授具有非常重要的影响力。

那么，他与其他学者的交流工作方式为我树立了榜样，也就不足为奇啦。我从未发现他粗鲁地对待同事。相反，对于在学术及工程界的某些"大腕"，他的恭敬及耐心的风度举止促使其他人能够自由地与他交流。

以上列举的例子不胜枚举，但限于篇幅我必须写到这里。然而，80华诞是一个重要的值得庆贺的日子，真诚地祝愿谢锡善教授生活美满并在高温合金科学技术方面作出更大的贡献。

谢锡善、胡尧和、董建新、张麦仓、陈梦谪、胡桂兰和部分博士生的科研团队

A Sincere Congratulation on the 80th Birthday of Professor Xie Xi-Shan

Cao Wei-Di, Formerly Chief Scientist at ATI Allvac, USA

I have known Prof. Xie since the early 90's. Through our friendship and interactions of over 20 years, I would say that Prof. Xie is one of the most noteworthy professor and researcher I have ever met in my career life.

I have learned much from Prof. Xie. The first would be his prompt grasp of the new advances in the sciences and technology of Superalloys. This has made his research works standing at the very front line of science of Superalloy and resulted his great contribution to Superalloy industry. I have personally received many valuable advices and assistances from him in my personal research works, specifically in discovering and applying the beneficial effect of P and B in alloy 718 and in identifying the strengthening phase and its stability of alloy 718Plus.

Furthermore, his extraordinary ability to build vast networking in academic and industrial fields through his frequent interactions with others has also greatly impressed me. I believe Prof. Xie has played the most influential role in promoting the exchange of scientific and technological knowledge between China and other countries.

It is then to no surprise, that the manner in which Prof. Xie works with other people has also set a model for me. I have not once witness him treat a fellow worker rudely. In contrast with some other "big figures" in academic and engineering fields, his respectful and patient demeanor to other people has allowed others to freely interact with him.

The list could goes on and on, but I must stop here. Nevertheless, his 80th birthday is an important date worthy of celebration. I sincerely hope Prof. Xie has a wonderful life and continues to make more contributions to science and technology of Superalloys.

轻舟已过万重山

李醒嘉

（原联合国人力资源部主管，美籍华人）

　　我是80年代初期认识老谢的。那时候我住在哥伦比亚大学附近。平日只看到来自中国台湾或中国香港的年轻留学生的校园，突然出现了几位大陆的中年学者，让人好奇。顿时华人的社区里议论纷纷。我当时虽然已经在联合国中文处工作多年，但是也很少有机会直接与中国的代表们接触。

　　如果没有记错的话，我应该是在哥伦比亚大学附近专门卖中国食品和工艺品的"东凤商店"里遇到老谢的。

　　老谢和其他的大陆学者一样，都是由国内的工作单位派出来的，也就是所谓的"公费留学生"。当时因为中国才刚刚开放，这些学者们对西方的世界，都感到特别的好奇和陌生。虽然老谢年轻时曾经在地处东欧的捷克留过学，对美国的现实情况的认识还是有限的。但是，老谢对人和事的态度显然有些与众不同。

　　脸上总是带着笑意的他，让人一见如故。好像不论你说什么，他都会有兴趣听。来自北京钢铁学院（现在改为北京科技大学），专长是高温合金的老谢，身段却是特别柔软，待人热诚而且善解人意。将心比心，很快的我们就成了无话不谈的好朋友。平日他忙于学习和做研究，一到周末，老谢和来自钢院的另外一位资深学者陈国良就会到我家来报到。老谢烧得一手好菜，最拿手的是香酥排骨，并因此轻易获得了"谢排骨"的称号。学习之余，老谢还希望能通过和一般的美国朋友交往，来进一步的了解美国文化。我就设法安排我的一位美国朋友，请他定期地和老谢老陈练习口语，后来他们也成为好朋友。那时候，文革结束不久，海外的华人对中国的局势和走向特别关心。老谢老陈都是久经考验的知识分子，看问题比较客观和深刻。我们中一群来自中国台湾和中国香港的朋友也喜欢来和他们聊天辩论，所以每到假日，我们家里经常是高朋满座，气氛热烈。有时候，我们也会开车带着老谢和老陈到纽约附近的各个景点去游玩。记得有一次我们还远征到西海岸加利福尼亚州的红木公园露营。

老谢回北京后，最初我们也一直保持联系。我去北京休假时，老谢迫不急待的要邀请我去他家做客。他的爱人老陈一见到我就说，你就是那位小李啊！老谢总是念叨着你，说你在纽约怎么照顾他。当然，我又有幸享用到老谢亲手做的排骨和其他美食，觉得特别温馨。后来因为我调到非洲工作，很少去北京了，我们渐渐地就比较少联系。直到2008年我从联合国退休后，才重新在网上"找到"老谢。从那时候起，我们又经常用e-mail互通信息了。

今年初，老谢来信说，他今年要满八十岁了。于是，我们在纽约一起度过的那些美好时光就涌现出来。三十多年前，我和老谢在偌大的纽约相识相知，是多么难得的缘分。从老谢的身上，我清楚的看到了这一代中国知识分子的风骨和情操。

真的是一晃眼，轻舟已过万重山啊……

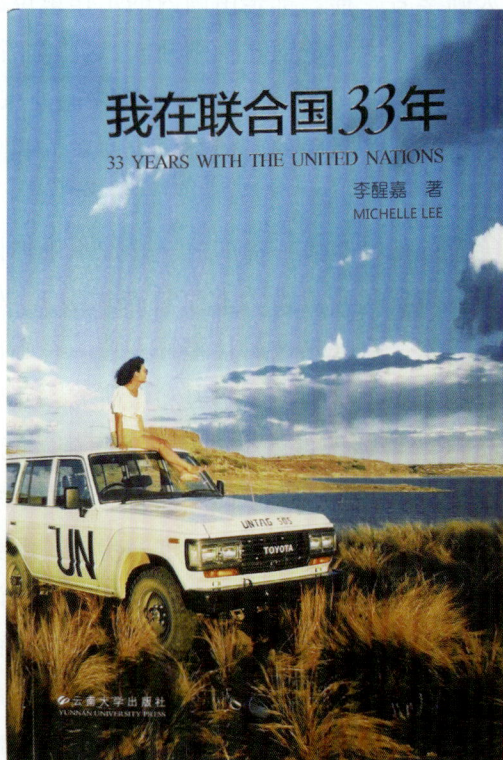

我在联合国33年
33 YEARS WITH THE UNITED NATIONS
李醒嘉　著
MICHELLE LEE

回忆中学时期的点滴往事

吴丽宗

（原上海麦伦中学老同学，教授）

　　我的母校是继光中学，以前为麦伦书院（Madhast College），是英国伦敦基督教协会在上海办的一所教会学校。别看它是教会学校，我在上学期间从来没要我们读过圣经做礼拜。校长是民主人士沈体澜教授。他的办学精神一向是民主与支持进步的，他请的教师都是资历很深的，多毕业于著名的大学，如燕京大学、清华大学等。他们的教学方法也是新的、多样化的、能提高学生的求知欲望的。活读书的氛围很浓，如办兴趣小组、实践基地等。好几位老师在1949年解放后，都调回清华、北大、陕师大去任教了。

　　我校的学生当时仅有两百多人，大家相处得很好，像个大家庭一样。虽然来自各个阶层，如有国民党将军张自忠的三位孙子，李鸿章的三位孙子，儿童文学教育家陈鹤琴的几位儿子，还有革命烈士卢英的儿子及民主人士的子弟和地下党员的子弟。他们虽然有不同的家庭背景，但都是有正义感的。大家一起生活学习得很愉快。举个例子，平时不分年级高低见面打招呼的方式是：一人轮着说"看见"，另一个立刻回答说"听见"，然后互相击掌，哈哈一笑。很温馨的气氛，就像兄弟姐妹一个大家庭一样。1945年5月上海解放后，公布了我校的地下党员名单，有老师，有学生，他们分别联系工厂、妇联、青联、学联。这才使大家恍然大悟，原来我们都在这样好的环境下，在他们的带动下，大家学习、生活得很愉快，这样的丰富多彩，办有合唱队、舞蹈队、美术班，还有为附近的工厂工人办义务教育上文化课。

　　我班是解放时的高一年级，正好是承上启下的中坚，我们的班主任是马健行老师，也是地下党员，没解放时他上历史课其实是给学生讲新民主主义论。接我们班后把我们班办得红红火火，无论搞什么活动都是在前面，我们班被命名为"红旗班"。还有同学自己创作的班歌，每个早上都要唱一遍："学习竞赛火样红，红旗飘飘放光明……"在马老师的教育和带领下，同学们受到解放全中国的鼓舞，我们得到解放是多少革命先烈的努力和牺牲…，所以当时都一腔热血，纷纷响应号召。北上南下、参干、参军、到浙江福建去土改、到抗美援朝的前线去，如有资本家出生的三兄弟参军，有地主家庭出身的同学因家长不同意，他跳窗跑出来参加了空军。有一位同学在做化学实验时，不慎"笑气"烧伤了脸，没等痊愈也坚决地参加了化学兵，一位女同学也当了海军。我班在 1950 年到 1951 年共有十多位同学参干参军。我们的班主任老师马健行老师也调到北京市体委去了。我们上课时感到教室空空的，不再像以前那样热闹红火了，后来学校招了十几名插班生，教室又有了生气。

谢锡善同学就是这个时候来到我们班上的。刚开始大家还不熟悉，他就是一个很文气的白面书生的好学生样子，不大说话。他经常在第一节英语课迟到。我们的英语老师是英国人 John 白太太，见他匆匆忙忙进教室时就会问"Why are you late？"谢就用英文回答，"Because……"悄悄地脸红红地坐到自己的座位上。据他说就是因为这样所以他的英语口语大有进步，后来他怕经常迟到不好，家也较远，就住读了。我也是住读的，我们住读生不论夏天冬天，天天早起跑步锻炼，有的同学懒床，John 白先生很积极，起得特早，常到男生宿舍来催起，哪怕天很冷，他红红的鼻子下滴着清水鼻涕也坚持来叫。在我班上有好几位都是篮球打得很好的，谢同学有时也跟着混，慢慢地也活络起来了，晚上在宿舍里会说一些俏皮的话，他得了个"冷面滑稽"的外号。他在宿舍还有个好习惯，每天晚上把西裤叠得好好的压在枕头下，次日穿在身上两条裤线就挺挺的了。

日子过得很快，就要高三毕业了，上什么大学，学什么专业呢？大家都选要对建设祖国急需的。谢锡善与另外一位同学接受了大家的建议，一起考进了北京钢铁学院，并且后来在学术上都有很好的建树。

谢同学除了热爱专业，几十年专心致志的钻研为高科技服务以外，他也常挂念母校和老同学，如母校百年校庆他积极参加，并主动出资代我班送给学校一个漂亮的匾。我爱人出差到北京开会，因正在修牙，假牙还没装好，不能用餐，他从家里将一个电焖烧锅和大米打车送到宾馆来，解决了大问题。

今年春节他到上海来，我们老同学相聚，谈起六十余年前的往事，都感

慨很深，觉得高中这一段经历（生活）对我们以后的大半个人生是有定向性的影响，是值得回忆的一段人生。

大学入学考试前夕在上海中学

团小组活动（虹口公园）

毕业留影（部分同学）

1998 年继光（麦伦）中学百年校庆 52 届红旗班校友返校庆贺（前排右一为谢锡善）

最真诚的良师益友

张　明
（原上海钢铁研究所高级工程师）

我认识谢锡善老师是在 1961 年的时候，当时他是北京钢铁学院高温合金教研室主任，我在上海钢铁研究所三室工作，主要搞铁基高温合金的试制与研究，我们两个单位有协作关系。谢老师差不多每年都带领大学毕业生或研究生来我们所实习，做毕业论文，我以前常参加学生们的毕业论文答辩，学生们主要对铁基高温合金进行试验与研究。在二十多年的工作中，谢老师给予我无数的指导与帮助，给我留下深刻而良好印象，他是一位最真诚的良师益友。

谢老师在高温合金研究及培养人才方面取得较大成绩。

多年来，谢老师把力学冶金、物理冶金及化学冶金相结合来改造老合金，发展新合金，在合金中加入微量元素，提高合金性能取得较好效果。在推广高温合金的军用与民用方面效果显著，如 GH2132 等合金的应用都取得重大经济效益与社会效益。

他在工作中多次获得国家科技进步奖及国家发明奖，是冶金部有突出贡献专家，他指导和培养研究生数十名，真是桃李满天下，为培养我国高温合金人才做出重大贡献。

谢老师学识渊博，学风严谨，英语水平极高，他平易近人、品德高尚，是高温合金的老专家。

谢老师领导的科研团队与上海钢铁研究所及上海五厂协作，对铁基合金 GH2302 及 GH2132 中的微量相进行深入研究并撰写论文"铁基高温合金中 μ 相及 σ 相引起晶界脆化"，该论文参加在美国举行的第四届国际高温合金年会交流，这是我国在改革开放后 1980 年首次参加高温合金的国际年会。这篇论文的发表，受到与会者的一致好评，被评为唯一的一篇最佳论文（Best

谢锡善和原上海钢铁研究所张明高级工程师

谢锡善、倪克铨教授（左）和张明高级工程师

Paper）。当时的人民日报、上海各大报纸、中央人民广播电台及上海人民广播电台都在头版头条和第一时间报道了这个新闻，他与他的团队为我们国家赢得了荣誉。

谢老师工作不为名利、大公无私，帮助别人毫无保留、全心全意。

他在工作中处处为别人着想，与他合作十分融洽和谐。他能真诚相待，总是把荣誉让给别人。我们所主要负责北京钢铁学院参加研制的一个高温合金，1987年获得国家发明进步奖，谢老师应当是发明人之一，但他把这个发明人的名额让给了其他同志，这种不为名利的精神十分可贵，让大家十分感动。

谢老师在工作中专业技术及学术思想敏锐，能及时发现问题，帮助解决问题。

我们研制的高温合金经过多年的试验研究，取得较大成绩，积累了大量宝贵的数据与资料。因为工作繁忙及人手短缺，没能及时将这些资料总结成册，这对合金进一步推广应用是不利的。谢老师发现这个问题后，提出了解决办法，并委派教研室的一位老师来上海帮助我一起把现有的大量资料数据整理总结汇编成册，出版了二十余万字的"多用途 Fe-Ni-Cr 基高温合金 GH2302"专辑，这本专辑的出版发行，受到了广大读者及使用单位的好评。

今年是谢老师八十寿辰，我们为他祝福，他对我们的指导与帮助永远难忘，祝愿他永远健康长寿，生活幸福！

谢锡善、胡尧和与林富生在张玉春懂事陪同下访问抚顺特钢

贺中国金属学会荣誉会员
谢锡善教授八十华诞

宋 青　黄 洁
（中国金属学会国际部主任、外联部部长，教授级高工）

人生七十古来稀，在中国金属学会即将到来六十周年庆典的前夕，我们迎来了北京科技大学谢锡善教授八十华诞，谢教授勤劳耕耘数十载，弟子上百，朋友遍天下，学识渊博，学风严谨，科研硕果累累，此时此际，仅代表中国金属学会国际部向为学会国际学术交流工作无私奉献聪明才智和半生精力的谢锡善教授表示由衷的尊敬和衷心的感谢。回顾历程，展望未来，我们将传承这份责任，延续这份事业，祝谢锡善教授身体健康，万事如意。

作为冶金行业的科技组织，中国金属学会自 1978 年恢复建制和活动后，已经走过了近 60 年的历程。她是在新中国冶金工作者欢庆第一个"五年计划"取得钢铁工业重大进展中成立诞生的，是中国冶金工业发展的迫切需要，是老一辈冶金科技工作者魂牵梦萦的夙愿和远见卓识的创举。

半个多世纪以来，中国金属学会不辱使命，她从创立到发展，逐步走向成熟。尤为引以自豪的是，在全国众多学会中，金属学会是较早开拓独立负责地进行国际学术活动，并与美国、德国、日本、东南亚等国家和地区的冶金、材料学会（协会）签订长期合作协议或建立合作关系的学会，特别是改革开放后，通过派出学术团组参加国际会议，参观交流，接待国外学术团体进行学术交流，召开国际会议等活动，不仅开阔了我们的眼界，还为我国冶金科技工作者提供了登上国际学术交流舞台的机会，扩大了我国冶金科技者在国际上的影响，提高了我国的声望，为中国钢铁行业的结构优化和科技进步做出了重要贡献。而近四十年来与中国金属学会国际学术交流活动相伴一路走来的代表人物则是我中国金属学会外事工作委员副主任谢锡善教授，尤

为让人敬重与钦佩的是辉煌历程的印记。

早在 1978 年中美关系尚未正常化之际，中、美民间学会之间的学术交流已经开始。美国矿物、金属、材料（TMS）学会和美国金属学会（ASM）联合代表团由美国名校哥伦比亚大学美籍华人田家凯教授（Prof. John Tian）率团来华访问并作学术交流。这次中美之间的交流实质上是由当时的冶金工业部批准委托中国金属学会接待，学会负责外事的副秘书长傅君昭教授全程陪同并安排访问了有关工厂、研究单位和学校作学术报告和中、美双向的学术交流，取得了非常好的效果。

1979 年中美关系正常化，邓小平访美开通了两国的正常关系并相应地开通了教育、文化、学术等多方面的交流渠道，随后于 1979 年春由冶金部副部长叶志强率领的中国金属学会代表团作为回访美国 TMS 和 ASM 学会，并且作了多方面的访问和全方位的矿物、冶金、材料方面的交流。进而中美双方学会又议定了人员交流。1979 年 9 月谢锡善就是由中国金属学会推荐获得冶金部批准的赴美国哥伦比亚大学在田家凯教授的高温合金领域的高级访问学者。

1980 年 9 月，作为我会派出的高温合金专家组成员谢锡善教授等七人合写的论文"铁基高温合金晶界 μ 相与 σ 相的脆化"获得由美国金属学会和美国矿冶工程师学会联合召开的"第四届国际高温合金会议"唯一的最佳论文奖和奖金，会后美方组织了中国金属学会代表团全面访问美国高温合金生产厂，研究单位和高等学校。这次学会的访问为今后中、美双边进行高温合金交流打下了基础。自 1985~2007 二十多年来谢锡善教授及其同事们相继开展了十一次中、美双边以致扩大的高温合金国际学术交流会，特别是 2003 年第十届在大连和 2007 年在上海召开第十一届高温合金国际学术交流会，中外与会者分别有 300 多人并且有专门的英文论文集出版（大部分文章都在英文的金属学报上发表）。这样的系列学术交流对我国高温合金研究与开发有很好的借鉴作用。

1981 年 5 月美国金属学会高级代表团访华，进行科技交流和参观访问，开启了中美冶金领域合作了解的篇章，谢锡善教授参与了部分交流与接待。

1981 年 11 月，参与筹备在北京召开的"第一届中美双边冶金学术会议"，并共同承担会议文集翻译和出版。

1982 年 11 月，参与组织筹备中国金属学会和英国金属学会联合举办的
"第一届国际稀有金属加工和应用学术会议"，这是中国金属学会首次与国外
学会联合举办的国际会议。

1985 年，参与在洛阳召开的"第三届中日钢铁冶金学术会议"。

1985 年 11 月，随中国金属学会副理事长冶金部副部长周传典为团长的
代表团访问美国，主要承担学术交流的组织和翻译工作，代表团先后访问了
12 个冶金企业，9 个科研机构和 5 所大学的冶金材料学院，与美国金属学会
（ASM）、美国矿物、金属、材料学会（TMS）及冶金界的学者、专家、企业
负责人进行了广泛接触和交流，扩大了中国金属学会的国际影响力。

1985 年 10 月由中国金属学会主办的英文期刊《Chinese Journal of Metal
Science and Technology》创刊，师昌绪任主编，邵象华、柯俊、黄培云任副主编，
谢锡善教授为编委会成员。

1985 年 11 月，参与组织筹备"第一届低合金高强度钢国际会议"及文集
的编审工作，文集由美国金属学会出版发行。

1988 年 4 月，随以林宗棠为团长的金属学会代表团赴美出席"第九届国
际真空冶金大会"，并担当代表团组织和翻译工作。

1988 年 9 月，代表中国金属学会赴美出席"第六届国际高温合金年会"。

1990 年 10 月，协助中国金属学会组织筹备"第二届低合金高强度钢国
际会议"，参加会议文集的编审工作，文集由美国矿物、金属、材料学会（TMS）
出版发行。

1990 年 10 月，协助中国金属学会组织筹备在北京召开"第十届国际真
空冶金大会暨展览会"。

1992 年，参与筹备由美国矿物金属材料学会、日本金属学会、韩国金
属学会和中国金属学会共同主办的"第一届环太平洋先进材料和工艺国际会
议"，开创了泛太平洋区域的材料研究领域的学术交流新模式。

1995 年 11 月，协助中国金属学会积极筹备组织了"第三届低合金高强
度钢国际会议"，并出任文集编委会委员，协助出版会议文集，并进入国际
文献检索。

1995 年 7 月，作为代表团的副秘书长（负责学术交流）随师昌绪院士
率团参加在韩国举行的"第二届环太平洋先进材料和工艺国际会议"，中方

共有近 60 位科技人员参会。

1996 年 9 月，以中国金属学会常务理事锡善教授为团长的代表团赴美参加"第八届国际高温合金会议"。

1997 年 2 月，中国金属学会外事工作委员会副主任谢锡善教授及工作总部外联部主任赴美参加美国矿物金属材料学会（TMS）126 届年会，会议期间签署了 TMS 派代表团来华协议，洽谈了出版合作问题。

1997~2011 年代表中国金属学会参加美国矿物金属材料学会年会。

1998 年 7 月作为中国金属学会技术总代表随师昌绪院士率中国代表团一行 84 人参加了在美国召开的"第三届环太平洋先进材料和工艺国际会议"。

1999 年 3 月，受中国金属学会委托，与美国矿物金属材料学会、日本金属学会、德国材料学会及中国有色金属学会共同发起成立了国际矿物金属材料联合会，并出任常务理事。

2000~2010 年，受金属学会委托参与创立国际材料联合会 IOMMMS，并担任常务理事。

2000 年 3 月，协助我会总部人员赴美国金属学会培训两周。

2000 年 11 月，协助中国金属学会积极筹备组织了"第四届低合金高强度钢国际会议"，并出任文集编委会委员，协助出版会议文集，并进入国际文献检索。

2001 年 11 月，作为中国金属学会国际组委会成员代表参与组织筹备并准备在日本召开的"第四届环太平洋先进材料和工艺国际会议"，会议因美国"911"事件取消，但会议文集由日本金属学会出版发行。

2003 年，由中国金属学会推荐参与美国国家科学院和工程院发起由国家材料顾问委员会组织专家研讨"材料研究与发展的全球化"（Globalization of Materials R&D），历时两年的多次研讨会议，研究成果于 2005 年由美国科学院国家研究委员会汇编成《材料研究与发展的全球化》（Globalization of Materials R&D）一书出版发行。

2004 年，作为中国金属学会方面的技术总代表协助中国金属学会组织筹备在北京召开的"第五届环太平洋先进材料和工艺国际会议"，并担任文集编委会成员，会议文集在瑞士出版发行，并进入 EI 检索。

2005 年，协助中国金属学会积极筹备组织了"第五届低合金高强度钢国际会议"。

2005~2010 年代表中国金属学会出席美国矿物金属材料学会年会。

2007 年,作为国际组织委员会委员参加在韩国举办的"第六届环太平洋先进材料和工艺国际会议"。

2010 年,作为国际顾问委员会委员参加在澳大利亚举办的"第七届环太平洋先进材料和工艺国际会议"。

2013 年,作为国际顾问委员会委员参加在美国举办的"第七届环太平洋先进材料和工艺国际会议"。

正是依靠这样一批冶金战线有识之士的全力支持与无私奉献,中国金属学会国际学术交流活动日益活跃并蒸蒸日上,我们将沿着这辉煌的印记,在推动行业科技进步中不断前行,继续创造属于自己的历史,迎来谢锡善教授八十华诞。

1985 年谢锡善在第一届低合金高强钢国际会议上

1985 年谢锡善在第一届低合金高强钢国际会议上作报告

1990 年第十届国际真空冶金会议在北京召开

谢锡善教授与中国机械工程学会材料分会

严阿龙

（中国机械工程学会原材料分会秘书长，高级工程师）

中国机械工程学会材料分会是在党的十一届三中全会关于"把工作重点转移到经济建设轨道上来"的精神指引下，为了适应当时机械工业振兴发展的需求，以已故中国科学院院士周惠久教授为首，联合一批老一辈的材料科学家，在中国机械工程学会的支持和组织下，于 1979 年发起筹建的有关材料应用技术方面的专业分会；分会于 1980 年正式成立，是国内有关材料科学与工程方面成立最早的综合性学术团体之一。分会成立以来，一直拥有一批德高望重的材料科学家和来自科研、开发和生产第一线的专家，他们以扎实的工作和严谨的学风，引领着分会的发展，使分会的学术活动水平长期保持在较高的水准，并使分会与企业、高等院校和研究院所保持着紧密的联系，为推动国家经济繁荣做出了突出贡献。

2000 年，适逢中国机械工程学会材料分会成立二十周年，谢锡善教授接任了材料分会第五届理事会理事长（2000.11~2005.4）。为了适应社会与经济的快速发展，分会在谢锡善教授领导下，不断扩大国际合作交流，促进产品材料升级，致力提升自主开发与创新的水平。在他倡导和组织下，材料分会多次召开"中日双边高温强度学术研讨会""亚太地区断裂与强度国际会议"等，其中，"材料与热加工物理模拟及数值模拟国际学术会议"已成为中国机械工程学会的品牌会议，不仅增进了与国外先进国家在新材料领域的相互交流与合作，也提高了我会在国际材料领域的学术地位，对我国材料科学与工程学科的发展起到了很好的推动作用。

随着海峡两岸交流的扩大和深入，材料分会适时积极开展了海峡两岸的材料方面的学术交流，不断推动两岸科技与经济共同发展。

在 2000 年"第一届国际机械工程学术会议材料分会场暨材料分会成立

2000 年中国机械工程学会材料分会成立二十周年（谢锡善任理事长）

2000 年谢锡善（前排中间）和中国机械工程学会材料分会第五届理事会参会理事们

二十周年学术报告会"期间，谢锡善教授不失时机地邀请前来参加学术会议的中国台湾大学连双喜教授作为特邀代表，参加了"材料分会五届理事会第一次理事扩大会议"，连双喜教授介绍了彼岸材料学科发展和学会活动情况，双方积极探讨了开展学术交流意向。

谢锡善理事长在争取与中国台湾学者开展学术交流方面做了很大的努力，于 2002 年 11 月成功在中国台湾举办了"第一届海峡两岸应用材料研讨会"。

谢锡善理事长为团长的 17 人材料分会代表团参加会议。

2000 年中国台湾大学连双喜教授在中国机械工程学会材料分会第五届理事会
第一次理事扩大会议上介绍中国台湾学术界的情况

　　会后，代表团参观访问了中国台湾排名前几位的大学：台湾大学、清华
大学、交通大学、中兴大学、中山大学、成功大学、海洋大学；参观访问了
工业技术研究院；参观访问了华新丽华股份有限公司和中国钢铁股份有限公
司等。与中国台湾材料界的同行们进行了广泛的交流，增进了友谊，促进了
了解。为今后的定期交流打下了良好的基础。

　　2004 年 8 月在重庆召开了"海峡两岸第二届工程材料研讨会"。

2002 年谢锡善率团成功地举行了海峡两岸第一届应用材料研讨会

谢教授作学术报告

中国台湾同行连双喜教授表示祝贺

赠送熊猫双面绣给中国台湾学者

参观中国台湾海洋大学实验室

访问中国台湾清华大学

访问中国台湾中兴大学

访问中国台湾中钢

在中国台湾中山大学交流

学术探讨

海峡两岸第二届工程材料研讨会

主会场照片

参观重庆国际复合材料公司

迄今，材料分会与中国台湾学者轮流作东召开的"海峡两岸工程材料研讨会"已经是第十届了。

"亚太地区断裂与强度学术会议（APCFS）"是由中、日、韩三国的机械工程、材料科学及力学科技工作者共同发起的有关材料和结构的强度与断裂领域的地区性国际系列学术会议，首届会议于 1985 年在日本仙台召开，以后每 2~3 年分别在中、日、韩三国轮流举行，会议交流的内容随着技术的发展和学科交叉的融合不断扩展，谢锡善教授一直积极参加交流活动，并积极组织材料分会同行参加会议。

"亚太地区断裂与强度会议（APCFS'01）暨实验力学国际会议（ATEM'01）"2001 年 10 月在日本仙台召开。谢锡善理事长任团长组团 5 人参加了会议。谢锡善理事长作为联合组委会的主席在大会上作了题为"粉末镍基高温合金中夹杂物对裂纹扩展和断裂的影响"特邀专题报告。谢锡善理事长还荣获会议组委会颁发的突出国际活动奖牌。

为了更好地组织参加在韩国召开的 APCFS'04 会议，2004 年 1 月谢锡善理事长组织材料分会相关负责人与专程前来的韩国组委会主席 Young-Jin KIM 教授和程序委员会主席 Yun Jae KIM 详细地商讨有关事宜。

谢教授参加在西安召开的 APCFS'99 组织委员会会议

2001 年在日本仙台召开的"亚太地区断裂与强度国际会议（APCFS'01）"上
谢教授获颁"突出国际活动奖"

谢锡善与中国机械工程学会材料分会历届理事长、副理事长以及秘书长聚会合影留念

　　2004年10月谢锡善理事长为团长的44人庞大代表团参加了在韩国召开的"亚太地区断裂与强度会议（APCFS'04）"，谢锡善理事长指导和鼓励年青的科技工作者勇于承担会议工作，代表团有20余人次担任了分会场主持人，青年学者们在各方面都得到了很好的锻炼。

2004年谢锡善率团参加APCFS'04材料分会代表团合影

参观"韩国高等科学技术研究学院（KAIST）"，并赠送瓷盘

谢锡善理事长及会议代表与韩国小学生合影

2001年谢锡善主持中国机械工程学会材料分会五届二次理事扩大会议

　　"亚太地区断裂与强度会议（APCFS'06）"2006年10月在海南三亚召开，谢锡善教授已经卸任"材料分会理事长"，但是作为会议的学术委员会主席，在会议的筹备工作中谢锡善教授投入了巨大的心血，为会议的成功举办做出了重要贡献。

　　迄今，该系列会议已经举办十三届了。

　　谢锡善教授以他出色的组织能力，渊博的专业学识，饱满的工作热情，亲和的个人魅力，深深感染和激励着材料分会的每一个人，在谢锡善教授担任材料分会理事长期间，材料分会数度获评先进分会，各专业委员会的学术活动积极活跃。

参观江阴兴澄钢厂

2002 年谢锡善主持中国机械工程学会材料分会五届三次理事扩大会议

2004 年谢锡善主持中国机械工程学会材料分会五届五次常务理事扩大会议

2006 年有 10 余个国家和地区 700 余名代表参加的第六届亚太地区断裂与
强度 APCFS'06 会议开幕式

2007 年第十一届中国高温合金年会

谢锡善教授与高温材料及强度委员会

涂善东

（中国机械工程学会原高温材料及强度委员会主任委员，
华东理工大学副校长，教授）

谢锡善教授在他的学术生涯中致力高温材料与强度的研究与发展，同时为创立我国高温材料与强度研究的学术组织、提升我国在相关领域的研究水平做出了不可磨灭的贡献。本文记叙了三十余年来，中国机械工程学会材料分会高温材料及强度委员会的创立、发展与壮大的过程，这每一个阶段都倾注了谢锡善教授的巨大心血。

一、创立高温强度学组，提升我国高温强度研究水平

（一）高温强度学组的成立

文化大革命后，我国各行各业百废待兴，鉴于高温材料强度在民用和国防工业发展中的重要性，周顺深、周光华等同志于 1980 年向中国机械工程学会材料分会（筹）理事长周惠久教授（中科院院士）提出在材料学会下成立高温强度委员会请求。经学会讨论同意在强度委员会下设立高温强度学组。

高温强度学组于 1984 年 11 月 4~10 日在洛阳召开第一次全国高温强度学术会议暨学组成立大会。谢锡善教授时年不到 40，是当时创会成员。出席会议成员包括中国科学院、机械部、航空部、化工部、教育部、冶金部、水电部、船舶工业公司、有色金属总公司等九个部门所属研究所、高等院校、厂矿的代表，共计 82 名。下图为当时开会时的全景及学组成员的合影。

（二）学组成立后每年活动情况

学组成立后制定的学术活动策略是：在国际方面，积极参加国际学术活动，加强与日本高温强度委员会联系。另一方面，在国内团结更多高温强度

1984 年全国高温强度学术会议暨学组成立大会会场全景

高温强度学组成立留影（左 7 为谢锡善教授）

领域的学者，扩大研究队伍，并加强国内学术交流活动。

1987 年 6 月，参加在北京友谊宾馆举行的国际力学性能会议（ICM），谢锡善、周顺深、周光华代表高温强度学组，与日本京都大学大谷隆一教授商谈邀请日方高温强度领域的学者来访事宜。大谷隆一教授推荐日本立命馆大学大南正瑛教授访问中国，大南教授为当时日本高温强度委员会主席（后为立命馆大学的校长），是在日本乃至国际有较高威望的学者。与大南正瑛的密切联系和交往为以后中日学术交流打下了坚实的基础。

1987 年 10 月日本立命馆大学大南正瑛教授访华。在洛阳、南京和上海进行讲学，同时在洛阳举行学术会议。

在谢锡善等人的倡导下，由中国机械工程学会材料学会高温强度学组举办的"第二届全国高温强度会议"于 1988 年 10 月 15~19 日在山东省青岛市潜艇学院召开。此后在 1989 年 4 月，在无锡举行学术活动。1990 年 8 月，在大连理工大学举行学术活动。1991 年 10 月，在南京举行学术活动。

1992 年 5 月在上海，高温强度委员会正式成立，主任委员由周顺深担任，谢锡善、周光华担任了副主任委员。

谢锡善教授凭借其学术水平和国际交流中展现的魅力，促成了中日双边

1987 年 6 月上旬参加力学性能国际会议（ICM）并与日本大谷隆一教授交谈

高温强度的密切合作与交流。1992年8月18~22日在洛阳举行第一届中日双边高温强度学术会议。参加会议的有52名代表，其中日方代表12名。会议交流论文54篇，内容包括高温型变、裂纹扩展和断裂、新材料的断裂与形变、高温损伤分析、高温零件寿命预测等。这次会议，我国各方面条件仍十分艰苦，交通也不便利，但是大家克服了困难，中日两国在高温强度领域的同行由此也建立了深厚的友谊。以下为当时坂根政男教授回国后所发表的感想。

　　从车窗上看到中国的街道与我上小学和中学时的日本景色大致类似，可是看到大街上还有马和骡子拉车的情景却也令我们大吃一惊。中国研究人员的研究热忱很旺盛，与中国有些落后的现状相比，使人产生一种不解的复杂感情。

坂根政男，立命馆大学教授

日本材料学会杂志，1992, 41（470）: 1720

二、倡导传承与创新，高温强度委员会不断发展

　　90年代，在人人追求经济效益的氛围下，许多研究院所甚至将蠕变试验机作废铁处理给回收站之时，一些相关专业委员会纷纷关门，但以谢锡善教授为代表的一批高温强度委员会成员，以艰苦奋斗、持久坚守的精神，从废品站购回试验机，坚持高温强度研究不断线，学术交流活动不断线。

　　这时候，老一辈的高温强度委员会委员高度重视委员会的传承与创新，委员会的年轻化成为大家的共识。1996年，谢锡善教授年届61出任第二届委员会主任委员，其他委员也大都年高、年长，但却推荐35岁的涂善东教授担任第一副主任委员。1999年在谢锡善教授、林富生研究员等同志的倡导下，还实现了高温材料委员会与高温强度委员会合并，并更名为：高温材料及强度委员会，使得委员会的外延扩大，内涵更加充实。除了一年一次的高温强度委员会工作会议，还举办了多次全国性学术会议，在日本新泻与中国南京分别举办了中日双边高温强度研讨会，高温强度委员会的学术活动得到了上级学会的充分肯定。1995年8月23~25日由谢锡善教授带队，中国代表团参加了第二届中日双边高温强度学术会议在日本新泻长岗技术大学举行，参加会议的有40余名代表，中方代表14名，日方代表28名，此外还

1998 年第 3 届中日双边高温强度学术会议（南京饭店）

包括美国、瑞典、英国、印度等国的代表。

1996 年 11 月，我委员会"中日双边材料高温强度研讨会"项目获中国机械工程学会 1991~1996 年度学术工作成果奖。

1998 年 8 月 18~21 日第 3 届中日双边高温强度学术会议在南京正式召开。会议由谢锡善教授和 Sakane 教授担任大会主席，涂善东教授担任学术委员会主席，沈复中教授担任组织委员会主席，研讨内容包括：材料损伤及寿命预测、疲劳与蠕变交互作用、高温合金、陶瓷和新型材料等，会议论文在中国《金属学报》（英文版）上刊登发表（ACTA Metallurgica Sinica, 1998, Vol.11 No.6; 1999, Vol.12 No.1）。

1999 年 9 月面向 21 世纪高温材料及强度学术研讨会在北京航空材料研究院召开，参加会议的有 24 个单位的 46 名代表，特邀报告 11 篇。会议讨论决定高温材料委员会与高温强度委员会合并，委员会名称更改为：高温材料及强度委员会，但对外交流的名称仍用高温强度委员会（High Temperature Strength Committee）。

2000 年 8 月第一次执行中日合作与交流互访，谢锡善、孙家勇、涂善东代表委员会访问日本，并在日本材料学会高温强度委员会年会上介绍了中国高温材料（谢锡善）、强度（涂善东）与应用（孙家勇）的研究状况。

2000 年 11 月材料分会在上海举行学会成立二十周年庆祝活动暨理事会换届会议，我委员会主任委员谢锡善教授当选为新一届材料学会理事长。同时第一届国际机械工程大会在上海国际会议中心召开，会上设立了高温强度分会场。

三、继往开来、为高温材料及强度做出新贡献

进入 21 世纪后，我国国民经济建设蒸蒸日上，与高温相关的能源、石化、航空航天等工业领域迅速发展，这也促进了学术交流更加活跃，更多新生力量加入到高温材料及强度委员会。在国际学术交流方面，与日本高温强度委员会的合作更加紧密，同时还与兄弟学会和单位联合举办了国际断裂力学系列研讨会（Fracture mechanics and applications）。由谢锡善教授和 Igari 博士担任大会主席的第 4 届中日双边高温材料强度研讨会于 2001 年 6 月 10~13 日在日本筑波（Tsukuba）的国立材料科学研究所召开。中方代表团由会议学术委员会主席涂善东为团长，代表团成员 16 人，分别来自国内高等院校、研究院所、检验机构和企业等部门，涉及石油化工、发电、冶金、航空航天等领域。日方代表团成员约 18 人，主要来自高等院校、国立研究院所和大型企业。会议交流论文 35 篇，论文涉及领域包括：超合金与复合材料性能、耐热钢微结构研究、形变与损伤分析、蠕变与疲劳等。

2001 年 11 月"举办中日高温强度系列研讨会"获中国机械工程学会"学会工作成果奖"。

2001 年 12 月，委员会进行了换届。谢锡善教授提名涂善东教授接任主任委员。

由谢锡善教授担任主席的第 5 届中日材料高温强度会议于 2004 年 8 月 16~21 日在西北工业大学顺利召开，分六个专题进行了交流，取得了圆满成功！为了鼓励中国和日本的青年科学家投身高温材料与强度的研究，积极参加中日双边的交流活动，会议首次设立优秀论文奖，分别奖励来自中国和日本的青年科学家，通过资深专家们的投票，我国青年学者北京航空材料研究院的于慧臣博士与日本长冈科技大学的 M. Sakaguchi 博士获得了首设的优秀论文奖。会议论文选集发表在金属学报英文版 2004 年 17 卷第 4 期上。来自其他国家的代表表示，这次会议学术水平高、规模适当，可以面对面的与所有参会人员交流，深入的讨论目前技术中的前沿问题，取得的收获出乎意料。

2006 年 11 月"中日双边高温强度研讨会"再获中国机械工程学会"学会工作成果奖"。

2007 年 8 月 20~26 日，值日本东北大学 100 周年校庆，也是中日双边高温强度系列会议创立 15 周年之际，在日本仙台的东北大学召开了第 6 届日中双边高温材料强度学术研讨会。本次会议由日本中央电力研究院的高桥由纪夫（Yukio Takahashi）和华东理工大学涂善东教授担任主席，由日本材料学会和东北大学共同组织。

2010 年 8 月 23~27 日在我国大连理工大学召开第 7 届中日双边高温材料强度学术研讨会。本次会议由华东理工大学涂善东教授和日本中央电力研究院的高桥由纪夫（Yukio Takahashi）担任主席，大连理工大学赵杰教授与南京工业大学巩建鸣教授担任组织委员会主席。会议由中国机械工程学会和大连理工大学共同发起。

2013 年 8 月 19~24 日，"第八届中日双边高温材料强度学术会议"在日本旭川市举行，这又是一次高水平的双边学术交流活动。所有这些活动都得到了谢锡善教授等老一辈的高温材料与强度领域学者的指导与大力支持！

在谢锡善等教授的倡导下，我国高温材料及强度委员会形成了鲜明的特色：

（1）面向国家需求、瞄准学术前沿。委员会从高温强度学组开始，便有面向国家需求，胸怀全世界的崇高理念。一方面针对国内经济建设的需要，强化国内同行的学术交流，几乎每年举行规模不等的学术研讨会，另一方面高度重视国际合作与交流，特别注重与高温强度研究发达国家的交流。

（2）艰苦创业、持久坚守。在高温强度学组成立之初（20 世纪 80 年代初），物质条件很差，活动没有经费，在扬州小盘谷开会时，委员们自己在食堂买饭吃，会议结束也没有聚餐，大家毫无怨言，一个劲地把学术活动搞好。在 80 年代中期，很少有人写论文，许多学会开展学术活动都很困难，唯有本学组全体成员凭着艰苦创业精神，不懈努力，每年仍然把学术活动开展得很好。至 90 年代中期，在人人追求效益的氛围下，我委员会成员以持久坚守的精神，坚持高温强度研究不断线，学术队伍有传承。

（3）学术民主，精诚团结。委员会十分注重发扬学术民主，每次学术会议上有批评甚至有批判，但在学会工作中却求同存异，互相支持。同志之间平时相互尊重、互相提携，老一辈委员做到"前人栽树，后人乘凉"，年轻委员做到"吃水不忘挖井人"，正是这些传统，使得委员们精诚团结。只要委员会开会讨论做出决定，大家都积极主动争取去完成任务，从科研经费乃至个人经费中积极支持各项交流活动。

中国机械工程学会材料学会部分历届理事长和秘书长

谢锡善教授——我们的好师长

胡尧和

（高温合金同仁，北京科技大学退休副教授）

谢锡善教授八十大寿，他的弟子们纷纷著文，我作为他的同事也有许多感恩的话要说。

他是科技创新的带头人。

60 年代初期，他从捷克留学归国后，就来到了北京钢铁学院（北京科技大学的前身），与陈国良院士一起创建了高温合金教研室，在这里开始他的高温合金教学与科研工作。正是由于谢锡善教授及一批像他一样的高温合金专家的努力和付出，中国的高温合金领域才能在短短的半个世纪中快速发展取得骄人成就。目前世界上只有少数几个国家建立了独立的高温合金材料体系，而我国就是其中之一。

1980 年，陈国良、谢锡善及其合作者发表在第四届国际高温合金会议上的"铁基高温合金中 μ 相和 s 相引起的晶界脆化"论文被评为大会的唯一的最佳论文，同时受到大会嘉奖。他和陈国良院士等首次在国际上提出材料高温蠕变和疲劳交互作用断裂特征图，获得了原国家教委科技进步一等奖。

特别值得提出的是，他为了让高温合金在民用工业中获得运用，陈国良和他一起组建了所谓的"七人团"，开始了铁基 GH132 涡轮盘在石化工业烟气轮机中的应用研究。他组织大家到相应的工厂进行了调研，写出了国产 GH132 合金盘在烟气轮机中运用的可行性论证调研报告。并在 1982 年，在石油部接受了当时某些部领导及专家长达数天的质询和答辩，得到了他们的首肯，并被聘为兰州炼油厂机械厂冶金材料总顾问。立项之后，他和他的团队分赴冶金厂、锻造厂、热处理厂做了大量的工作，终于在西南铝加工厂的 3 万吨水压机完成了我国第一个 $\phi760mm$ 铁基高温合金涡轮盘锻造。在此之后又根据需要组织生产了 $\phi800mm$ 直到 $\phi1250mm$ 的涡轮盘。这个项目的完成获得了冶金部科技进步一等奖和国家科技进步二等奖。到了 1986 年 4 月，随着烟气温度的提高，他们又将美国的 Waspaloy 材料用到了烟气轮机盘。并且从此完全取代了铁基 GH132 涡轮盘，组织生产了 $\phi800mm$、$\phi1150mm$、$\phi1250mm$ 以及 $\phi1380mm$ 的大型盘件。目前，全国已有 300 余台烟气轮机在运行，为我国节能减排做出了巨大贡献。

到了 2000 年，为了我国超超临界电站用材的需要，他又带博士生与美国特殊金属公司（SMC）合作，解决了 Inconel740 长期组织不稳定性问题，在美国专利 740H 的改型工作中做出了贡献。为了适应我国资源和使用的需求，他致力于开发研究国产化 700℃ 先进超超临界燃煤电厂用高温合金，他在没有课题、没有多少经费的情况下炼了十炉小炉合金，取得了大量的试验数据，并于 2014 年在 500 公斤真空感应炉炼了两炉新型镍基合金。经过电渣重熔（ESR）获得了两根较大的锭型，并与有关厂家合作挤压成管坯后再冷轧至成品管。根据已经取得的数据获得了相关专家的好评，并取得了国家的专利。虽然他已经 80 岁高龄，但他决心在有生之年将这一材料用在我国的 700℃ 超超临界电站上。

他是教书育人的好老师。

为培养一支好的队伍，也为了学生的需求，他与陈国良院士合作编写了《高温合金学》。到目前为止，他培养的硕士研究生有 25 人，博士生 22 人，博士后 5 人。

在我们学校，特别是在材料科学与工程学院，同学们都以听他讲课为一乐事。他能说流利的英语，表达能力又很强，既可以做几个小时的报告，也可以在几分钟内将问题阐述明白。他为了指导好研究生的科研工作，在出国访问期间一封封的书信将计算公式、试验步骤尽量交代清楚，获得了学生们的爱戴和好评。为了培养博士生，他严格要求学生们必须语言过关，他出经费让博士生们到国外参加会议，听了他的学生的报告后外国同行都赞扬谢教授教学有方。不仅如此，他还为学生毕业找工作提供方便，至今大部分学生都在关键的岗位上发挥着作用。用人单位表示这些人能干得好与谢教授的培养有很大关系。

我本人的成长也是与谢教授的指导和关心分不开的。我毕业于冶金系，对于高温合金是个门外汉。他不仅为我提供学习的资料，而且布置具体任务，

严格检查和指导我的努力方向，使我逐渐成为他的合格助手，为此我衷心感谢他的培养。虽说是同事，实则他也是我的好老师。

为了培养年轻教师，他将拿到的课题及经费交给他们，期盼他们能够尽快成长。

他关心同志、助人为乐，在陈国良院士有病住院期间他多次前去探望，特别是在陈院士逝世前一周他还到301医院病床前探望。此时陈院士已经不能言语，但他的亲属十分感动。

我们教研室一位老教师得了肺癌8年，每年他都带着礼物和现金前去看望，为此该老师的爱人说"老谢这个人真够意思"。

好人必有好报。谢锡善教授今年已经80岁了，但他的身体仍然是那么硬朗。我们祝愿他越活越年轻，健康长寿！

2015年胡尧和、谢锡善和钢铁研究总院以及抚顺特钢的同仁们

谢教授为国产 3 万千瓦级烟气轮机作出了重大贡献

李克雄
（中石油兰州炼油机械厂原总工程师，教授级高级工程师）

2000 年开始，为配合千万吨级炼油装置建设，列入"十五"国家重大技术装备研制项目，我国开始自主研制与之匹配的 3 万千瓦级特大功率烟气轮机，由中国石油组织实施，原兰州石化机械厂承担。我作为技术负责人，有幸见证了谢锡善教授作出的重大贡献。

烟气轮机主要用于石油炼厂的催化裂化装置，是服役于高温烟气中的透平机械，可以有效降低炼油厂能耗和粉尘排放。性能要求高，设计制造维护难度大。涡轮盘连接着叶片和主轴，是烟气轮机中的核心部件，在高温下长周期高速旋转，在复杂负荷下传递扭矩，轮缘和轮心温差较大，同时受到烟气介质的冲刷腐蚀，工作环境极其恶劣，因此对其性能和可靠性要求非常高。

首台 33000kW 烟气轮机涡轮盘的材料为 Waspaloy，成品尺寸为 $\phi1380mm$，国内无法提供。在立项论证、考察国外供应商及专用设备、选择技术标准、商谈技术条件、主要生产工序现场见证及检验结果确认等各个环节，谢教授亲自或带领他的团队，高度负责，精益求精，出色完成了任务。特别是当美国提供的两件热处理盘件经国内复检某些性能不合格后，谢教授反复分析研究，寻找问题原因，与外方技术人员反复沟通，据理力争。在他的努力下，外方承认了问题，收回原件重新制作了两件合格锻坯，保证了这台烟气轮机研制工期。

在此后的一个与此有关研制项目中，谢教授利用他深厚的学术功底以及在国外现场了解掌握的大量资料，积极参与并指导开题论证、合金成分设计、

冶炼锻造工艺设计、锻模设计等，使我们顺利完成了《超大型烟气轮机涡轮盘国产化研制》，制作出了合格的 ϕ1380Waspaloy 盘件。谢教授在参加 8 万吨水压机论证会时，提出了锻造特大型涡轮盘的需求，这个涡轮盘是 8 万吨水压机压制的第一件民品。

2003 年，首台 33000kW 烟气轮机顺利投运以来，状况良好。在技术标准、设计方法、制造工艺、材料选择及试验方法等方面与国际先进水平保持同步，使我国成为继美国之后第二个有能力设计制造特大功率烟机的国家。随后又为多家大型炼厂提供，运转良好。我们永远不会忘记谢锡善教授及其他合作伙伴为烟气轮机作出的贡献！

大型 GH864（Waspaloy）国产镍基高温合金烟机涡轮包套锻造成功

师生情谊

高温合金 64 届毕业生

弹指一挥间已是五十年，昔日豆蔻年华，风华正茂的莘莘学子，如今已是年过七旬，两鬓霜白的古稀老人。在北京钢铁学院毕业五十周年聚会之际，重逢执手，感慨峥嵘，回顾往昔，其情真切。

天南海北的我们聚在老师身边，如同树枝树叶之依附于树干树根，已是 80 岁高龄的谢锡善教授依然能清楚的叫上大家的名字，隔了五十年的沧桑，言语间好像还如昨天一样，浓浓的师生之情不由得从心间流溢。

谢锡善教授是从捷克斯洛伐克留学回国，执教我们高温合金专业，他治学严谨，循循善诱。当时，高温合金是根据我国国防和经济建设需要设立的一门新专业。如何把应用中所蕴含的基本知识、基本理论讲清楚，把条理讲

2014 年谢锡善与高温合金 64 届部分毕业生半世纪再相会

2014 年谢锡善与高温合金 64 届部分毕业生半世纪后聚会于图书馆前

清晰，使同学们能更多地学习到高温合金中所包含的思路与方法，锻炼学生们的思维，做到举一反三、触类旁通，是谢教授所孜孜追求的。"师者，传道、授业、解惑也！"谢锡善教授在解惑方面尤其注重对学生的引导，充分发挥学生的积极性，激发学生潜能，因此，课堂上谢锡善教授总会与学生形成高效的互动，百问不烦，为学生积极解答心中的疑问，这是他一贯的治学作风，也是老师的教诲。

毕业论文答辩之时，有的同学自信满满，自认为准备充足，作为审阅老师的谢教授当时提出第一个问题"含硅高温合金所含各个化学成分，你是如何设计的"，这个问题虽然不是这次论文的研究内容，但让我们明白了搞研究必须要认真再认真，深入再深入，这也使我们在以后工作中养成了深究细研、严谨细致的工作习惯，让我们终身受益。

谢锡善教授不仅是我们授业的师者，更是我们生活的长者。虽然在学习方面对学生要求非常严格，但是在生活中对我们和蔼可亲，平易近人，有同学返校，是谢锡善教授自掏腰包主动请大家吃饭，甚至为远道而来的同学安排好住宿，由此可见，已是古稀之年的我们在谢教授眼里还是那群始终需要关怀的学生，这是一份弥足珍贵的似亲情般的友情。

2014 年谢锡善与高温合金 64 届部分毕业生欢聚

2014 年谢锡善与高温合金 64 届部分毕业生座谈会

　　闲暇之余，大家坐到一起想再听谢锡善教授一次课，让他给大家介绍一下现代高温合金的发展历程以及相关专业知识。这次与以往不同，谢锡善教授对我们嘱托的是身体健康问题，健康、长寿、和谐、幸福，是我们追求的目标。我们充满了喜悦，虽然已两鬓斑白，却心宽体健，我们儿孙满堂，幸福安康。

2002 年 50 周年校庆谢锡善与高温合金 64 届毕业生

2002 年 50 周年校庆谢锡善与高温合金 64 届毕业生

（高温合金 64 届供稿）

我们就是在这样平凡的事迹中叠加了对于谢锡善教授的敬仰和钦佩。现如今回头想想，无论从学生时代的角度来看亦或是站在社会的角度来看，谢锡善教授都是一个难得和让人难忘的老师。尤其当我们步入社会，品尝了人生的酸甜苦辣，经历了世事的沉沉浮浮之后，才发觉师生情谊就如同一杯陈年佳酿，如同一首饱满深情的歌，悠远而绵长；师生情谊是一段割不断的情，是一份躲不开的缘，越久越纯正，越久越珍贵，越久越甘甜。

2014 年 12 月 15 日

1952 年钢院建校元老章守华教授在 50 周年校庆时会见部分 56 届毕业生

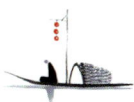

匹兹堡随想

——写于谢锡善先生八十寿诞

陈国胜、谢伟、马天军
（宝钢特钢高温合金首席专家）

　　我们有幸和先生一起赴美国匹兹堡参加了三届国际高温合金会议，每每回想起来，敬仰、感激之情油然而生。为了确保中国代表团的论文质量，在论文征集阶段，无论与先生有没有直接关系，先生都会对我们的论文进行细致的审阅和修改，仔细咀嚼，既体现了大师的手笔，又折射出先生博大的胸襟。先生每次都会对我们的行程路线、交通方式、汇合地点、住宿旅馆及注意事项等做精心安排，既保证行程高效，又经济实惠，同时又能够领略北美各种风土人情，那如童话般的乡村小店，至今令人记忆犹新，即使茶余饭后聊天和小街上散步，都会从先生那里学到很多东西方文化差异及为人处事的道理，给人以潜移默化、润物无声之感。

　　先生的学术演讲尤其精彩，给人举重若轻，行云流水的享受，交流过程中无论对象来自学术界还是工程界，甚至是服务人员，先生都潇洒自如，既严谨又诙谐，从一双双蓝眼睛所流露出的钦佩、信赖的神采中，让我们充分认识了先生在国际高温合金界的崇高地位。

　　着眼于中国高温合金事业的发展，每次会后，先生总是想方设法组织团队参观相关冶金制造企业、发动机公司和高校。在目前的国际政治环境下，能够做到这些，我们不但感受到先生良好的国际人脉和满腔的爱国热情，也能体会到背后所付出的辛劳和汗水，回程中，先生每次都会组织全团不拘形式地认真总结国内外的差距以及国际科研和工艺技术动向，安排各方面人员重点总结，亲自汇总完善，最后发给各单位共享。

　　先生学识之渊博令人遥不可及，先生的教诲和关怀又是那么谦和和平

易，与先生共处，使人对高山仰止、虚怀若谷、良师益友等词汇的内涵会产
生更加深刻的理解。

2015 年 3 月 25 日

Proposed Itinerary for Superalloys Delegation from China
(Sept. 24 – Oct. 9, 2005)

Sept. 24 (Sat)　　Arrival in Los Angeles
　25 (Sun)　　Free time
　26 (Mon)　　Morning visit to Certified Alloys
　　　　　　　Afternoon flight leaves L.A for Milwaukee
　　　　　　　NW 984 (original　17:00 → 22:51)
　　　　　　　　　Now changed　12:55 → 18:37

Sept. 27 (Tues)　　Morning visit to Ladish
　　　　　　　Afternoon flight leaves Milwaukee for Indianapolis
　　　　　　　UA 5414 (UA 5611)　MKE → ORD　14:06 → 14:58
　　　　　　　UA 7937 (UA 7792)　ORD → IND　16:55 → 18:04

Sept. 28 (Weds)　　Morning visit to Haynes International
Sept. 29 (Thurs)　Afternoon drive from Kokomo to Cincinnati
　　　　　　　Morning visit to GE
　　　　　　　Afternoon drive from Cincinnati to Huntington

Sept. 30 (Fri)　　Morning visit to SMC
　　　　　　　Afternoon drive from Huntington to Morgantown

Oct. 1 (Sat)　　Visit to West Virginia University

Oct. 2 (Sun)　　Drive from Morgantown to Pittsburgh
　　　　　　　to join the opening of Symposium at evening time
Oct. 3 – 5 (Mon–Weds)　International Symposium on 718, 625 and 706 Alloys

Oct. 6 (Thurs)　　Drive from Pittsburgh to Reading, PA

Oct. 7 (Fri)　　Morning visit to Carpenter Specialty Steels
　　　　　　　Afternoon drive from Reading to Pittsburgh Airport
　　　　　　　Evening flights leave Pittsburgh for SFO & New York
　　　　　　　NW 1815 for Prof. Xie　PIT → DTW　17:00 → 18:12
　　　　　　　NW 347　　　　　DTW → SFO　17:34 → 21:31

Oct. 9 (Sun)　　Leave US for China
Oct. 10 (Mon)　　Arrival in China (Beijing or Shanghai)

2005 年 718 合金国际研讨会谢先生手写的行程单

谢锡善和姚志浩于参加国际 2014 年高温合金年会之际与钢研院、宝特同仁会聚

谢锡善与科学院金属所和宝特的同仁们专访美国 Ladish 锻造公司

2014 年谢锡善与金属所、航材院、宝特的同仁们参观访问西弗吉尼亚大学

2014 年参加国际高温合金会议后访问西弗吉尼亚大学进行专题讨论

2014 年参加国际高温合金会议后准备出发前往西弗吉尼亚大学访问及学术交流

谢锡善与宝钢特钢高温合金首席专家们

恭祝谢锡善老师八十华诞

朱　强

（谢锡善教授学生和同事，现深圳南方科技大学教授）

时间飞逝。似乎转眼间，谢锡善老师已经庆祝 80 寿辰，桃李满天下！

36 年前，在谢锡善老师指导下完成了学士学业，随后又在谢老师领导下在北京钢铁学院（现北京科技大学）高温合金教研室工作 7 年，直至 1989 年赴欧洲进修学习工作。对谢老师的印象视乎久远，但实在感觉仿佛昨天！

回想 1977 年年中，作为高一班班长，正在组织同学学习雷锋，班主任刘老师到来告知大家一个特大消息，要恢复高考了！经过一年多的复习，1978 年年中在未高中毕业时，提前参加了高考。当时是先报名学校，再参加高考。记得当时是文革刚刚结束，百业待兴，钢铁是工业基础，高温合金是航空发动机的明珠，结果就报考了北京钢铁学院高温合金专业（1980 年开始改为大的材料专业，不再有高温合金专业）。1978 年 9 月份来到北京钢铁学院，进入高温合金专业学习。

当时的高温合金专业包含了高温合金材料、高温合金冶炼和高温合金腐蚀与防护三个领域，陈国良老师、谢锡善老师、付杰老师和叶锐增老师是学科带头人，还有王迪、徐志超、胡尧和、倪老师、孙老师等。这些老师各有特色，音容笑貌经常在脑海里出现。在学业学习期间，谢锡善老师正好与陈国良老师一起，共同获得国际高温合金年会最佳论文奖。当时国内科学家获得国际会议奖项的还很少，而且能够用英语与外国专家自由交流的更少。我在高考时英语成绩是零（中学未学英语），对谢老师自然的崇拜至极！

谢老师 1981 年国外进修结束后回国。开始有机会聆听谢老师的专业授课和有关国际高温合金研究现状的报告。经过 3 年半的课程学习，1982 年初有幸拜谢锡善老师（还有徐志超老师）为结业指导老师，在上海第五特殊

1982 年朱强刚刚毕业并工作于北京钢铁学院——憧憬未来

钢厂完成了《微量元素镁对 IN718 合金蠕变行为》的研究，同年 7 月以优秀成绩顺利毕业，获得学士学位。毕业后留校在高温合金教研室任教师。此时，谢锡善老师是教研室主任。所以说，1982 年我完成了由谢老师学生到同事的角色转变。

1982 年起，由于工作需要同时兼职 82 级学生辅导员和攻读在职硕士。1984 年年中开始全职在高温合金教研室教学和科研，与谢老师及各位其他老师全方位接触。谢老师等前辈在科研业务上的无私指导、对事业的孜孜追求、时间上的争分夺秒、每周四下午政治学习中家事国事天下事的畅谈等，使得我对谢老师等老一辈科学家充满了崇敬，他们的精神与对工作的严谨态度对我未来的工作学习无疑有着深刻的影响。

1989 年开始辗转法国、德国和英国大学及企业界进修、学习和工作。2010 年回国后又开始教书育人和科研工作，完成培养的博士生或获得最佳博士论文、或获得北京市优秀毕业生，而且已经在央企、上市公司或大学等单位科研中起着中流砥柱的作用。目前，我在深圳南方科技大学做教师，继续教学与科研。谢锡善等老师的言传身教无疑还会继续在我的教学和科研中发挥积极影响。虽然深圳—北京距离较远，但不会影响继续与谢老师的合作，随时聆听其教诲。

2018 年春节于英国谢菲尔德家中

1994 年朱强在德国爱尔兰根 – 纽伦堡大学获得三件宝——女儿、博士学位和近视眼

2009 年朱强于英国谢菲尔德寻找新的人生目标

2017 年朱强在深圳南方科技大学——思索实践人生新的目标

编外学生求学记

寿　林

（谢锡善教授硕士研究生，现赛默飞世尔科技有限公司高级工程师）

　　我出生于1956年，刚上完小学三年级就开始文化大革命了，小学是五年制试验班，到初中毕业，没学到多少文化知识，1971年底，不满16岁就分配工作到北京石景山电厂。经历了近两年的开山建防空洞和在电气维护班工作后，我又被调到金属实验室学习金属组织检验和力学性能测试，还要做一些金属材料类的故障分析。这些工作对于一个连小学和初中都没有好好上的我来说，真是太难了。

　　经过几年的努力和老师傅们的热心指导，总算能做一些事情了，但其中的道理还是不懂，只好自学一些数理化的知识。但遇到诸如金属学中的相图、相变或力学中的微积分运算，还是不得要领。

　　1984年初，我已结婚生子，也学了一些数学、物理的高中课程了，这时突然听说北京钢铁学院（现在的北京科技大学）要招收金属材料方面的函授生，学制五年半，可获得学士学位，我就动了心。屈指一算，距离考试只有三个月的时间了，我的化学知识还近似于零，也从来没有参加过这样的考试，工作还不能停，只好充分利用晚上和周末去拼搏了。幸好最终还是挤进了钢院的大门。

　　函授生的课程很是辛苦，每周有一天集中授课，这一天要上八节课。同学们很多都是中专毕业又来深造的，我没有任何优势，唯有勤奋追赶。给我们上课的多是老教师，学问渊博，要求严格。想混个文凭还真不易。好在凭借自己的努力慢慢追了上去。

　　大约在1986年底，发电厂的耐热钢出现了问题。原因是中国自五十年代起一直受合金资源匮乏的制约，无法发展中、高合金耐热钢，只能另辟蹊径搞低合金多元强化耐热钢，真正投入使用的有冶金部钢铁研究院刘荣藻先

生领衔开发的 12Cr2MoWVTiB（钢研 102），它于七十年代初安装在高井电厂七号炉高温过热器上使用。现在已接近十万小时的设计使用寿命。这个钢种在国际上没有相近的实例来参考，我就去钢研院向刘先生请教。结果使我大吃一惊，老人家告诉我由于文化大革命等原因，已多年无法立项对此进行后续的研究，非常希望我能继续做这方面的工作。我暗自思忖，我只是一名普通的试验工，专业知识刚开始学，怎能担此重任？但我的工作性质和责任促使我向厂领导做了汇报，得到了辛卫民总工程师的支持，指示我先去做调研。随后我与华北电力科学研究院的同行们到使用过此钢种的电厂、电力部门的科研单位、锅炉制造厂、生产此钢种的钢铁厂、一机部的研究单位等了解情况。结论就是我厂确实是最早使用此钢种的电厂之一，到目前为止该钢的研制单位、生产和使用单位都没有对钢材长期使用后的变化进行研究。我们将这些信息向总厂和华北电管局做了汇报，领导很重视，批准我们做 12Cr2MoWVTiB 钢使用寿命研究工作。

在当时的历史条件下，很多单位有意参与这项工作，但我们作为一个基层企业做局级的项目，没有这方面的专家，也没有多少经费，是非常困难的。单位领导很开通，让我做这个项目的实际负责人，可我深知凭我的学识和能力是无法胜任的。我绞尽脑汁寻找能胜此任的专家。忽然想起老师傅们曾说起多年前北京热电厂发生了高温螺栓断裂事故，请北京钢铁学院谢锡善先生做断裂原因分析。我现在正在钢院上函授，能否请谢先生指导这个项目呢？为此我先了解谢先生的工作经历，先生早年在钢院学习，又到捷克深造，师从 Tiendl 院士研究耐热钢及高温合金，1962 年获副博士学位后回到钢院，与陈国良先生一起创办了国内高等学府的第一个高温合金教研室，近年又去美国进修，是国内这个领域里少有的人才。可是我去向他求助，他能看得上这种无名无利见效慢的项目吗？但事已至此，我还是决定去拜访一下。当我怀着忐忑的心情见到先生时，他平易近人的风格使我放松了很多，我将此事的来龙去脉向他汇报后，出乎意料，先生给了我极大的鼓励。他讲了在捷克留学期间是怎样研究电站用钢的，回国后由于研究方向的改变，已多年没有做耐热钢方面的工作，但先生深知这项工作的意义，给了我很多指导。我终于看到了一线曙光！

又经历了与众多相关单位的探讨与协商，最终华北电管局批准五家单位共同进行这个项目的研究工作，这些单位是：石景山发电总厂、华北电力试验研究所、北京科技大学、钢铁研究总院和首钢特钢公司。接下来，各单位之间制订工作计划、协调进度等工作都得到了谢先生的指点和支持。包括当年很少一点科研经费，谢先生都主动少要。为了使微观结构方面的研究做得更好，谢先生还请师母陈梦谛先生做透射电镜方面的工作，请李华瑞教授做定量相结构方面的工作。这样一来，营造了良好的科研气氛，大家都能努力工作，很快就有了一些进展。

对我而言，这是平生第一次做系统的科研工作，基础知识不够，眼界不开阔，很多事情不知怎样下手。谢先生非常理解我的处境，总是循循善诱，指点我科研工作的思路，点拨各单位之间的协调问题，使我在专业技术和项目管理上有了明显的提高。用了两年左右的时间，我们顺利完成了华北电管局下达的科研任务，我也顺利完成了本科函授，拿到了学士学位。

随之而来的是更艰巨的任务。在谢先生及各位专家的呼吁下，电力部也很重视这项工作，决定要我们继续做此工作，并升格为部级科研工作。有了上次的合作基础，在谢先生的指导下，项目进行得很顺利。在得出初步结果之后，谢先生又向柯俊先生做了汇报，并请柯先生给予指导。柯先生虽是金属物理学界的泰斗，但对解决应用问题也非常热心。亲临我们的讨论会听汇报并参与讨论。老人和蔼可亲，知识渊博。不但在理论上指导我们，还在一些工程技术问题上发表高论，令我们大开眼界。当我们的研究工作基本完成之后，谢先生又将技术报告呈送柯先生审阅。老先生仔细阅读了报告，然后请谢先生去讨论。结果令谢先生大吃一惊，柯先生居然对报告稿修改、提问达三百余处！当谢先生告诉我们这个消息后，我的第一感觉就是知道了什么叫做学问。在先生们的指导和督促下，我们继续努力，终于完成了这项科研工作。在电力部主持的鉴定会上，柯先生亲任评审组长，这可能是电力系统仅有的一次吧。

在函授求学期间能得到谢先生的指导，对学业及后半生的工作都有极大的影响。先生谆谆教诲，不断地要我挑战新高度。记得函授第四年时（本科函授共需五年半），师母陈先生对我说，谢老师希望你本科毕业后能做他的研究生。对此我大为吃惊！我深知我在学术方面的短板——没受过多少正规教育，基础差，不在科研单位工作，年岁大。而谢先生是留学捷克的副博士（相

当于中国的博士学位）、教授，又是高温合金方面的专家，我去做他的学生，岂不是让先生很没有面子？我没有勇气答应这件不敢梦想的好事。直到我本科毕业、102钢的研究工作完成后，谢先生又找到我，说你一定要读研究生。我感慨万分，先生如此器重，我还能怠慢吗？我又重新开始复习，于1993年考取了北京科技大学的在职申请学位课程。时年37岁了。这次求学，上课条件非常艰苦。因为绝大部分同学是全脱产上课，所以课程按照在校生安排，很零散，从早起第一节课到晚间上课都有。我在企业工作，是不能脱产的，对于这样的课程安排很头疼。虽然领导很支持我，但我无论如何也不能耽误工作。工厂到学校有二十多公里，每次路上的单程时间也要一个半小时。记得有一次听陈国良先生的晶界与界面课程，正值电厂大修，任务繁重。我连续工作了约28小时后赶去上课，下课后为了不耽误工作，又急忙赶回工厂工作了约14小时。就这样一点点的努力坚持，终于完成了学业。我记得是在1997年12月26日做的硕士毕业答辩，巧合的是，那天是我工作第26年最后的一天，在漫漫人生路上，没有谢先生的指引与鼓励，我是不能走到这个高度的。后来，谢先生希望我继续读博士，这次我是真心的想读，但考虑到当时的工作环境，我只好忍痛放弃了，直到今天我都非常遗憾！

在求学及随后的日子里，谢先生还不断地鼓励和提携我，带我参加中日高温材料研讨会，第一次在洛阳（第一届），第二次在日本筑波（第四届）。这是我第一次出国。以前没参加过国际之间的学术交流活动，以为发言时会有翻译。去之前才明白全部用英语交流，没有翻译。对我来说，英语是一个巨大的屏障，年轻时没能学，所有的业余教育都是以阅读为主，从来没做过口语训练。这时我想放弃了，谢先生却鼓励我去，并要代我发言，此事让我感慨万分。谢先生工作极忙，还要组织和主持这个会议，我写的文章和发言稿需请先生翻译和演讲，这是对我多大的帮助呀！在我上台发言时，我只讲了几句简单的话，请谢先生代我发言，事后先生仍鼓励我，说虽然你现在英语不好，但发音还可以，今后努力就好。只此一句，树立了我的信心，在后面发生的事情中起了很大的作用。通过在日本的交流与访问，开阔了我的眼界，知道了人家是怎样做科研和生产的。后来，谢先生还推荐我做机械工程学会材料分会下属的高温强度委员会委员，亦是希望我能够多接触各方面的专家，打开眼界，做出更好的成绩。但是随着各种条件的变化，我没能沿着这条路走下去，非常对不起先生的期望！

随着企业改革的进行，我所在的电厂由电力部所属企业变为公司，继续做科研已无太大可能，一个大型电厂又被分成两个公司，能做的事情越来越少了，倒是清闲了许多。这样闲下去我有些不甘心，于是就利用业余时间去学英语了。我已经46岁，几乎是最老的学生了，记忆力大不如前，但总还是有进步的。又过了一段时间，体制改革的结果使我更不满意，我马上就48岁了，可以在原单位享受较好的待遇，直到退休，但我觉得有点儿虚度人生。要选择离开吧，这是工作了三十多年的地方，换了新单位能适应吗？再者，到哪里去？原电力部的电厂划分为五大公司及若干小公司，凭我的实力到哪家都不会有太大问题，可这些公司是由一个地方演变出来的，存在的问题大同小异，我去了还不是重蹈覆辙吗？想想多年的工作经历，想想多年受到的恩师教诲，我决定换一个行业去试试。我把这个想法告诉家人，家人也很担心，都这把年纪了，万一干不好怎么生活啊？我说我们对生活没有太多奢求，孩子也大了，最坏的结果无非是有饭吃，等退休金好了。最终取得了家人的理解。为了顺利的实现目标，我没有和电力系统的熟人商议，也不好意思向谢先生汇报，联系好新单位后马上就辞职了。这件事我深知很对不起谢先生，他为我花费了大量心血，希望我能在电站用钢方面做出成绩，可我却叛逃了。

新的工作我选择了仪器行业，多少与实验室的工作有点关联吧。公司是美国热电公司（Thermo Electron Corporation，后不断扩充并更名为赛默飞世尔科技有限公司，Thermo Fisher Scientific）。我是在2004年2月1日去报到的。去之前已与老板谈好去做发射光谱类仪器的工作，它是用来做金属材料化学成分分析的，我对金属材料还是比较熟悉的。没想到，这天见面老板第一句话就问我，你知道俄歇谱仪吗？我说在七十年代中期我随他人用过一次，但仪器是什么样子我早忘记了。老板说，那好，你就负责表面分析仪器吧，包括俄歇（Auger）和光电子能谱仪（XPS或ESCA），这类仪器也是我公司的，但销量很少，以前请代理做，现在收回来了。我一下就蒙了，它们是什么样子？现在都是用来做什么工作的？我完全不知道。其实老板当时也不清楚，他告诉我查看了销售记录，近年来平均每年只销售一台，全国保有量也不过三十多台。仪器很贵重，技术要求也很高。我问，都有谁在做呢？他告诉我，

只有你一个人做售后，前任是一位教授做兼职，还有一位是销售代理。我问，有什么资料和工具吗？他说没有。有问题只能找英国的生产厂家（前身是VG Scientific）。我就是在这种状态下开始了新的工作。每天白天要去了解情况，到用户现场，晚上要写邮件与英国工厂联系。两年前无意间学的英语派上了用场。由于时差原因，经常要等到深夜才能结束工作。时常想起谢先生的教诲与鼓励，想起当年一边工作、一边学习的生活，也就不觉得苦和累了。几个月后，我摸清了基本情况，向老板提出了工作计划，老板及公司都很支持。又花了三年时间，将这个产品的售后服务体系基本建立好了，可以不依靠英国工厂派人来安装了，我也成为二十多年来中国地区第一位能够做完整安装调试的工程师了。随后几年，我与我的同事们不断改进工作以适应新用户的需求并为老用户解决问题，由此促使销量不断增加，加上国内近年对科研费用的投入增加，现在每年已能销售二十台左右，使我公司产品占据了绝大部分国内市场。我经过这十多年的历练，专业技术水平有很大提高，并且不断挑战新高度，为客户解决了很多技术问题和应用问题，赢得了广大客户的认可，也赢得了英国工厂和公司的信任，认为我在这个领域已达到位居全球三甲之内的水准。对此我倒是诚惶诚恐，艺无止境，个人能力有限，唯争取在有限的时间里多做一些有意义的事情。

看到这里您可能要问，你后来取得的成绩与谢先生的专业完全不同了，与他的教诲有关吗？我认为关系是很大的。如果你师从一人，只学了专业知识，那是不完美的，站在更高的层面来看，只是授之以鱼。若你能在导师的言传身教之中再学习一些优秀的人品、为人之道、处事之道，那你在今后的工作和生活中可能会达到更高的境界，这才是授之以渔！试想我在求学的过程中遇到过多少困难？在做科研的过程中会遇到多少非技术性问题？处理的好，可变成动力，处理不好，就是巨大的阻力！先生在这些问题上高屋建瓴，不计个人得失，给予我很多指点，亦使我学到了很多专业之外的东西，为我彻底转行奠定了基础。这样的言传身教，使我在离开先生之后，时间越久，体会越深！

谢先生年长我二十岁，已年逾八十，仍在为高温合金和耐热钢事业操劳。我现在也退休一年多了，应公司之邀，仍像以前一样为客户服务，不敢有丝毫怠慢。其中，先生的榜样就是我工作的动力之一！

　　寿林，1956 年 3 月 19 日出生。1971 年年底初中毕业后分配至北京石景山电厂（后更名为石景山发电总厂），主要从事金属技术监督工作。工作期间通过自学，于 1984 年考取北京钢铁学院（现北京科技大学）函授生，本科毕业，获学士学位。毕业后师从谢锡善教授，在职申请学位，获工学硕士学位。

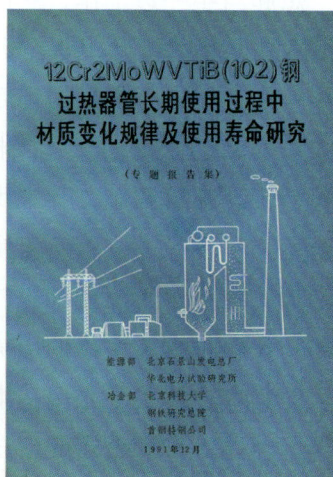

一个特殊的年代、一个特殊的科研项目，使我遇到了一位恩师

谢先生在北京科技大学接待印度英迪拉甘地原子能研究所 Mannan 博士
（2002 年 10 月 27 日，左起：寿林，Mannan，谢锡善，董建新）

清晰思路，明确主线，抓主要矛盾

——恩师谢锡善教授八十寿辰之考忆

李成明

（谢锡善教授博士研究生，现北京科技大学教授）

从本篇之标题似乎与恩师八十寿辰风马牛不相及，然而，却是我从事教学与科研工作以来经常思考的问题，从师谢锡善教授攻读博士学位期间的最大收获就是在研究工作中建立了严谨的立体思维，科学的分析方法，即在科研工作中，以踏实肯干为基础，清晰思路，明确主线，抓主要矛盾，逐步取得了科学研究的重要硕果。

思维方法建立的里程碑是在攻读博士学位的开题报告会上，当时由洪彦若教授主持，惭愧的是尽管已晋升职称副教授，但没有真正的给本科学生讲授过课程。因此，洪老师提出，开题报告的讲述思路不清晰，整体的逻辑性有些混乱，与副教授的水平有差距。谢老师对我的讲述进行了评述，并一针见血地指出问题的所在，提出了研究的主线条，即以双辉技术的等离子体放电为基础，从等离子体诊断出发，探索离子轰击对合金化表面的损伤特征，及其对扩散的影响机制，并与渗层组织结构建立联系。给我的触动很大，使得我在朦朦胧胧的研究思考中形成了清晰的研究思路，并顺利完成了学业。

认识谢老师可追溯到大学时代，在1982年（也可能是1981年）的英语专业课，最初是由章守华教授给我们授课，其中间正值谢老师留学归来而接手教授我们专业英语，由于本人英语实在不敢恭维，所以极为珍惜学习的机会，谢老师的语言天赋给大家留下了极其深刻的印象，而我则是仰慕不已，后来多年也有许多传说。

1992年由于在太原理工大学工作的需要，与密友同事唐宾考入北京科技大学攻读硕士学位，唐宾师从谢老师组的胡尧和老师，我则跟随吕反修教授从事金刚石膜的研究。随着形势的发展，在大学工作没有博士学位已经不能满足发展的需求，因此我们两人商量同时考博士，唐宾希望能有不同学校的方式教育，考入西安交大，而我则对钢院的情节，继续在钢院攻读博士学位，同时也形成了北京科技大学和太原理工大学的科研合作，1994 年 10 月考试，12 月入学报到，1995 年 9 月正式入学，成为谢老师的正宗弟子，第二导师为徐重教授，博士研究课题为双辉技术的基础研究，第二年徐老师正式成为北科大的博士生导师，为太原理工大学材料科学博士点申请奠定了重要基础。特别值得一提的是，博士期间的室友、同门弟子刘兴博，硕士时同班的老大和老末七年同窗，四年"同居"成就了无数的趣事佳话，毕业后在美国成为了西弗吉尼亚大学最年轻的终身教授，建立了同门弟子乃至钢院的一个彼岸快乐驿站，这是后话。

几经周折，2001 年，中科院力学所博士后出站，回到了钢院成为了熟悉校园的教师。2005 年在兴博的促成下，在美国进修访问近两年时间，与谢老师见面两次，更是领略了导师的国际范风采。极为巧合的是，学校在备战奥运会期间，对金属物理楼进行了装修改造，我被调整到谢老师原来的办公室，彼时的 203，此时的 204。继续沿袭导师的轨迹，在谢老师的思维引领下，在科研教学轨道上继续前行。回顾这些年的发展历程，真诚感谢导师的帮助和指导。

最后祝福谢老师八十正辉煌，福禄您寿年。

2015 年 3 月 27 日于金物楼 204

谢锡善和李成明活泼的女儿

谢锡善与徐重教授切磋"双辉"技术

谢锡善、倪克铨、董建新访问太原工业大学

牢记师训，"建"立"新"高

—— 祝贺谢锡善教授八十寿辰

董建新

（谢锡善教授博士研究生，现北京科技大学教授）

时光荏苒，挥手间已经到了花白头发的年纪。老师也从英俊倜傥、活泼游刃于国内外高温领域之有余，至此八十之寿。时间的蠕变，仿佛在悄悄改变材料的本征，但改不了的是我们的思忆，甜甜的，有味！

翻过记忆的账册，凝注眼前翻看被"重创"的赠书，几十年来一直顺着老师指点的江山在攀登着，也一直承受着老师的举托和牵引。

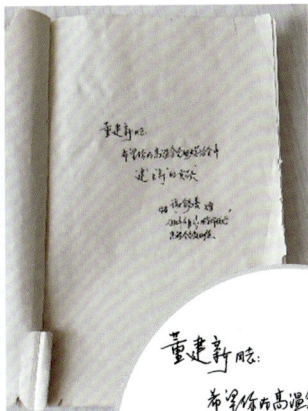

董建新攻读博士刚入学时谢老师的赠书和题字

　　1989 年一个可记忆的时间段，从天津来到北科大，参加了博士入学考试，面试环节时大导师章守华先生拿出一本厚厚的英文原著，翻看一页让我朗读，然后马上翻译，此景尤历历在目。这也让我从此跨进了高温合金研究领域的大门，后来章先生把他自己保存的原版英文书籍都给了我，有这么好的引路人，当之有幸！

　　在两位导师的指导下，开始了我北科大四年的博士生涯，开启了对高温合金的研究之路。具体指导都由谢老师来安排，跟着谢老师参加了一些会议，与国内研究院、企业等都有了接触和交流。

　　在攻读博士期间，结识了一帮好师兄弟，也是后来工作中的好哥们，有好的老师就能带出好的学生，在高温这个温暖的大家庭里面，深感荣幸之至！

　　1994 年博士毕业后，留在了高温合金教研室，当一位传承高温合金知识的老师。在北科大高温教研室老师们的指点和支持下，尤其在谢老师、徐志超、胡尧和、倪克铨等老师的指导下，一点点积累了高温合金的知识，谢谢各位老师的支持和帮助！

　　时间催人，一晃到了谢老师都从教 60 年了，很高兴为谢老师从教 60 年请来了相关老师和师兄弟们，看到谢老师仍然活跃在科研一线，我们定当努力工作，不负师训！

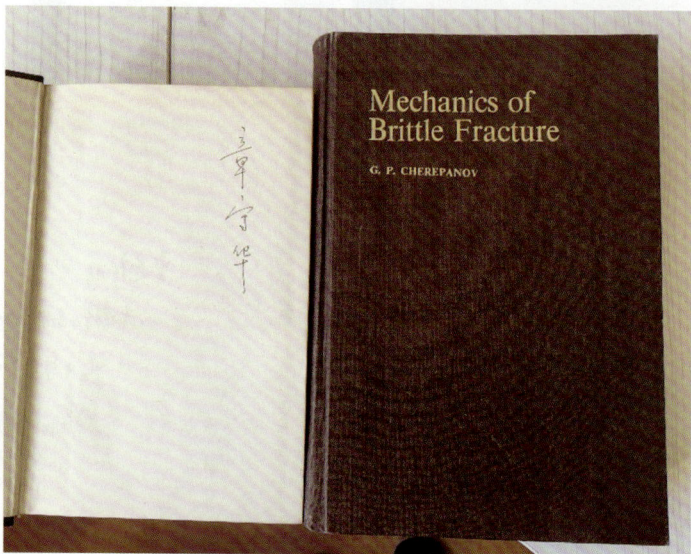

大导师章守华先生赠送的书籍

与导师章守华先生和谢锡善老师在疲劳 / 蠕变试验机前合影

董建新与谢老师研讨课题

谢锡善、董建新老师和研究生们在实验室

与谢老师和师兄弟合影

谢锡善、董建新共创高温合金新局面

谢老师从教 60 年活动留影

难忘教诲

李 兵

（谢锡善教授硕士研究生，现凤凰先锋有限公司）

在实验室做实验

1994 年 3 月 1 日硕士学位论文答辩现场

谢锡善、董建新和他们的研究生

答辩胜利成功，答谢钢研院和国家重点实验室的评阅专家们

李兵、王宁和董建新、谢锡善老师

难以忘怀的一段时光

——庆祝谢锡善先生八十寿辰，并回忆自己的博士研究生求学经历

马　岳

（谢锡善教授博士研究生，现北京航空航天大学教授）

光阴荏苒，岁月如梭，至今博士毕业已经 17 年之久。20 年前，我怀着 7 分不舍、3 分期待的复杂心情，辞别刚满 3 周岁的儿子从太原这个山城来到京都，踏进北京科技大学这所钢铁人充满期待的学术殿堂。我入学时已经是 32 岁妈妈了，在很多人眼里这个年龄的女人，孩子、家庭可能占据一大部分精力，且各高校教师还没有像现在要求博士学历，尤其是当时我所在的非 211 高校。要说读博的目的，当时也没有什么崇高的目标，只是看完当时流行的"谁动了我的奶酪"，而不太安于按部就班一眼望到头的工作和环境，想通过读博士这块跳板，离开原来的单位，换一个新的工作生活环境。

一、初到北科大

1994 年 8 月 31 日正式报到的最后一天晚上到达学校已经过 8 点了，接待的老师还在主楼大厅等待，当时心里一股热流，在校友及同事的陪伴下办理报到手续。拿到宿舍钥匙，当筋疲力尽的我找到宿舍房间时，发现钥匙不对打不开锁，无奈拖着疲惫的步履找到当时的班主任，确认钥匙没有发错，众人（包括班主任在内）再次去试开锁都没有成功。后来，混熟了前几届女博士，方知学校规定博士是 2 人一间房，同宿舍的那位不愿意再进入一个人共享房间，故私自换了锁，据说学校也无奈。我就这样开始了 4 年的博士生涯。博士的第一个学期主要是英语及专业课程，已经在同学中属于老大姐级

获博士学位的马岳

别的我，可以轻松应对其他课程，但是对付听说读写的英语课着实费了一把力气，当年也正值教育部教学质量大检查，我们的英语老师到现在记忆深刻，当期末英语还考个对我来说不错的成绩时，老师在路上见到我，大大的赞赏了我一番，我心中五味杂陈，终于体会到学生的不容易，自那时起我开始理解学生的考试心理，也在我后面的教师工作中与学生沟通有一点影响吧。

二、我的导师们

第 2 学期开始时，我进入了材料系高温合金教研室谢锡善老师的课题组，开始了 4 年之久的博士论文研究工作生活。英语课程结束后我轻松了许多，但后面的实验研究工作还是遇到不少难题。我很幸运有三个导师指导，第一导师是北科大著名的高温合金专家谢锡善教授，第二导师是钢研总院孙家华教授，副导师是胡尧和老师。实验工作主要在钢研院当时的 5 室（现高温合金材料所）完成。工作多年后体会到博士期间工作学习奠定了以后教学、科研工作的基础，此话一点不假，这些年来在指导博士、硕士研究生时常想起谢老师说的："导师就是牧羊人，研究生就似羊群，牧羊人的任务就是把羊群赶到水草丰茂的地方，同样导师的职责就是指引学生的研究方向，至于具体怎样吃草，怎样做？学生自己思考。"这是培养创新型人才的理念。再一个印象深刻的是谢老师对研究生工作总结和表达能力的培养，这个方面的培养使我在后来的工作中受益匪浅。认识谢老师的人都知道，他不仅是专业达人，同时也是语言天才，在课堂上幽默风趣，语言十分活泼，授课内容总能吸引着学生的兴趣点。据说他从小在教会学校读书，早年又留学捷克，这些经历都奠定了他的语言基础，同时他又很有语言天分，他的英语可以说在同行中凤毛麟角，曾经多次国际会议及活动上同声翻译。同时在各种场合的工作汇报上他也严格训练研究生，包括如何总结自己的工作做ppt，如何表达等。在90年代时，谢老师已经与美国、英国、加拿大等一些大学、研究所及公司建立了密切的国际合作，组织相关国际会议。如四年一届的高温合金会议等，通常有外宾来访，这些也为我们研究生提供了广阔的学习机会。

我的另一个导师孙老师谦谦儒雅，说话总是平心静气，从没有见他发过

我的两位导师谢锡善教授和钢研院孙家华教授

课题组学术报告会

外国专家来北科大学术交流和随谢老师及美国 GE、Special Metals 等代表团参观 170 厂

与外国专家交流后合影

脾气。记得实验刚开始时不太顺利，铸态 IN718 合金腐蚀时，总是先出来枝晶组织，而晶粒组织总是不出来，无法表征细晶组织特征，整天垂头丧气，孙老师亲自到实验室与我共同实验，经过三个月摸索终于制备出了满意的试样，当时我高兴的心情不亚于通过毕业答辩，与孙老师汇报时他微笑着的一句话："制出样啦，做科研不能急，功到自然成"我至今还记忆犹新。

副导师胡老师整天乐呵呵的，我们和他最熟啦，整天到他家蹭饭。胡老师爱喝酒，但由于血糖高，师母孙老师严格管理。记得有一次组里晚上聚会，下午师母来电话嘱咐我们几个负责管住胡老师喝酒，但我们没有完成好任务，送胡老师回家到门口时，我们都心里忐忑不安，不知如何向师母交代，开门后慈祥的师母什么也没有说，只无奈的发出一声长长的叹息，嗨！

三、我的师兄弟、姐妹们

欧式风格的金物楼是我在北科大印象最深刻的一栋楼宇，博士四年办公室就在这个楼里，115 号房间是我们师兄弟们经常聚集的地方，实验之余我

1997 年与师弟刘兴博博士在国际学术讨论会上

们在这里喝着谢老师提供的咖啡讨论课题、查阅资料、谈天说地、瞎吹牛，这里已经成为我们记忆中的一部分。我是以谢老师挂名的第一个博士生，董建新师兄入师门早，是谢老师最得意的门生，实际比我的年龄小，我读博士他已经是正式老师，与我们相处非常融洽，一直称呼他建新。当时他刚结婚不久，经常聚在他们筒子楼一间房中，涮羊肉唱卡拉 OK，小师嫂——同济大学毕业的高材生景飒也与我们师兄弟们相处非常融洽，虽然这段时间学习、科研比较累，经济不富裕，但是度过了一段非常快乐的时光。刘兴博是我最相熟的师弟，他是土生土长的北科大本科毕业生，对学校非常熟悉，我初来乍到刚入学时，好多事情都是这个小师弟帮我办的。记得当时兴博年龄小，非常聪明、思路敏捷，理论基础及科研功底很好，就是懒得磨试样，通常央求我帮他磨样，他在旁边同我聊天，通过与他聊天我更深的了解了我们系、专业的历史和我们可爱的老师们，现在他已成为美国西弗吉尼亚大学的一名教授，一个科研课题组的老板啦。毕业于清华大学的陈卫师弟，当时在谢老师门下读硕士，每每与他讨论一些课题上的问题，总能给我一些启发和建议。众所周知，获得苏联博士学位是很难的。杨忠民博士在谢老师名下做博士后，他是留苏博士，他的专业基础果然扎实，我们经常向他请教一些专业问题，讨论一些课题内容。杨博士也非常活泼，大家经常在一起玩、聚餐。记得有一年我与他共同组织骑自行车去香山植物园春游，那次我们组的研究生大部分都去了，大家一路上有说有笑非常开心，留下了一些珍贵的照片附在文中。还有成明、唐宾、张旭、王宁、张丽娜、刘雅静、周建波、徐才等师兄弟们，我们与导师谢老师一起曾经度过一段值得怀念的时光。

　　在此，祝贺谢锡善教授八十华诞！愿谢老师健康长寿，愿师兄弟、姐妹们事业有成，幸福快乐！

课题组香山合影

知识渊博、平易近人的良师益友

——庆贺谢锡善先生八十寿辰

宛 农

（谢锡善教授博士研究生，现武汉轻工业大学教授）

春秋交替，岁月轮回！喜逢谢锡善先生八十寿辰之际，作为门下受先生教导 20 余年的弟子，感慨万千！发自内心衷心祝福他老人家身体健康！寿比南山！

谢先生给人总的印象可归纳为专业知识渊博、外表儒雅精干、语言丰富多彩且极具感染力，属于幽默风趣、平易近人、人格魅力和凝聚力及责任心极强的好老师。

我与谢老师的相识并成为他的博士生弟子可追溯到 20 世纪 90 年代。1995 年春天时任北京科技大学研究生院副院长的谢锡善老师肩负着全国第一批工程博士的宣传和招生工作，连续多次地奔波于宝钢、首钢、包钢、武钢和冶钢等大型企业，与各企业高层共同探讨企业科技进步与高级技术人才培养相结合的最佳模式和方法。当年我在冶钢钢研所工作并有幸参与了谢先生冶钢之行的接待工作，记得当时公司副总工程师、钢研所所长张家福先生负责具体沟通和洽谈，因谢老师 70 年代前后常来冶钢指导高温合金的研究开发工作，与张家福所长等冶钢技术负责人结成了深厚友情，会谈很快达成共识，并于当天晚上在张所长的陪同下拜访了时任冶钢集团公司董事长的袁大焕先生。整个会见过程历经 2 个多小时，其中多数时间为谢老师介绍工程博士培养目的、意义和方式及优点，作为当时见证人，我有幸目睹了谢老师讲话时的风采、幽默和风趣，深为谢先生的人格魅力、口才和渊博知识所折服，当时心想若有机会拜谢先生为师，对我本人业务能力和综合素质的提升必有很大的帮助。

谢锡善教授在湖北新冶钢讲学现场

谢锡善教授在湖北新冶钢宾馆留影

　　为解决当时冶钢技术人才和管理人才青黄不接、断层严重这一问题，极具战略眼光的张家福所长代表冶钢管理层向北京科技大学研究生院正式推荐了一批参加工程博士和工程硕士考试的候选人名单，我有幸属于其中一员并顺利地通过学校组织的多门功课笔试和面试，后经张家福所长大力推荐成为谢锡善老师名下的博士研究生，开始了为期四年在谢老师和张所长（企业指导老师）直接指导下的博士生学习历程。

　　在北京科技大学攻读博士研究生期间，我对谢老师印象最深的是学术上的敏锐、严谨和平易近人的作风以及富有人情的管理模式。尽管工作非常繁忙，谢老师没有放松对研究工作的指导，我们每次报告近期的学习和研究进展时，谢老师都要认真倾听、讨论，并提出修改意见和建议。如我的研究内容属于 T91 耐热钢的强韧化方面，谢老师定期要听取冶钢 T91 锅炉管试制情况，多次嘱咐我要关注和研究 T91 钢中微量元素 V、Nb、N 的作用及其交互作用，并多次亲临冶钢指导 T91 高压锅炉管的试制工作，先后在冶钢钢研所学术会堂作了多次有关高压锅炉用钢方面的学术报告，报告论点鲜明，论述精辟，逻辑清楚，语言简洁，一气呵成，给在场的冶钢工程技术人员和管理人员留下了极其深刻的印象，大家普遍反映听谢老师的讲座是一种享受，他讲的内容很形象化、生动、幽默且值得回味。

　　谢老师对学术论文和学位论文把关很严，记得我的博士论文初稿，谢老师整整审阅修改了一个多月，期间也多次请张维敬老师、陈梦谛老师和徐志超老师审阅把关后才让正式打印和进入申请答辩阶段。谢老师这种对学术问题的严谨态度和追求精神，作为学生的我感受颇深，十年后当我自己也成为别人的老师以后，才能够真正深刻体会到谢先生当年的言传身教的影响有多大。

　　谢先生作为老师，最可贵的优点就是平易近人和乐于助人，一点都没有老师的架子，总是亲切的和我们说话，聊平常的事情，就如同我们的好朋友一般，有时候还会逗的我们哈哈大笑。1995~2000 年之间，冶钢来北京科技大学学习的工程博士生和工程硕士生有数十余人，谢老师将他们均看作自己的学生一样对待，及时协调或解决在学校生活和学习上存在的各种问题，多次亲自带领大家参观各类实验室、图书馆和介绍学校各种生活设施，引见相关院系老师和学校管理人员，使大家很快地适应了在科技大学的学习和生

谢锡善教授在湖北新冶钢与钢研所部分前任领导合影留念

谢锡善教授与新冶钢/大冶特钢老朋友马年合影

谢锡善教授在湖北新冶钢与科技人员合影留念

活，大家也乐于将谢老师看作是自己的贴心朋友和慈祥的长者。

　　谢老师的平易近人也体现在与其他校外合作单位人员之间始终保持着密切的联系和良好的工作关系。在冶钢，无论是普通工人、技术人员，还是高层管理者，只要曾经接触过谢老师的员工，无不称赞谢老师的人格魅力、渊博知识和平易近人的风格以及极具号召力的言语，大家都将他看做自己的良师益友。2014 年年近八旬的谢先生应湖北新冶钢（原大冶特殊钢股份有限公司）邀请到湖北省黄石市讲学，在武汉高校工作的我主动要求全程陪同。这次谢先生冶钢故地重游，不少冶钢老同志得知消息后争先恐后地要来看望他老人家，大家欢聚一堂，热闹非凡，显示出牢固和诚挚的友情，并纷纷照相留念。

　　谢先生涉猎广泛、思维敏锐，不仅学术、事业有成，而且在育人上授业解惑、为人师表，在人品上虚怀若谷、淡泊名利，学术上孜孜探索、一丝不苟，做事上务实敬业、踏踏实实，这些都是我们的学习榜样。

　　在庆贺谢先生的八十寿辰之际，让我们共同祝谢锡善教授，我们尊敬的师长健康、长寿、快乐！

宛农

2015 年 3 月 25 日

　　撰稿人简介：宛农，男，1962 年 2 月生，教授 / 博士，90 年于大连理工大学材料系获硕士学位后在冶钢集团有限公司（大冶特殊钢股份有限公司）技术中心 / 钢铁研究所从事合金钢研发工作，先后任冶金工艺室副主任、技术中心副主任 / 钢研所副所长和技术中心常务副主任 / 钢研所所长，公司副总工程师和《特殊钢》杂志社副社长、社长等职，曾经主管公司新品 / 军品研发工作；1995 年在北京科技大学师从谢锡善教授并于 1999 年获得博士学位。2002 年调入武汉轻工大学（原武汉工业学院）机械工程学院任教至今。

师恩难忘

——祝谢老师生日快乐

高惠菊

（谢锡善教授博士研究生，现东北特钢副总兼技术中心主任）

祝谢老师生日快乐！

高惠菊
20150901

时间真快啊，一晃十年过去了！

老师的音容笑貌依然历历在目！

老师的精心指导，使我受益终生，永远难忘！

博士论文答辩

博士答辩时回答问题

答辩后与翁宇庆院士、刘宇总工程师、谢锡善教授合影留念

与答辩委员会主席翁宇庆院士和老师们合影留念

1999 年，中国特钢的骨干企业——大连钢厂，承担了我国提速货车转向架用螺旋弹簧用钢的自主研发任务，在谢老师的指导下，在翁宇庆部长的帮助下，在刘宇总工程师，滕立宏副总工程师的支持下，历时两年，我们全面攻克了提速货车转向架用螺旋弹簧用钢的技术难点，成功通过螺旋弹簧 100 万次的疲劳试验和跑车试验，为我国的经济发展贡献了特钢企业应有的努力，得到行业的充分肯定。

老师的精心耕耘，留给我永恒的记忆！

老师的耐心指导，将是我永远的工作动力！

谢老师，八十岁的您，今日犹如八零后，依然精神饱满，神采奕奕，您的学生在此祝愿您生日快乐！寿比南山，福如东海！永远健康吉祥！

谢谢老师的培养和教育，我将永远铭记心中！

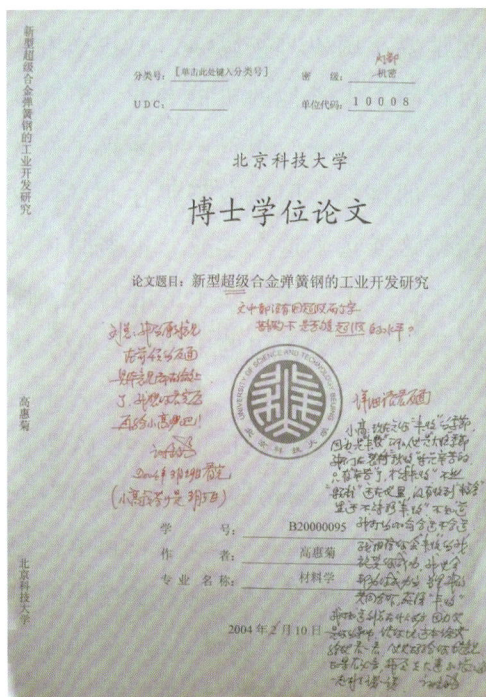

谢老师对博士论文提出的意见和建议
（写在封面上了）

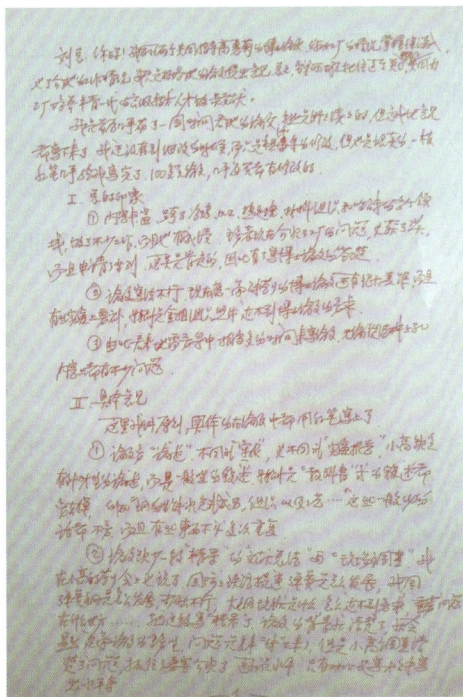

谢锡善为博士论文提的具体
意见和建议

记忆的碎片，生命里永恒的瞬间

刘兴博

（谢锡善教授博士研究生，现美国西弗吉尼亚大学教授）

人生，是一串串的偶然和必然。

（一）

选择北科大材料系，是偶然，也是必然。高考前选学校和专业的时候，我的选择很多，也很少。因为自己比同学要小两岁，爸妈一定要找个有人照顾的学校。爸爸当然希望我去他的母校哈工大学他的机械专业，但我认为那里太冷了，比我的家乡沈阳还要冷，不愿意去，爸爸还不高兴了好一阵子。接下来，北京钢铁学院几乎是唯一的选择，因为我干妈在北京，又是钢院的校友，在学校里有很多朋友，就这样选了这个学校。报名时还没找到它，原来在那年把名字改成了看上去高大上，实际很土的北科大。既然学校定了，接下来是选专业，高中时我们参观家旁边的中科院沈阳金属所，第一次看到透射电镜下的金属原子像，觉得很神奇，于是选择去了当年号称全国第一的材料系。就这样，在 1988 年 8 月 28 日，过完我 16 岁生日的第二天，我就和妈妈坐上了到北京的火车，晃晃荡荡的开始了大学生活。现在依然还记得刚到北京火车站，我干妈接我时的每一个细节。到学校报到的头一天，就在干妈的带领下去见她的各种朋友，当天晚上是在我的室友杨昕家吃的晚饭，因为他的爸爸，也就是我们后来的杨校长，是她在鞍钢时的小老弟，铁哥们。其实干妈这样做，可能是一方面找人照顾，更是监督，生怕我弄出什么乱子来。即使这样，在众目睽睽之下，俺也没少惹麻烦。

（二）

选择高温合金专业读研究生，投身谢锡善老师门下，是偶然，也是必然。1991 年到了大四，很多同学开始筹划工作和未来的时候，我因为情商低，做事能力差，除了读书啥也不会，考研似乎就成了唯一的选择（或逃避）。而对于专业,研究方向和导师,倒是一抹黑的。我那一辈子的兄弟和冤家——郭涛，是在高温合金教研室做的本科结业，和我讲高温合金是很先进的东西，谢老师是见过世面的大教授，国外联系多，就这样懵懵懂懂的，我就选了专业和导师。从 1992~1999 年，在谢老师门下整整呆了七年多，除了和老师学做科研，更学了很多做人的道理，并结识一群师兄弟和终生的朋友。这些年中，有痛苦、困惑和迷茫，但组里一直气氛不错（或许是我不懂事，感受不到啥东西），总的来讲，很愉快。有很多事，终身难忘，随便摘一些记录如下，算是对恩师生日的贺礼，也是对自己青春岁月的纪念。

谢老师

我的导师，既有中国传统知识分子的儒雅，又有现代科学家的广博的见识和世界观。尤为让我仰慕的是他超群的语言能力，特别是英语口语，能够流利自如的和美国的科学家和工程师交流，甚至开玩笑，交朋友。记得他在我们研一时开了一门英语专业课，内容不说，单是那一口漂亮的口语，就足以让我等小辈佩服得五体投地。

因为谢老师名气大，在国际上交友甚广，我们除了在科研上能跟踪国际领先水平外，也多了很多和国际友人接触的机会。记得那时候总有机会陪来访的客人逛长城、购物、聊天，这些现在看来不算什么的事，在 20 年前可是够很多我的同学们羡慕的，也让我在做课题之外，学到很多如何与人打交道。其实后来我到了美国，自己闯荡江湖，还有时候和人家讲，我是 Prof. Xie 的学生，10 年前带你去过长城吃过烤鸭的，呵呵。

导师除了渊博的学识和儒雅的风度，还让我受益终生的是他的宽容和包容。虽然对科研有兴趣，我却不是一个刻苦的学生，除了在科研上喜欢胡思乱想，浪费很多时间外，还因为我兴趣广泛，除了自己的本专业，花了大量的时间和精力去鼓弄自己喜欢的哲学、社会学和摇滚乐，课题进展十分缓慢。谢老师很多时候一定也着急，但却从来没对我发过火，我的印象中他总是笑呵呵的。现在想来这是谢老师的涵养，更是他对大局掌握的自信。王小波曾经讲过，人的痛苦（愤怒），都是对自己无能的愤怒（痛苦）。还记得我刚进课题组不久，看了一些文献后，给几位老师汇报科研思路，当时无知者无畏，对高温合金连皮毛都没摸到的我，胡乱讲了自己天马行空甚至要上天入地改变人类材料发展历史的展望。讲完后谢老师和另一位胡尧和老师你看看我看看你，实在不知道咋和我这怪胎讨论下去。还是谢老师，平静而温和的和我讲，年轻人有闯劲好，咱们还要从能看得见摸得着的开始，一点点来，我先给你讲讲高温合金的几个基本相吧。就这样，俺开始了一直到现在的科研生涯。

我们是需要 29 个学分就能毕业的，其中还包括一些科研学分，而我选了 38 分。除了必修课和必须的选修课外，我还选了自己感兴趣的统计物理、量子力学和其他几门。上课多，做实验的时间就少。其他老师都不许自己的学生这样做，至少是不高兴。我们组的另一个老师就说我：我们做了一辈子高温合金，都是讲冶炼，加工，热处理，玩的是相。连位错都碰不到，你学那么一堆浪费时间的玄乎东西干什么？谢老师，我相信也会有类似的想法，但却没有阻拦，而这些基础课程，却让我在后来课题上，甚至来美国后转方向做燃料电池研究上，受益匪浅。博士后期，我和老师说想做些计算的东西，其实这和他的课题设想和我们组的传统相去甚远，但谢老师不但没拒绝，还把我送到他师兄，钢研院的王崇愚院士组里，专门学做计算，我也才有了 98 年一整年忙碌而快乐的时光。每天学习 DFT，Kohn-Sham，摆弄分子动力学，嵌入原子势，昼夜用组里唯一，全校不多的 486 机跑我那个 Ni-P 双晶界。这一切，都得意于导师的包容。我现在自己带学生，也尽量做到从来不对学生发脾气，而是多鼓励、引导和诱发学生的兴趣，允许学生犯错误，想来都是和谢老师学的。

师兄弟们

在组里，除了和老师学艺，很重要的是结识了一群同门兄弟姐妹，到现在我还和其中的大多数保持着联系。

说起同门兄弟，当然要从建新讲起，因为我从1992年秋天入组的头一天起，就认识了他，直到1999年底离开。我们在一起，有过很多美好欢乐的时光。对建新的第一印象，是他的那在博士生里与众不同的长发和温文尔雅的风度，几乎符合小说里文艺青年的所有要求和想象。他直到现在都有的出众的异性缘（魅力），让我们这些连对象都找不到的土包子，用句时髦的话讲，那个羡慕嫉妒恨啊。当年建新写的出国申请给我看，还被我用酸溜溜的腔调挤兑说：用徐志摩的笔法，写给那些搞政治的党委同志们，实在是浪费感情啦。

记得刚进组几个月，建新一边要准备博士论文和答辩，很忙；而另一边又要生孩子，只好先让太太回吉林岳父母家待产。他每天都要打长途电话回去问生了没有，希望能赶上回去接孩子出生，但事与愿违。好像是12月13（或14）日，在他登上火车的前一天，孩子出生了，想来他会有点儿遗憾吧。

建新不仅是透射电镜高手，能在小黑屋里照出清晰的纳米尺度的Gamma相及其周围的元素偏析结构，更在生活上像兄长一样照顾我们。那时我们都很穷，而他因为是来自当年全国最富的温州地区，太太还工作，经常把我们招到他家里大吃二喝。当然他能这样做，很重要的有一位豪爽又婉约，能干又通情理的太太，景飒。景飒对于我，是嫂子，更是姐姐。或许有东北同乡的缘故，想来可能比建新还要亲一些（建新不要生气嫉妒啊）。记得有一次在他那蓟门桥下的小平房里，我和建新俩人共喝了13瓶啤酒，都几乎酩酊大醉，那天景飒除了给我们炒菜，好像还破例自己喝了一瓶多，让建新惊呼不知老婆还有如此本事，而他女儿小名的来历更是有趣。建新是南方人，炒菜放油少，而且肉和青菜要分开，被他的小姨子景飚教训说真抠门，将来生孩子就叫"抠抠"。本是玩笑话，后来董琦轩出生，小名还真就叫"抠抠"了。

李成明大哥和我硕士同班，但因为他都工作过多年，比我要年长几岁。记得我们硕士班报到的时候，很多应届的同学都把成明当成了老师。作为我们年龄最长的，成明还真的在各方面成了我们的老大哥。他幽默、风趣，又比我们多了成熟和稳重，事事都很照顾大家，特别是我这个小弟弟。还记得每回成明回太原，总要给我们带回宁化府的袋装陈醋，让我们好是享受并期待。读博士的时候，他更是和我同屋，而且他要大部分呆在太原做实验，屋子大多是被我霸占。成明从来不去抢风头或是去给我们讲什么大道理，但总

是默默的给大家办事，从小地方关心和帮助我们，慢慢的成了我们的非正式
的核心。现在我每回到北京，总是要找机会和成明及嫂夫人见面聊天。而我
们要是搞同学聚会，没有成明大哥别人还真张罗不起来。

　　唐宾大哥虽然也比我年长，而且有些少白头，但脸长得还是很年轻的。
读硕士时因为我俩是一个课题组，课题上互相配合，在一起相处和聊天的时
间很多。记得有一次我俩去航材院做实验，回来的路上在他们门口的自由市
场买了只活鸡，让人家现场杀好并去毛，拎着还带着体温的鸡就坐着公共汽
车回来了。回来后在他的指导下我们偷偷的用"非法"的煤油炉炖鸡汤，真
香啊。还有就是唐大哥带我走上的 HIFI 之路，没事儿就弄本"音像世界"杂
志和其他啥的"学习"，还自己琢磨着买喇叭和其他元件设计和组装音箱。
后来好像还要在我们的高温合金冶炼室，俗称"炮楼"，融化沥青灌音箱内壁，
干没干成我倒是忘了。后来硕士毕业，他去了西交大读博士，联系就逐渐少
了。去年回北京，同学聚会，唐大哥专门从太原赶来，虽然我们近二十年未见，
每个人也都老了许多，但依旧十分亲切，好像从未分开！时间都去哪儿啦？

　　太多，太多……

　　王宁，建新，李兵，唐宾，成明，陈卫，张旭，马岳，雅静，丽娜，李
晓，改莲，晓倬…诸位兄弟姐妹，你们是我的朋友，更是亲人，我爱你们。

（三）

　　后来来到美国西弗吉尼亚，是必然，也是偶然。我们小时候除了字母
歌之外学到的第一首英文歌，就应该是那首 John Denver 的"乡村之路"了，
"Almost heaven, West Virginia…"，哼着动听的歌曲，却从没想到和那遥远的
地方会有什么真正的瓜葛。记得在 1999 年初要毕业的时候和谢老师商量去
哪儿，他说要不你就问问张教授。西弗吉尼亚大学（WVU）的张克敏教授，
是谢老师的好朋友，我也见过的，还在他们全家来北京时给他太太和孩子们
当过向导。我就给张教授发了个 E-mail，当时正好他需要招一个博士后，就
让我把简历和发表的文章寄给他。就这样，我在 1999 年夏天进行了博士答辩，
然后就来到 WVU 了。说起我的答辩，还挺有意思，最值得一提的是那可能
是国内高温合金界最强大的答辩委员会。由我们高温合金界以致全国科技领

域的泰斗师昌绪院士当主席，委员有师老和王崇愚老师两位院士，中国金属学会秘书长仲增墉教授，钢研院高温合金室冯涤主任和航材院科技委郑运荣副主任。答辩还算顺利，就是到后来一向治学严谨的冯老师问问题越来越难，离课题越来越远也越来越刁钻。谢老师只好说请师老讲两句。师老先是说小冯，差不多啦，接下来给我们讲了讲当前的大形势，及中央在美国对南斯拉夫的战争中学到的经验和教训，之间还夹了不少师老特有的幽默。最后在一片团结和谐的气氛中，结束了答辩，我也就带上了那顶方帽子。

从答辩结束，到我离开中国，有大概半年的时间。这期间，谢老师为了照顾我，让我留在组里帮他做些科研，好给我发些生活补助。我还记得当时做的是核能用690管的组织分析和粉末合金夹杂物对拉伸及疲劳裂纹萌生的影响。我还专门带样品跑到西交大做扫描电镜下的原位拉伸试验，很酷的。

再后来2000年1月14日，带着种种期许憧憬和不安，我来到WVU做博士后。两年后张教授离开WVU，去追寻他的主，而我却留了下来，直到今天。这里已经成了我在地球上生活最长的一个城市，我的家。

1995年左右，组里的兄弟在北科大北门外某餐馆欢送
师兄的太太出国和他团聚，我和唐宾在席间

（四）

感谢我的恩师谢锡善教授和您对弟子的言传身教。

感谢一串串偶然和必然，让我有了还算无悔的人生。

谢老师，生日快乐！

1999 年，谢老师及师母陈老师设宴欢迎来访的印度核能研究所 Dr.Mannan，
我和张丽娜师妹作陪

2000 年 3 月，我刚到 WVU 不久，谢老师来访

2001 年 11 月，和师妹刘雅静一起出游

2012 年左右，谢老师来访，在我的办公室

人生成长之驿站

——贺北京科技大学谢锡善教授八十华诞，并回忆自己的研究生求学经历

唐　宾

（谢锡善教授硕士研究生，现太原理工大学教授）

2015 年 12 月 28 日晚，接到北航师姐马岳教授的来电，要求我元旦左右务必撰写一篇有关庆祝谢锡善老师八十华诞的回忆短文。如何下手，如何成文，对我这个语文不甚好的学生来讲，着实令我寝食难安。回忆起自己走过的人生之路，虽然 20 多年前的部分记忆已经不是很清晰，但还是要尽可能完成好师姐交付的任务。现结合自己成长路上的点滴经历和教训，成此拙文。文字里也许存在记忆不清、理解有误等缺憾或谬误，但自己还算是用心在努力回忆。短文中言语，如有什么冒犯或犯忌讳，也望各位老师、同学海涵。

1985 年太原工业大学金相专业本科毕业后留校工作至 1991 年，六年期间，自己一直在研究所从事专职科研工作，跟随王从曾老师工作、学习，期间也为单位解决了不少渗金属锯条项目研制中的具体工艺技术问题，虽然只有一线受苦的命，年轻的我，也还自得其乐于自己的工作。

大约是 1990 年，李成明从太原铝材厂调入研究所从事薄膜制备工作，他这人表面性格随和，大大咧咧，但内心也不乏志向远大，粗中有细。此后 20 年的学习和工作实践也证明，他和马岳师姐一样，都比我看得更远、看得更清，而自己由于惰性或慵懒选择了回原单位继续留守。当年，我们一起工作期间，各自也互相发发牢骚，谈谈未来，但也基本处于当小工混日子的状态。

1991 年，锯条研制工作基本告一段落，单位也是一片欣欣向荣的景象，但自己却愈发感觉茫然和困惑，越来越担心自己未来的前途和命运。工作六

年，辛辛苦苦，任劳任怨，虽然也掌握了不少技术，锻炼了能力，解决了不少关键技术问题，但朦胧中却感觉危机在步步逼近。单位的年轻人只有做小工的份，基本没有人教你如何总结实验数据撰写学术论文，没有人教授你如何申报发明专利，更没有人督促你写项目标书，即使想当个小先进以便分房子能够加点分，机会也基本和年轻人无关，年轻人得到的仅仅是口头表扬，在单位也日益变得无足轻重，可有可无。自己，虽然具备基本科研素质和思路，但一直苦于无高人指点，渐渐也对现状产生怀疑，甚至萌发出一种有苦难言的不满。六年铺路石角色，六年默默奉献，但个人未来之路何在？当时，除王老师关心以及薄膜组潘老师偶尔过问以外，基本无人问津，取得一点应得的实惠，招来的不是赞许、不是理解，反而是各种嫉妒和猜疑，即使一篇今天看起来无关轻重的学术论文，只是由于署名问题，也搞得大家鸡飞狗跳、不得安宁。既然课题组人心已散，这种个人状况和工作环境也完全不是自己向往的和想要的，当初毕竟也是教研室留校首选之人，自己也不比本科同学差距过大吧。不堪的现状，敦促自己要自醒，督促自己选择，切不可再随波逐流混日子，加之周围研究生越来越多，深感本科生留校工作的末日很快就要来临了。自己的命运只有自己把握，不靠天、不靠地，靠自己吧。

当年自己英语一贯还不错，但 1988 年自己首次参加研究生统考，第一门英语考试就把答案答在卷面上了，交卷时老师当场告知这样只能是零分，首门重挫后，基本无心恋战，结果也就可想而知。是李成明的到来，并在他的"忽悠"和提醒下，自己再次痛下决心和他一起去报考北京科技大学的工程硕士。现在想想，还是挺感激他的，否则，自己也许还会由于惰性继续选择在本校求学，从此也可能再不知、不解外面的学术氛围和大环境。

1991 年秋末冬初，自己毅然离开出生只有三个月的孩子，和李成明相伴入住北京科技大学地下室参加考前复习，来年顺利拿到录取通知书，和李成明一道进入材研 92 班学习，当时高温合金方向同班同学的还有应届生刘兴博同学。此刻，自己已经 27 周岁，比兴博他们应届生应该大 5 岁左右。

课题组的负责人和大导师是谢锡善教授，记得当时他还兼任学校研究生院副院长，刘兴博具体由谢老师指导，我的导师则是胡尧和老师。谢老师是宁波人，50 年代留学捷克的副博士（相当于西方国家的博士），温文尔雅、幽默睿智、思维缜密，精通东西方四国语言，让我们这些学生只有佩服和敬仰；胡老师则是典型的东北大汉，豪爽热情，大气友善，自己有幸成为他的开门弟子，并进入谢老师领导的课题组，真的是三生有幸。课题组在读的董建新博士，天大87届本科、89届硕士毕业生，是谢老师少有的得意博士门生，负责一些具体的科研事务和实验室管理。

此外，记忆之中，胡老师的夫人孙老师也特别关心我们课题组的一帮潦倒的外地学生，胡老师家的饭我们大家可是没少吃。当然，董建新老师的夫人景飒也令我们难忘，一个同济大学土木工程专业毕业的东北"女汉子"，待人接物也和胡老师一般"豪情万丈"，并格外善待我们课题组一帮青涩的同组兄弟姐妹。

谢老师的一双儿女学业格外优秀，好像都是清华大学的本科生，着实令学生们羡慕并无法超越；93年或94年入学的陈卫也是清华本科毕业的，感觉谢老师也格外重视对他的培养，但最后他还是选择了留学美国。现在想想，他当初的决定也不失为一种合理的选择，毕竟美国是当今世界上的头号科技强国。虽然，谢老师和西安的何老师或多或少都有些名校情结，但他们从来不因为我们的愚笨或不开窍，而当面挖苦我们这些"丑小鸭"，但我们（尤其是我和马岳师姐，刘兴博当时年龄小，整天好像无忧无虑的）还是能够时刻感觉到周围学习和科研的重压。现在想想，也是一种好事，这种差距会时时督促自己不断努力、不断前行。

北科大两年半的硕士学习期间，自己主要从事GH169有关微量P对合金高温疲劳性能尤其是裂纹扩展性能的研究工作，记忆中刘兴博则好像负责微量S含量的影响。课题方向应该是课题组"大老板"谢老师制定的，期间胡老师帮助我具体制定了材料冶炼和性能测试试样的加工等具体研究方案；董建新博士则经常具体帮助指导一些分析测试工作，尤其是TEM电镜样品的制备，他真的是电镜样品双喷高手、奇才，我们10个样品基本能够成8个。

当然，自己也还算动脑筋、肯吃苦，为制备电镜样品，自己还特意请岳父帮忙加工了2个人工减薄工具，并在金物楼一层高温蠕变实验室连续吃住做了3个多月的裂纹扩展数据测试，过程虽然辛苦，但自己也学到了本事，值得。最后的测试数据及研究结论，想必谢老师、胡老师当年还是比较满意的。

硕士课程阶段，自己选择了胡汉起教授的《金属凝固原理》，也不知是

自己开窍，还是胡老师感觉自己作业做得好，考试后他曾经动员我毕业后继续报考他的博士。本想硕士毕业回单位工作文凭已经够用，是胡老师的点拨，使自己又燃起了继续深造的念头。硕士毕业前后，李成明和刘兴博相继选择跟随谢老师继续攻读博士，自己由于一些至今不想说、也不愿意讲的原因，毅然决定去西安交大报考自己喜爱并擅长的表面工程方向博士。虽然，当初报考何家文教授的学生很多，能否被录取也充满未知数，但决心已定，就只有独自前行了。别人考博要请假复习，但自己回去就投入到紧张的锯条批量试生产工作中，晚上自己则一个人留在学校复习专业课。当时父母和夫人也很支持自己的想法，虽然他们要为此付出额外的辛苦。我不想亏欠单位领导什么情，也不想要什么同情甚至怜悯，我只想通过自己的努力，达成自己心中的目标。现在回头看看自己走过的求学之路，外出求学客观上导致自己和学校、研究所的长辈老师没有任何学缘关系，虽然也许得不到什么额外的恩惠和照顾，但自己也没有什么历史包袱以及人情负担，轻装上阵也不失为一种不错的选择。

　　自己在研究生阶段，先后有幸在北科大和西交大遇见了对自己关爱有加的四位导师，您们的大度、您们的包容、您们的学识以及您们对学生的关爱，至今也深深地影响着我自己的为人处事方法。这辈子，自己达不到您们学识方面的高度，但您们的为人之道、育才之法、宽容大度、学术自由，我基本可以学到和做到，并也正在逐步实践之中。常言道，大树底下好乘凉，一点没错，但大家也要知道，大树底下经常寸草不生。很幸运，我的导师虽然也是我心中的大树，但他们还是非常关心底下的小草和幼苗，并令我终身难忘和感激。锦上添花易，雪中送炭难，但导师们这暖暖的炭火和关爱更值得学生们格外珍惜。

　　北科大两年多的学术熏陶，自己看见了差距，拓展了视野，也使自己看到了个人的未来。多经历一个环境洗礼，多增加一份见识，后选择西交大开始自己的另外一条学术之路，即使今天看来也不失为一个最佳的方案。经历过磨难，就更知道珍惜来之不易的学习机会，攻读博士期间，自己格外用心做科研，也有幸像董建新博士一样成为了一名导师赏识的弟子。1998 年，博士三年顺利毕业，求学实践也证明，六年基层磨练、两年半北科大的学术熏陶没有被浪费、被埋没，自己当初的决定和选择还是蛮正确的。进入交大才知道，何老师是北京钢铁学院的首届毕业生，他和谢老师还很熟悉，也许这是命中注定的缘分吧，自己只能做北科大毕业老师的研究生。

感谢谢锡善教授、胡尧和教授在自己前途迷茫之际，为自己指引了方向！感谢西交大的何家文教授和胡乃赛教授对自己的严格要求和善意挽留（也许这是我今生中最为愚蠢的一个决定，放弃了交大留校并可马上出国留学的机会，而选择了回理工大原单位工作，选择了独自往低处闯荡，而没有像马岳、李成明那样选择往高处走）！感谢董建新博士和他夫人景飒对自己学术和生活上的关心！也感谢李成明博士！是你我互相鼓励，使我们走到了今天，虽然我们依然不甚出色，但我们毕竟没有落伍和掉队。感谢马岳博士、感谢王宁博士、感谢刘兴博博士、感谢当初在北科大一起读书求学的兄弟姐妹！我们曾经一起苦恼、一起迷茫、一起快乐、一起努力、一起进步，过去的时光现在还常浮现于脑海，虽然20多年前镌刻的记忆已经逐渐模糊，但师生情、同学情这辈子不会忘却。

特此拙笔撰写自己青涩的求学回忆和感悟，为我尊敬的谢锡善教授八十华诞纪念增添些许文字，以表学生的一丝感激之情。

材研 92 学生：唐宾，2014 年 12 月 30 日星期二
于太原理工大学表面工程研究所

附：个人自我剖析以及几张记忆中的照片

自己本来非常适合从事工程师甚至总工程师这样的职业，只是由于当初被留在了学校研究所，为出路，为不被淘汰，为所谓的颜面，没有办法才搞些肤浅的基础研究。

80 年代中期，能够留校从事科研和教学的一般学习都还不错，自己当年在班级或年级外语算最好的，专业课成绩也无人能及，深得教研室"老大"的喜欢，但大一基础课尤其是数学和化学成绩超烂，想继续做好学问真的有难度，这也是我现在想引进 1~2 名真正从事基础研究并兼备深厚功底的年轻人的部分缘由，自己从来不缺思路和点子，但缺深度和关键基础。

自己心里清楚的很，即使再勤奋、再努力，应该也做不了某一方向的"学痴""学狂"，充其量也就是一金属材料小百科全书、小杂家。

　　逻辑思维的过于缺失和平庸，以及形象思维的超级发达，加之业余爱好多多，必然导致现在的结果——专业学无专长，知识杂乱无章。虽无将帅之才，但也还有个常人少有的优点，即性格包容，且甘愿为年轻人做人梯。

　　现在，我儿子看来比我当时要理智或实际不少，不但知道自己的特长和劣势，也敢于面对并提早做出自己未来的职业规划，避短扬长，同济大学桥梁方向本科毕业后，仅2分钟时间自己就依然放弃了美国范德堡大学结构力学直博全奖的橄榄枝，而选择CMU先进建筑结构硕士项目这个新兴交叉方向，计划未来做一名先进结构设计师。

　　记得他曾经发誓：不会像他爹一样再从事高校教职这个又苦又涩的工作，多次说我不该择此业，入此门。

　　一路走来，虽然坎坎坷坷，但不乏导师和同学朋友们时常的点拨和帮助，加之自己的人生理想一直不是很高远，现能够当一名还算合格的教授和导师，个人家庭生活以及子女教育方面也还说得过去，足矣！今生往后，多做一份善事，多结一份善缘，只希望单位的年轻人和自己的学生们能够活得更好、更精彩！

1991年初夏李成明与我在太行锯条厂

1995 年 3 月，材研 92 班四位应届女生和 6 位老大哥毕业留影

1996 年 7 月 3 日谢老师在西安交通大学开会期间特意看望学生

2014 年 8 月 18 日，材研 92 班同学在湘容和酒楼欢迎刘兴博教授回国访学
（左 6 刘兴博博士；左 7 李成明博士；右 2 本人）

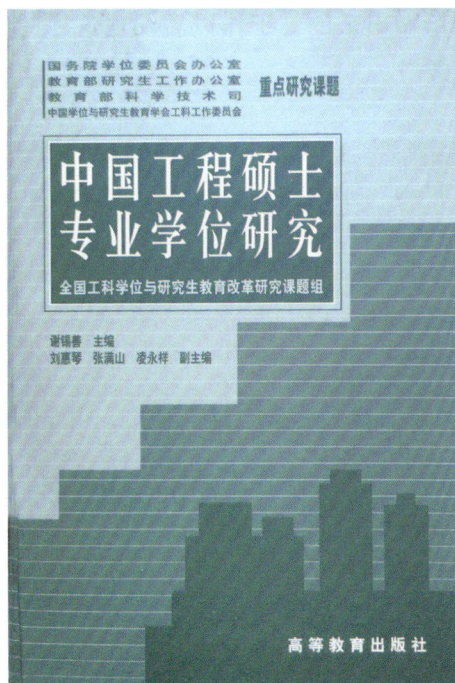

恩师教导　终身受益

陈　卫

（谢锡善教授硕士研究生，现美国石油公司高级研究员、博士）

　　我是 1993~1996 年在谢锡善教授高温合金组读的硕士学位。谢老师当时任研究生院副院长，事务繁忙，但他仍主讲我们的高温合金专业课。谢老师讲课英文为主，让学生耳目一新；而且他循循善诱，引用实际的例子，态度认真并专注，使我在其中颇得收获，从此对高温合金兴趣倍增，结下不解之缘。

　　谢老师主持的高温合金组有好几位教授及博士后参与。也许是因为多年在一起共事，谢老师和他们的关系非常融洽，而且对他们的专长很了解，这对我做实验的帮助实在太大了。记得胡尧和老师有个小型合金冶炼设备，组里试验合金都是他给做出来的。工作以后发现这样的条件真是难得的得天独厚的条件。

谢老师与我的合影

我论文课题是提高 718 合金高温长期时效组织稳定性，侧重于透射电镜。谢老师介绍我到中科院电镜所，在那儿的几个月里，得到陈梦谪老师特别的指导和尹秀兰老师的帮助。特别要提的是董建新老师，他当时刚从谢老师组里博士毕业，在 718 合金时效组织变化机制上做出重大突破。有这样的条件和榜样，我的实验做得很顺利。时过境迁，现在能够用透射电镜读懂高温合金析出相的已经少见，我也因此历练而引以为荣。

高温合金时效组织稳定性毋庸置疑是谢老师在此领域的突出贡献之一，他主导的课题研究及发表的文献被国内外学术和工业界重视，影响到这一领域许多重大的突破，并对此类材料在使用当中的安全可靠性提供了关键的数据依据。他的研究手段——从微观组织入手，联系到化学成分的影响及宏观性能的表象——已为业界同行公认并效法。

每个老师带学生的方法都不一样。谢老师学术上非常严谨，然而对学生态度和蔼，并给予足够的空间和条件去探索，并且有效地建造一个有助于高水平科研的团队，这不仅使我当时受益，在我后来自己指导学生的工作实习中，也常常回想起并借用谢老师待人处事的方式。

硕士毕业前夕，谢老师告诉我有个去美国 WVU 读博士的机会，而且是师从在高温合金领域有名望的张克敏教授。这成为我人生的一个转折点。俗话说："师傅领进门，修行在个人"，其实在谢老师这里，所领受的岂止进门，他在知识和见识上的言传身教，支持鼓励，令我终身受益。

谢谢您，谢老师！祝您生日快乐，身体健康！

鹤发银丝映日月，丹心热血铸合金

—— 祝贺谢锡善教授八十寿辰

张丽娜

（谢锡善教授博士研究生，现清华大学教授）

　　时间过得飞快，一转眼已经毕业十余年了，今年元旦前夕接到马岳师姐电话，欣闻大家要给敬爱的谢老师庆祝八十寿辰，往昔的岁月又涌现在眼前。

　　在我的印象中，谢锡善教授儒雅谦和，思维敏捷，治学严谨，学识渊博，乐观积极，勤奋刻苦。用今天的话说，谢教授是一位充满了"正能量"的良师。我有幸跟随谢锡善教授攻读博士学位，是谢老师带我走进了高温合金的世界。非常感谢谢教授给我治学上的教诲和生活上的启迪。

谢锡善教授做会议报告

　　我入学之时，谢锡善教授已在高温合金领域耕耘了近四十载，他对高温合金的热爱和专注感染着我，让我能很快地进入到研究课题中。谢老师治学严谨，注重实验和理论相结合，针对不同研究课题和目标，采用不同的研究方法，制定正确高效的实验方案，对实验数据的分析深入仔细，一丝不苟。在与谢锡善教授的课题讨论中，谢教授不断启发我发现问题、分析问题，让我有明晰的思路，并给我提出解决问题的建议。在谢老师的悉心指导下，我的课题实验很快取得了进展。

　　谢老师知识渊博，外语水平非常高。在我的入学考试面试时谢老师流利的英语就给我留下了深刻的印象。入学之后，充分感受到谢老师的英语才华，在我博士期间参加的几次国际高温合金的会议，谢老师都曾兼任国外重要专家的现场口译。我的英文文章，谢老师是逐字逐句仔细修改的，记得我的论文稿纸上经常都是谢老师修改的词句，密密麻麻但书写得很整齐很漂亮的英文。谢老师曾在捷克读书，在每年课题组的联欢会上，谢老师如果兴致高，还会表演上一段捷克语的新年祝福。

博士论文答辩会后我与老师的合影
（右一为谢锡善教授，左一为董建新教授，左二为张兴钤院士，右二为本文作者）

"自古言行唯有谨，从来学问只关勤"，谢老师的勤奋也给我留下很深刻的印象。他教育我们不能成为"93学社"（上午9点到，下午3点到），并且一直以身作则。谢教授每天起得很早，在大家吃早餐的时刻，他常常已经在办公室工作好一会儿了。我们的文章和报告等，他会以很快的速度修改完，并且是很仔细的。我也从一次次的文章和报告修改中收获很多。有几次谢老师带了我们的科研项目报告稿上飞机，说他会在飞往美国的飞机上修改，下飞机之后紧接着要有会议报告，那时谢老师已年逾花甲，真是令人佩服。谢老师常教育我们要勤奋刻苦，他曾说起年轻时候在国外留学，做实验很勤奋，常常到夜里十二点，以至于后来得了肺炎住院，但不曾后悔过。从谢老师身上，能深刻体会到老一辈知识分子的艰苦创业，顽强奋斗的精神。

细节之中显师表，谢老师注重师仪，衣着总是很整齐干净，皮鞋总是亮闪闪的。谢老师的生活又是很节俭的，有一次和谢老师外出开会，报到那天看到谢老师在找修皮鞋的地方，原来谢老师的鞋子鞋底开胶了，他说鞋子已修过多次，但补补还可以穿。

那时谢老师带领着课题组的胡尧和老师，董建新老师，张麦仓老师还有胡桂兰老师，以及袁礼孝老师等，共同为我们营造了一个大家庭的氛围。每逢节假日，谢老师和各位老师会和学生们一起活动或联欢、快乐而温馨。谢老师带领我们在科学的殿堂跋涉之时，也让我们感受到科学、艺术和生活的相容。记得那时高温合金教研组在金物楼，办公室和实验室布置得简洁大方，整个墙壁包括天花板都刷着淡绿色的漆，很特别很温馨的感觉，据说漆的颜色是谢老师亲自调的。谢老师很热爱生活，积极乐观。摄影是谢老师的一大爱好，而且技术很好。开会或课题组联欢会时谢老师会亲自给大家拍照，有闲暇时也会给我们欣赏他的摄影大作。

很荣幸能成为谢锡善教授的学生，谢教授的言传身教让我在学业和人生态度上受益匪浅。短短小文盛不下四年时光，而谢锡善教授的谆谆教诲和丰富精神会伴我终生。

"鹤发银丝映日月，丹心热血铸合金"。

在此衷心祝贺敬爱的谢锡善教授八十寿辰，硕果累累，桃李天下！

庆祝谢锡善教授八十华诞

艾家和

（谢锡善教授博士研究生，现美国德州石油公司高级工程师）

2015年7月26日是北京科技大学高温材料研究室老教授谢锡善先生的八十华诞。作为谢先生的博士，我感到由衷地欢欣并且对谢老师表示最诚挚的祝贺！

谢教授是一位才华横溢的教授和杰出的教育者。自从1961年谢老师在捷克取得博士学位后，他就被北科大聘请为教师并任教至今。他在北科大研究生院副院长的岗位上工作多年，在教学领域则悉心指导了数十名硕士生和博士生完成他们的学业。谢教授桃李遍天下，很多学生已经在科学研究或工程技术领域颇有建树，有些成为了高水平大学的教授，有些成为了世界级企业的高级工程师。

谢教授是高温合金、金属材料领域的一位卓越学者，是北京科技大学高温合金研究室的创始人之一。他开发了一系列用于飞机发动机和工业燃气轮机的镍基和铁基合金，在金属材料尤其是高温合金领域的影响举足轻重。他在科技期刊和会议论文集中共发表了数百篇文章，被多个科学组织和委员会聘为专家和评委，并且亲自组织了众多国际学术研讨会和会议。

谢教授坚持原则，严于律己，在科研和教授工作上数十年如一日，是我们终生学习的榜样！

在谢教授八十华诞之际，我们可以说，谢教授总是有着年轻的心态和不竭的动力。我衷心地祝愿谢老师：身体健康，寿比南山！

学生：艾家和博士

休斯顿，得克萨斯州，美国

aijiahe@hotmail.com　832-980-0778（C）

谢先生八十寿辰随笔

张　旭

（谢锡善教授博士研究生，现北京师范大学教授）

今年是我的恩师谢先生八十寿诞，回忆当年先生对我们的培养和教导，特作此文以表庆贺。

1995 年 9 月我考入北京科技大学因机缘巧合有幸成为先生的博士研究生，与我同一年考取的还有李成明和刘兴博等师兄弟。四年的博士研究生历程，使我的科研能力有了显著提高，在先生和徐重先生的共同指导下以《双层辉光离子渗优质镍基耐蚀合金及渗层成分控制的研究》为题目完成博士论文，论文采用双层辉光离子渗金属技术发展了一种新型的表面合金化优质镍基复合梯度材料。1999 年 7 月通过博士论文答辩，随后到北京师范大学进行离子束材料表面改性的研究工作。

今天我作为一名培养研究生的指导教师，常常想起导师的栽培、导师的激励。回忆导师对研究生的教育理念，对研究生的培养方法。先生强调研究生培养要按高层次的标准来要求，最重要的不在于给予研究生多少知识，而在于提高研究生的学习与研究能力，特别是开拓创新和独立科研的能力。导师的作用是什么？我的感觉，其实先生并没有太多的时间来直接指导我具体研究细节，而是首先指导我在充分的文献调研的基础上，根据具体情况，相对独立的确定研究目标和研究计划，然后给予很大自由发挥空间独立自主地开展研究工作，使我们能够尽早全面理解和认识科学研究工作，为以后从事研究工作打下坚实的基础；另外，先生不仅重视基础理论研究工作，公开发表科技论文，同时更加重视从国家和社会需求中寻找问题，广泛了解问题实际需求状况，解决实际问题，研究为实际应用服务，也成为指导我们以后的研究工作的方向。

今天能有幸为我的导师谢先生八十大寿撰文，再次感谢先生多年来对我的教导。

师昌绪和王崇愚院士主持的博士论文答辩会

和研究生们"忙里偷闲"赴西山呼吸新鲜空气

忆四年博士学术生涯谢老师点滴教诲

徐　江

（谢锡善教授博士研究生，现南京航空航天大学教授）

2005 年进入南京航空航天大学工作将近十年，我的相关科研成果已在《Scientific Reports》《Journal of Materials Chemistry》《Nanoscale》《Acta Biomaterialia》《Acta Materialia》《ACS Applied Materials & Interfaces》《Electrochemistry Communications》《Journal of Physical Chemistry C》《Electrochimica Acta》《Corrosion Science》《Scripta Materialia》《Science in China Series E》等国内外著名刊物发表了 70 余篇论文。我之所以能取得不俗的学术业绩不仅与母校北京科技大学在材料学科的深厚底

重回母校与老师同学们相聚

蕴相关，更得益于导师谢锡善教授的谆谆教导。作为博士研究生，具有独立的工作能力是必不可少的。记得 2010 年年底，导师告诉我独自去趟太原学习一下"双辉"技术，顺便做一些实验，以后实验室的双辉炉你自己负责协调安装。在一个月内，我完成了一些初步的实验，提交了一份 863 结题报告，独自安装了实验室的双辉炉。经过这次锻炼，我的动手和敢打硬仗的能力有了显著提高。撰写学术论文是每个博士生前进路上最大的难点。记得第一篇投到国外的论文编辑让修改，谢老师非常关心，逐字逐句的认真审阅，为我日后学术生涯奠定了良好的基石。

谢锡善在材料与冶金工程国际学术会议上介绍"双辉"表面冶金技术

恩师难忘

李　晓

（谢锡善教授硕士研究生，现美国美光公司高级研究员、博士）

　　我时常想念在北科大材料学院求学的日子，怀念在谢锡善教授带领的高温合金研究室学习的时光。

　　从 1998 年进入高温合金研究室做本科结业课题，到 2001 年硕士毕业，我有幸得到谢老师很多教导和影响。当时做镍基粉末高温合金热处理微观组织优化，疲劳蠕变裂纹扩展速率，以及夹杂物的影响等方面的研究。胡尧和老师是我的导师，董建新老师也给予了大量具体指导，还受到了师兄师姐们的很多照顾。学业友谊收获颇多。现在应刘兴博师兄邀请写一点在高温组的回忆录，我非常乐意，也深感荣幸。

　　谢老师习惯很好，每天都是精神矍铄。清晨一大早骑自行车到办公室，当时是在金物楼二楼，阅读文献，审稿，修改学生论文等。谢老师说白天很忙，早上时间非常宝贵。我一直很敬佩谢老师对工作的饱满热情和全然投入。谢老师非常平易近人，对我们这些硕士甚至本科生也非常热情，时常关心。谢老师思路敏捷又有条理。英文手写尤其工整漂亮。有一次我帮谢老师整理一个国际会议的与会者名单。我以为那些英文人名单位头衔地址联系方式都是专门打印成那种特殊字体的，结果发现是谢老师手写的。

　　当时谢老师除了忙博导和研究室负责人的日常工作，还承担很多学会职务。记得谢老师时任中国机械工程学会高温材料及强度委员会主任，材料学会理事长等。他组织一些国际会议和学术交流等活动。我们作为研究生有时也参与一些筹备工作。有一次为了节约花费又有意义，谢老师叫我们自己动手做纪念品。大家买来特大号白色 T 恤，设计打印彩色图案，然后用电熨斗熨到 T 恤上。与会的美国朋友非常喜欢我们做的以长城为背景，印有北科大高温合金研究室字样的文化衫。活动增进了大家的主人翁精神，团队意识和

自豪感，研究室在谢老师的带领下，就像一个其乐融融的学术大家庭。

　　我很感激老师鼓励关怀学生的成长。我 2002 年来美读博，本来是要做高温材料方面的先进热障涂层研究，后来由于经费问题改了研究方向。2004 年参加 TMS 年会。谢老师知道我那时做的课题与高温合金没有任何关系，但还是在百忙之中专门赶到我的会场听我的报告，会后还给了我莫大的鼓励，我非常感动。我现在在美光半导体公司做先进封装材料研究。前次回国还去探望高温组各位恩师和学长。和张丽娜师姐聊到当时一起做原位拉伸试验，准备电镜试样等。和董老师、胡老师聊到现在国家对航空用核电站用高温材料研究的重视和大幅度投入，以及取得的很多突破性进展。可惜当时谢老师和夫人陈老师外出，没能见面，但也很高兴知道他们二位身体健康生活充实。

　　学生在此特别庆贺亲爱的谢老师八十寿辰，恭贺谢老师教书育人桃李满天下，敬贺谢老师在高温材料研究领域的成果和贡献！

李晓　敬上

2015 年 3 月 10 日

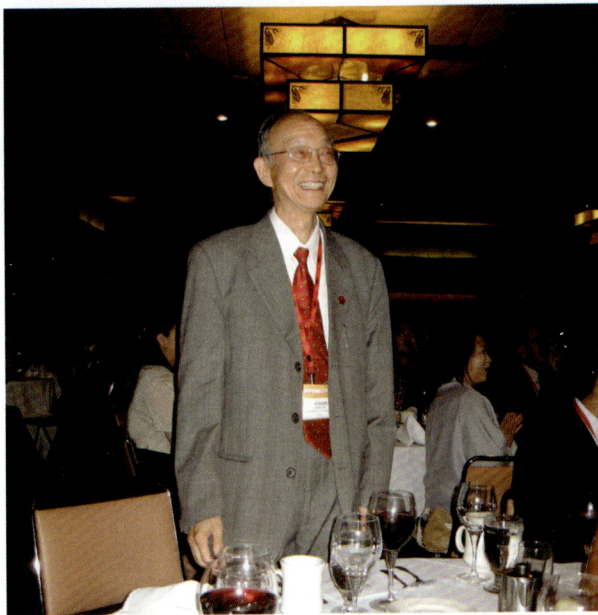

谢锡善代表中国金属学会（CSM）在美国矿物·金属·材料学会（TSM）年会欢迎晚宴上

PROCEEDINGS
of
International Symposium on
Advanced Superalloys in 21st
Century – Production and
Application
(June 2-4, 2004, Dalian, China)

Edited by

Xishan Xie
Jianxin Dong
Guiwen Qiao
Hongyi Bao

The Chinese Society for Metals
2006

第三篇

硕　果
——谢锡善教授代表性论文

谢锡善 1961 年以来发表众多论著，现择其百篇代表性论文分列于下。

一、1980 年国际高温合金会议唯一的得奖论文

1. Guoliang Chen, Xishan Xie, Kequan Ni, Zhichao Xu, Di Wang, Ming Zhang, Yuying Ju. Grain boundary embrittlement by Mu and Sigma phases in iron-base superalloys. Superalloys 1980, Proceedings of the 4th International Symposium on Superalloys, USA, ASM, 1980: 323~333.

2. 陈国良，谢锡善，倪克铨，徐志超，王迪，张明，居玉英. 铁基高温合金中 μ 相和 σ 相引起的晶界脆化. 金属学报，1981, 17(1): 1~9.

二、高温合金和耐热钢的综合性论文

3. 谢锡善,杨锦炎. 我国高温合金体系. 中国高温合金四十年文集. 北京: 中国科学技术出版社，1996: 14~25.

4. Xishan Xie, Fusheng Lin, Shichang Cheng, Shandong Tu. High temperature materials and strength study in China. Chinese Journal of Mechanical Engineering, 2002, 15(3): 257~265.

5. Xishan Xie. The research and development of Nb-containing superalloys in China. Niobium: High Temperature Applications, TMS, 2003: 35~49.

6. 谢锡善. 我国高温材料的应用与发展. 机械工程材料，2004, 28(1): 2~11.

7. Chengyu Chi, Hongyao Yu, Xishan Xie. Advanced austenitic heat-resistant steels for ultra-supercritical (USC) fossil power plants. Alloy Steel Properties and USE, INTECH, 2011: 171~200.

8. Xishan Xie, Yunsheng Wu, Chengyu Chi, Maicang Zhang. Superalloys for advanced ultra-supercritical fossil power plant application. Superalloys, INTECH, 2015: 51~76.

三、高温合金的物理冶金和化学冶金

9. Tien J K, Howson T E, Chen G L, Xie X S. Cobalt availability and superalloys. Journal of Metals, 1980. 32(10): 12~20.

10. 苗柏和，谢锡善. GH36 合金中的碳化物和高温持久缺口敏感性. 金属学报，1986, 22(1): 44~49.

11. Xishan Xie, Chongxi Chen, Weidong Shi, et al. Nitrogen removal by argon bubbling during superalloy melting in a vacuum induction furnace. Proceeding of the 10th International Conference on Vacuum Metallurgy, V.1, Special Melting, 1991: 114~121.

12. Xie X S, Liu Z Q, Zhao S Q, et al. Thermal stability study of high temperature corrosion resistant nickel–base superalloy. 4th Pacific Rim International Conference on Advanced Materials and Processing (PRICM4), 2001: 11~15.

13. Xishan Xie, Jianxin Dong, Maicang Zhang, Gailian Wang, Shuangqun Zhao. Embrittling effect of iron and nickel base superalloys in high temperature long time exposure. Advanced Materials and Processes for Gas Turbines, TMS, 2002: 207~215.

14. 谢锡善，胡尧和. Waspaloy 合金的生产、发展与应用. 中国催化裂化能量回收系统技术发展研讨会论文集，2002: 37~43.

15. Xishan Xie, Zhengdong Mao, Jianxin Dong, Yaohe Hu. Investigation on high temperature strengthening and toughening of iron–base superalloy. Journal of University of Science and Technology Beijing, Mineral Metallurgy Materials (Eng. Ed), 2003, 10(1): 44~49.

16. 董建新，谢锡善. α–Cr 的析出行为及其对高铬高温合金的影响. 金属学报，2005, 41(11): 1159~1161.

17. Xie X S, Zeng Y P, Kou L Z, et al. The precipitation and strengthening behavior of Ni_2(Mo,Cr) in HASTELLOY C–22HS alloy, a newly developed high molybdenum Ni–base superalloy. Superalloys 2008, TMS, 2008: 799~805.

18. Hongwei Shen, Zhizheng Wang, Xishan Xie, et al. The application of Ni–base alloy Nimonic 80A for buckets of USC steam turbine in China. Advances in Materials Technology for Fossil Power Plants，Proceedings from the 5th International Conference,

ASM, 2008: 402~412.

19.　Yanping Zeng, Lizhang Kou, Xishan Xie. Influence of thermal exposure on the precipitates and mechanical properties of a newly developed Ni–21Cr–17Mo alloy. Materials Science and Engineering A, 2013,560: 611~617.

四、高温合金力学冶金

20.　Xie X S, Chen G L, Howson T E, Tien J K. On the role of stacking fault energy in the creep of coherent particle strengthened alloys. Journal of Metals,1980, 32(12): 4.

21.　Xie X S, Chen G L, Mchugh P J, Tien J K. Including stacking fault energy into the resisting stress model for creep of particle strengthened alloys. Scripta Metallurgical, 1982, 16(5): 483~488.

22.　谢锡善，陈国良，Mchugh P J，田家凯．堆垛层错能与反应力蠕变在第二相强化高温合金中的应用．北京钢铁学院学报，1983(3): 56~69.

23.　Chen G L, Fritgemier L G, Xie X S, Tien J K. Induced creep and creep/fatigue of a nickel–base superalloy at ambient temperature. Metall. Trans. A, 1982, 13A(11): 1951~1955.

24.　Chen G L, Xie X S, et al. The role of small amounts of magnesium in nickel–base and iron–base superalloys after high temperature long time exposure. Superalloys 1984, TMS, 1984: 613~622.

25.　Xie X S, Sun X Q, Gao L, Chen G L, et al. Notch effect on high temperature fatigue–creep properties of a carbide strengthened Fe–base disc alloy. Mechanical Behavior of Materials–V, Pergmon Press, 1987: 1037~1042.

26.　Xishan Xie, Jin Liang, Honggan Jiang, et al. The effect of small amount of magnesium on high temperature LCF behavior in iron–base and nickel–base superalloys. Low–cycle Fatigue and Elasto–Plastic Behaviors of Materials, Elsevier, 1987: 719~723.

27.　Xie X S, Fu J, Gao L, Liu X K. Effect of minor elements and inclusion control on developing a high quality turbine disk alloy. Special Melting and Progressing Technologies, Noyes Pulications, 1988: 755~774.

28.　Xishan Xie, Jin Liang, Rang Yang, Xianqi Sun, Honggan Jiang, Pelloux P M.

Notch effect on high temperature fatigue and creep–fatigue behavior of nickel–base and iron–base superalloys. Chinese Journal of Metal Science and Technology, 1990(6): 1~7.

29. Xie X S, Ni K Q, Xu Z C, Ling G, Wang N. Trace element and grain size effect on high temperature fatigue, creep and creep–fatigue interaction properties in nickel-base superalloys. Proceedings of the International Conference on Mechanical Behavior of Materials, Pergmon Press, 1992: 613~618.

30. 徐志超，谢锡善. 高温合金涡轮盘的强韧化与裂纹扩展的关系. 材料工程，1998(4): 14~15.

31. Xie X S, Xu Z C, Dong J X, et al. High temperature crack propagation and fracture of superalloys. Acta Metallurgica, Sinica (English Letters), 1994, 12: 51~58.

32. Mannon S, Patel S, Dong J X, Xie X S. Crack growth and high temperature thermal stability of Inconel 725. EUROMAT'99 Germany, 1999.

33. Xie X S, Mao Z D, Dong J X, Hu Y H. Investigation on high temperature strengthening and toughening of iron–base superalloy. Journal of University of Science and Technology Beijing, 2003, 10 (1): 44~48.

34. 宛农，谢锡善，张家福，徐志超，董建新. 基于 Larson–Miller 参数蠕变 – 持久强度的数学模型. 机械强度，2004, 26(4): 410~415.

35. Xie X S, Mao Z D, Dong J X, et al. High temperature creep, fatigue and creep/fatigue interaction behavior of gamma prime strengthened austenitic iron–base superalloy. Key Engineering Materials, 2005, 297~300(1~4): 1458~1463.

五、高温合金的表面冶金

36. 杨忠民，张旭，谢锡善，等. 双层辉光离子渗 Inconel625 合金的工艺特性. 北京科技大学学报，1999, 21: 266~268.

37. 李成明，徐重，谢锡善，等. 双层辉光离子渗金属技术等离子体诊断初探. 应用科学学报，1999, 17: 232~236.

38. Chengming Li, Zong Xu, Xishan Xie, et al. Sputtering of W–Mo alloy under ion bombardment. Transaction of Nonferrous Metals Society of China, 1999, 9(3): 629~633.

39. Xie X S, Zhang X, Dong J X, et al. A new technology of superalloy surface

metallurgy – Double glow plasma surface alloying. Advanced Technologies for Superalloy Affordability, TMS, 2000: 197~205.

40.　Zhang X, Xie X S, Yang Z M, et al. A study of nickel−based corrosion resisting alloy layer obtained by double glow plasma surface alloying technique. Surface & Coating Technology, 2000, 131: 378~382.

41.　徐江，谢锡善，徐重，等. 双辉多元共渗与电刷镀复合表面耐蚀渗镀层的研究. 金属学报，2002, 38(10): 1074~1078.

42.　Xu Zhang, Xishan Xie, Zhong Xu. Gradient Ni−Cr−Mo−Nb surface alloying layer. Materials Science Forum, 2003, 423~425: 63~68.

43.　Jiang Xu, Xishan Xie, Zhong Xu, Wenjin Liu. Investigation on multi−element Ni−Cr−Mo−Cu alloying layer by double glow plasma alloying technique. Materials Chemistry and Physics, 2005, 92(2~3): 340~347.

六、典型高温合金 GH4169(Inconel 718)

44.　Xishan Xie, Jianxin Dong, Zhichao Xu, Keguan Ni, Shouhua Zhang, Qiang Liang, Mengzhe Chen. Combined precipitation of γ double prime with γ prime and stability study in modified 718 alloys. Proceedings of the First Pacific Rim International Conference on Advanced Materials and Processing−PRICM, 1992, TMS, 1993: 857~862.

45.　Jianxin Dong, Xishan Xie, Shouhua Zhang. Influence of associated and separate precipitation of γ double prime and γ prime on structure stability in Inconel 718 and modified alloys. Acta Metallargica Sinica (English Edition),Series A: Physical Metallurgy and Material Science 1993, 6A(6): 410~414.

46.　Dong J X, Xie X S, Zhang S H. The enhancement of thermal stability in a modified nickel−base superalloy. Scripta Metallurgica, 1993, 28: 1477~1480.

47.　Xie X S, Liang Q, Dong J X, Wang N, Pineau A, et al. Investigation on high thermal stability and creep resistant modified Inconel 718 with combined precipitation of γ double prime and γ prime. Proceedings of the International Symposium on Superalloys 718, 625, 706 and Various Derivatives, 1994, TMS, 1994: 711~720.

48.　Xishan Xie, Xingbo Liu, Jianxin Dong, et al. Segregation behavior of phosphorus and its effect on microstructure and mechanical properties in alloy system Ni–Cr–Fe–Mo–Nb–Ti–Al. Superalloys 718, 625, 706 and Various Derivatives, 1997, TMS, 1997: 531~542.

49. Xishan Xie, Jianxin Dong, Wei Chen, Qiang Liang, Mengzhe Chen, et al. Investigation on modified nickel–base superalloys with combined precipitation of γ″ and γ′. Transactions of Metal Heat Treatment, 1997, 18(3): 37~46.

50. Xishan Xie, Xingbo Liu, Jianxin Dong, et al. An abnormal effect of phosphorus on mechanical properties of Ni–base superalloys of Ni–Cr–Fe, Ni–Cr–Fe–Mo and Ni–Cr–Fe–Mo–Nb–Ti–Al systems. Advanced Materials and Processing PRICM–3, TMS, 1998: 215~220.

51. Xie X S, Dong J X, Smith G D, et al. Relationship of microstructure with mechanical properties of alloy 625 and 718 after long time exposure. Long Term Stability of High Temperature Materials, TMS, 1999: 135~145.

52. Liu X B, Dong J X, Tang B, Hu Y H, Xie X S. Investigation of the abnormal effects of phosphorus on mechanical properties of Inconel 718 superalloy. Materials Science & Engineering, 1999, A270: 190~196.

53. Xie X S, Wang G L, Dong J X, et al. Alpha chromium formation in alloy 718 and its effect on creep crack propagation. Proceedings of the International Symposium on Superalloys 718, 706, 625 and Various Derivatives, TMS, 2000: 399~410.

54. Dong J X, Xie X S, Thompson R G. Influence of sulfur on stress rupture fracture in Inconel 718 superalloys. Metallurgical and Materials Transactions A: Physical Metallurgy and Materials Science, 2000, 31(9): 2135~2144.

55. Thompson R G, Dong J X, Zhang M C, Xie X S. Interfacial segregation and cosegregation behavior in a nickel–base alloy 718. Materials Science & Engineering A, 2002, 328(1): 9~13.

56. Xie X S, Dong J X, Wang G L, et al. The effect of Nb, Ti, Al on precipitation and strengthening behavior of 718 type superalloys. Superalloys 718, 625, 706 and Derivatives, TMS, 2005: 287~298.

57. Xie X S, Wang G L, Dong J X, et al. Structure stability study on a newly developed nickel–base superalloy– Allvac 718 Plus. Superalloys 718, 625, 706 and

Derivatives, TMS, 2005: 179~191.

58. Xie X S, Xu C M, Wang G L, et al. TTT diagram of a newly developed – Allvac 718 Plus. Superalloys 718, 625, 706 and Derivatives, TMS, 2005: 193~302.

59. Xie X S, Fu S H, Zhao S Q, et al. The precipitation strengthening effect of Nb, Ti and Al in cast/wrought Ni–base superalloys. THERMEC 2009, Materials Science Forum Part1~4, 2010: 838~842.

60. 谢锡善，董建新，付书红，张麦仓. γ'' 和 γ' 相强化的 Ni–Fe 基高温合金 GH4169 的研究与发展. 金属学报，2010, 46(11): 1289~1302.

七、高温合金和超高强度钢中夹杂物

61. 谢锡善，张丽娜，张麦仓，董建新. 镍基粉末高温合金中夹杂物的微观力学行为研究. 金属学报，2002, 38(6): 635~642.

62. Xie X S, Zhang L N, Zhang M C, Dong J X, Bain K. Micro–mechanical behavior study of non–metallic inclusions in P/M disc superalloy Rene95. Superalloys 2004, TMS, 2004: 451~458.

63. Xie X S, Zeng Y P. The effect of inclusions on mechanical behavior in ultra–high strength alloy steels. Materials Science Forum, 2010, 645~656: 51~56.

64. Xie X S, Zeng Y P, Wang M M, et al. Micro–mechanical behavior of inclusions in advanced steels. Advanced Steels, Springer, Metallurgical Industry Press, 2011: 93~102.

65. Rhoads M A, Groh J R, Xie X S. Inclusions and their behavior in ultra–high–strength steels. Iron and Steel Technology, 2013, 10(12): 172~180.

八、耐热钢

66. Sie Si San（谢锡善），Čadek J. Contribution to the research into structure changes in high alloy ferritic–austenite steels. Symposium on Stainless Steels, ČSVTS, 捷克，布拉格，1963: 141~180.

67. Čadek J, Freiwillig R, Sie Si San（谢锡善），Rovnovážné stavy železem bohatych slitin Fe–Cr–Mo–C přicentraci uhlíku 0.35% a tepolotě 700℃（含碳 0.35%

富铁的 Fe-Cr-Mo-C 合金在 700℃时的相平衡状态）. Hutnickě Listy（捷克冶金学报）, 1962, 17: 507~516.

68. 谢锡善. 耐热钢中的相和相图（上）. 机械工程材料, 1979(3): 1~11.

69. 谢锡善. 耐热钢中的相和相图（下）. 机械工程材料, 1979(4): 13~20.

70. Xie X S, Chen M Z, Li H R, Shou L, Zhang L. Structure stability and failure analysis on 12Cr2MoWVTiB heat resisting steel at high temperature long time service. Proceedings of CSPE–JSME–ASME International Conference on Power Engineering–95(ICOPE), 1995, S1 and 2: 1037~1042.

71. Xishan Xie, Lin Shou, Mengzhe Chen. Failure analysis and life prediction of heat resisting steel superheater tubes in power plant. Proceedings of Asian Pacific Conference for Fracture and Strength, 1999: 1~8.

72. Hongyao Yu, Jianxin Dong, Xishan Xie. 650℃ long–term structure stability study on 19Cr–9Ni–3CuNbN heat–resistant steel. Materials Science forum, 2010, 654~656: 118~121.

73. 迟成宇，董建新，谢锡善，刘文庆，等. 采用三维原子探针（3DAP）研究 Super 304H 耐热不锈钢在 650℃时效富 Cu 相的析出行为. 金属学报, 2010, 46(9): 1141~1146.

74. Chengyu Chi, Hongyao Yu, Jianxin Dong, Xishan Xie, et al. Strengthening effect of Cu–rich phase precipitation in 18Cr9Ni3CuNbN austenitic heat–resisting steel. Acta Metallurgica (English Letter), 2011, 24(2): 141~147.

75. Xishan Xie, Chengyu Chi, Hongyao Yu, et al. Structure stability study on fossil power plant advanced heat–resistant steels and alloys in China. Advances in Materials Technology for Fossil Power Plant, ASM, 2011: 30~52.

76. 于鸿垚，董建新，谢锡善. 18Cr10NiNb 耐热钢析出相的热力学计算和平衡相分析. 材料研究学报, 2010, 24(5): 449~454.

77. Hongyao Yu, Chengyu Chi, Jianxin Dong, Xishan Xie. 650℃ long – term structure stability study on 18Cr10NiNb heat–resistant steel. Advanced Materials Research, 2012, 399~401: 180~184.

78. Hongyao Yu, Chengyu Chi, Jianxin Dong, Xishan Xie, et al. The precipitation strengthening behavior of Cu–rich phase in Nb–contained advanced Fe–Cr–Ni type austenitic heat resistant steel for USC power plant application. Progress in Naturnal

Science Materials International, 2012, 22(3): 175~185.

79．Xie X S, Dong J X, Zhang M C, et al. Research and development of a new austenitic heat–resisting steel SP2215 for 600~620℃ USC boiler superheater / reheater application. Proceeding of 8th International Conference on Advances in Materials Technology for Fossil Power Plants, ASM, 2017: 283~294.

80．Zhuoqun Ai, Maicang Zhang, Xishan Xie, et al. An investigation on high temperature stress rupture strength and structure stability of a new Nb–containing austenitic heat–resisting steel SP2215 for 620~650℃ USC boiler tubing. Proceeding of ECCC Creep and Fracture Conference 2017, Düsseldorf, Germany, 2017.

九、700℃超超临界电站用镍基合金

81．Shuangguan Zhao, Xishan Xie, Gaylord Smith, Shailesh Patel. Microstructure and mechanical properties of a new nickel–based superalloy. Materials Science and Engineering A, 2003, 355(1~2): 96~105.

82．Shuangguan Zhao, Jianxin Dong, Xishan Xie. Mechanical properties and microstructure changes after long–term aging at 700℃ for a nickel–based superalloy. Journal of University of Science and Technology Beijing, Mineral Metallurgy Materials (Eng.Ed.), 2003, 10(4): 42~45.

83．赵双群,谢锡善. 一种新型镍基高温合金长期时效后的组织和性能. 金属学报，2003, 30(4): 399~404.

84．Shuangguan Zhao, Jianxin Dong, Xishan Xie, Smith Gaylord D, Patel Shailesh J. Thermal stability study on a new Ni–Cr–Co–Mo–Nb–Ti–Al superalloy. Supperalloys 2004, TMS, 2004: 63~72.

85．Xie X S, Zhao S Q, Dong J X, et al. An investigetion of structure stability and its improvement on new developed Ni–Cr–Co–Mo–Nb–Ti–Al superalloy. Materials Science Forum, Trans Teeh Publications, 2005, 475~479 PRICM5: 613~618.

86．Shuangguan Zhao, Xishan Xie, Gaylord Smith, Shailesh Patel. Research and improvement on structure stability and corrosion resistance of nickel–base superalloy Inconel 740. Materials and Design. 2006, 27(10): 1120~1127.

87. Xie X S, Dong J X, Zhang M C, et al. High temperature structure stability study on Nb-containing nickel-base superalloys. 2006 Beijing International Materials Week (BIMW 2006), PTS, 2007(1~4): 1281~1288.

88. Xie X S, Zhao S Q, Dong J X, et al. A new improvement of Inconel 740 for USC power plants. Proceedings of Advance in Materials Technology for Fossil Power Plants, ASM, 2008: 220~224.

89. 谢锡善，赵双群，董建新，张麦仓. 超超临界电站用 Inconel 740 镍基合金的组织稳定性及其改进的研究. 动力工程学报，2011, 31(8): 638~643.

90. 赵双群，谢锡善，董建新. Inconel 740 合金在空气和含有水蒸气的空气中的氧化研究. 动力工程学报，2011, 31(10): 797~802.

91. 林富生，谢锡善，赵双群，董建新. 我国 700℃超超临界锅炉过热器管用高温合金选材探讨. 动力工程学报，2011, 31(12): 960~968.

92. Yunsheng Wu, Maicang Zhang, Xishan Xie. The design and research of a new low cobalt molybdenum niobium-containing Ni-base superalloy for 700℃ advanced ultra-supercritical power plants. Procedia Engineering, 2015, 130: 617~627.

93. Fusheng Lin, Shuangqun Zhao, Xishan Xie, et al. A newly designed nickel-based superalloy GH750 for 700℃ advanced ultra-supercritical power plants. Proceedings of 8th International Conference on Advances in Materials Technology for Fossil Power Plants, ASM, 2016: 190~201.

94. De Barbadillo J, Baker B, Xie X S. Superalloys for advanced energy application. Inconel Alloy 740H-A case study on international government—industry—university collaboration. Superalloys 2016, TMS, 2016: 217~226.

十、电站高温材料

95. Fusheng Lin, Shichang Cheng, Xishan Xie. Ultra-Super-Critical power plant development and high temperature materials application in China. Energy Materials, 2008, 3(4): 201~207.

96. Xishan Xie, Chengyu Chi, Shuangqun Zhao, et al. Structure stability study on fossil power plant advanced heat-resisting steels and alloys in China. Advances

in Materials Technology for Fossil Power Plants—Proceedings of the 6th International Conference, ASM, 2011: 30~52.

97. Xishan Xie, Shichang Cheng, Fusheng Lin, et al. Precipitation strengthening and degredation in heat-resisting steels and nickel-base superalloys for USC Power plants. Proceedings of Creep and Fracture of Engineering Materials, Materials and Structures (Creep 2012), JIM, 2012.

98. Xishan Xie, Chengyu Chi, Shuangqun Zhao, Jianxin Dong, Fusheng Lin. Superalloys and the development of advanced ultra-supercritical power plants. Materials Science Forum, 2013, 747~748: 594~603.

99. Xishan Xie, Chengyu Chi, Jianxin Dong, et al. An investigation on structure stability of advanced austenitic heat-resisting steels and Ni-base superalloys for 600~700℃ A-USC power plant application. Advances in Materials Technology for Fossil Power Plants—Proceedings of the 7th International Conference, ASM, 2014: 98~119.

100. Liu Z D, Xie X S. The research and development of high temperature materials for USC power plant application in China. Materials for Ultra-Supercritical and Advanced Ultra-Supercritical Power Plants, Elesevier, 2017: 715~731.